养老事业创新研究

曾嘉 著

吉林文史出版社
JILINWENSHICHUBANSHE

图书在版编目（CIP）数据

养老事业创新研究 / 曾嘉著. -- 长春 ：吉林文史
出版社，2019.9
　ISBN 978-7-5472-5931-3

　Ⅰ. ①养… Ⅱ. ①曾… Ⅲ. ①养老－服务业－产业发
展－研究－中国 Ⅳ. ① F726.99

中国版本图书馆 CIP 数据核字（2019）第 028409 号

养老事业创新研究
YANGLAO SHIYE CHUANGXIN YANJIU

著　　者	曾　嘉	
责任编辑	王丽环	
出版发行	吉林文史出版社有限责任公司	
地　　址	长春市福祉大路5788号	
邮政编码	130118	
网　　址	www.jlws.com.cn	
印　　刷	朗翔印刷（天津）有限公司	
开　　本	710mm×1000mm　1/16	
印　　张	17.5	
字　　数	250 千字	
版　　次	2019 年 9 月第 1 版	
印　　次	2019 年 9 月第 1 次印刷	
书　　号	ISBN 978-7-5472-5931-3	
定　　价	68.00 元	

前言

在人口红利面临拐点的中国，养老正在成为备受关注的人口课题。目前，中国老龄化人口已占总人口数量的 14%，预计到 2050 年，中国的老龄化人口将会达到 4 亿。严格的计划生育政策和人均寿命的延长使得 "4-2-1" "6-2-1" 甚至 "8-2-1" 的家庭结构逐渐增多，再加上现代社会生活节奏越来越快、人口流动性越来越强，越来越多的年轻人无暇也无力顾及父辈及祖父辈的晚年生活，社会化养老成为时代发展的必然趋势。养老事业关系到一个国家的经济、社会和政治问题。我国在经济尚不发达的条件下进入人口老龄化社会，汹涌而来的白发浪潮对我国养老事业造成了很大的压力，使尚未形成完善体系的养老福利事业面临着严峻的挑战和考验。

本书主要就养老事业做出探讨，并从多个方面提出了养老事业创新的新路径。书中提出了老龄化社会，并从老龄化社会的理论概述、现状分析、保障体系、城市规划几个方面展开论述，并提出了养老事业的创新发展新路径。书中还从养老服务体系、养老社区的规划与设计、养老产业的发展、智慧养老战略的实施几个方面对养老事业做出了全方位的概述，主要内容包括：养老服务体系的社会化、模式及创新；养老社区的模式、发展现状、综合管理及公共环境；养老产业的模式、创新及现状；智慧养老战略的发展策略。在书的结尾处，主要介绍了养老保险以及养老院，从这两个方面对养老事业的实质化做出阐述。

本书为 2017 年度广东省医学科研基金项目《广东省基层康复养老体系构建 —— 以世界长寿乡蕉岭为例》（基金编号：A2017395）阶段性成果。由广东药科大学医药经济学院曾嘉所著，在著作过程中作者查阅了大量的文献资料，因版面关系不一一列举，谨在此向相关作者及单位表示感谢。因时间有限，书中难免有不足之处，望见谅，期待各位读者的批评指正！

作者简介

　　曾嘉，女，1983 年 10 月出生。2015 年 7 月毕业于华南师范大学经济与管理学院经济学专业，研究生学历，博士学位，讲师。研究方向：药事管理、教育经济学、医药经济学。现就职于广东药科大学医药经济学院。参加工作以来，一直从事教育经济学、药事管理、医药经济等相关领域的教学与研究工作，主持两项省部级课题，曾在国家级刊物公开发表学术论文十余篇。

目 录

第一章 老龄化社会

第一节 老龄化社会的理论概述

一、老龄化社会的重要概念界定

（一）老年人口、少儿人口与劳动年龄人口

老年人口，通常指日历年龄 65 岁以上或 60 岁以上的人口。1956 年联合国人口司和 1975 年美国人口咨询局都采用 65 岁作为划分标准。1982 年在维也纳召开的"世界老龄问题大会"将老年人年龄界线定义为 60 岁。中国老龄委员会目前使用 60 岁作为老年人口的年龄起点界线。目前国际通用的划分标准是 65 岁以上人口定义为老年人口。

少儿人口是与老年人口相对的概念。一般把不满 15 岁的人口称为"少儿人口"。总人口中扣除少儿人口和老年人口，剩余部分是劳动年龄人口，即 15 ～ 64 岁或 15 ～ 59 岁的人口。

在广义的人类老龄化研究过程中，"老龄化"（Aging）一词有两种含意：一种是指单个人个体的老化，另一种则是指整个人口群体的老化。在分析老龄化对经济的影响时，我们主要关注人口总体的老化。

按照联合国人口委员会《多种文字人口学词典》中对老龄化的定义："当老年人在人口中的比例增大时，我们称之为人口老龄化。"按照人口手册的定义：所谓"人口老龄化"，是指一个人口总体中老年人口所占比例不断增加，或者青少儿人口所占比例不断递减这样一种渐进过程。

罗淳指出，当我们说一个国家地区的人口是老龄化人口，或者处在老龄化状态时，就是指这个人口中成年人尤其是老年人比例在上升，或者是少儿人口比例在下降。这两种人口比例的增减变动，既可源于少儿人口的绝对或相对减少，也可以出自老年人口绝对或相对增加。前者主要通过降低出生率

或生育率，提高婴幼儿存活率实现，后者则是依靠降低中老年人口的死亡率，提高人口的预期寿命实现。因此，人口老龄化是整个人口结构的变动。在人口老龄化的过程中，伴随着人口年龄中位数的上升。也有一些学者，例如穆光宗将人口年龄中位数的上升，作为人口老龄化的定义。

综上，老龄化描述的是人口年龄结构问题。将老龄化理解为，如果一个社会中的人口结构呈现少儿比重降低，老年人比重上升，人口年龄中位数上升，那么我们就说这个社会的人口在逐渐老龄化。

（二）老龄化社会的界定标准

不同学者和组织对老龄化社会的标准进行了界定。这些标准中1956年联合国人口司和1982年世界老龄问题大会所制定的标准，为世界各国普遍接受。根据1956年联合国人口司和1982年世界老龄问题大会制定的标准，目前对人口老龄化社会的划分标准，已近达成共识。如果一国60岁以上人口达到10%或者65岁以上人口达到7%，那么该国的人口结构成为老年型，该国进入人口老龄化社会。

（三）老龄化的度量指标

度量人口老龄化有老年人口系数（老年人比重）、老年抚养比、年龄中位数、老少比、老年人口密度指数、老龄化率等众多指标。根据本文的研究需要，在研究人口老龄化对经济增长因素的影响时，采用老年人口系数（老年人比重）和老年抚养比这两个指标。

（四）相关基础理论

1. 人口转变学说

通常认为人口老龄化是人口转变的结果。人口老龄化问题与人口转变紧密相关。人口转变（demographic transition）学说是在西欧20世纪初期人口经济发展背景中形成的。这个时期，英国、法国和德国等西欧国家工业化、城市化发展迅速，在经济发展进程中人口发展也发生了相应的变化，随着死亡率的持续下降，出生率也持续下降，在生产率和工业化迅速发展的同时自然增长率迅速下降，然后稳定在较低的水平。一些人口经济学家观察到这种现象并将其概括为人口转变理论。

在 1934 年出版的《人口革命》一书中，系统论述了人口发展的三阶段理论：第一，生育无节制的原始阶段。这一阶段生产率水平低，生活资料短缺，人口的数量与维持生存的必要生活资料密切相关，人口再生产基本处于高出生率、高死亡率、低增长的状态。第二，生育率降低的中期阶段。这一阶段生产率有了极大提高，生产和消费方式发生转变，人们为了较高的生活水平，往往晚婚晚育，从而降低生育率，并影响了人口增长。第三，低生育率和低死亡率的现代阶段。这一阶段，经济发展到较高水平，生活水平达到较高标准，人们理性地控制家庭人口规模，人口的死亡率大幅降低，人口处于低出生率、低死亡率、低增长的状态。兰德里的理论主要依据法国的人口统计资料，理论模型缺乏一般性，出生率和死亡率转变的理论论述还未形成成熟的理论体系。但是，奠定了人口转变三阶段理论模型的基础。与此同时，1929年美国社会学家、人口学家汤普森（W.Thompson）在其著作《人口》一书中，将世界人口根据出生率和死亡率的不同变化，联系经济发展和生活水平，划分为三类地区，体现了人口发展的三个阶段。

1954 年美国人口经济学家诺特斯坦（F.Notestein）在兰德里和汤普森（W.Thompson）等研究的基础上，提出了系统的三阶段人口转变学说。第一阶段是处于转变前期的具有高增潜力的人口，其特征是死亡率高而多变，死亡率成为人口增长的主要因素，与此同时，出生率很高，未出现任何下降趋势；第二阶段是处于转变中的人口，出生率和死亡率都已经开始下降，但出生率的下降滞后于死亡率，因此，人口增长相对较快；第三阶段是处于早期下降的人口，出生率已经下降至更替水平（replacement level），甚至低于更替水平，死亡率也下降至很低水平，与出生率的减退趋势相比，死亡率相对稳定。另外，金德伯克（C.P.Kindelberger）和赫里克（B.Herrick）提出了人口转变的四阶段理论，布莱克（C.Blacker）提出了五阶段理论。四阶段理论和五阶段理论的基本思想与诺特斯坦的三阶段理论相同，只是在细节略有补充，并都借鉴了三阶段理论的模型图来描述人口转变。因此，人口转变学说中以诺特斯坦的人口转变学说最具有代表性。

在诺特斯坦人口转变理论的第二阶段中由于出生率下降滞后于死亡率，人口自然增长快速提高，形成一个"婴儿潮"，少儿抚养比快速提升。而随后生育率持续下降，人口年龄结构发生变化。在第三阶段中，死亡率也下降至极低水平，生育率下降至更替水平以下甚至更低水平。"婴儿潮"出生孩子进入老年，社会中的老年人比例快速上升，老年抚养比快速提升。

2. 人口老龄化对经济增长影响的理论

在诺特斯坦人口转变模型的第二阶段向第三阶段过渡，即从"高出生率、低死亡率和高自然增长率"向"低出生率、低死亡率和低自然增长率"的人口转变过程中，由于出生率和死亡率下降在时间上具有继起性，从而形成人口年龄结构变化的三个阶段。这三个阶段，分别具有高少儿抚养比、高劳动年龄人口比重和高老年抚养比的特征。在死亡率下降与出生率下降的时滞期间，人口的自然增长率上升，少儿抚养比提高；随时间推移，当婴儿潮一代逐渐长成大人，劳动年龄人口的比例也将逐渐提高；当婴儿潮时期的人口进入老年时，社会中的老年人比例迅速提高，社会进入老龄化社会，由于生育率的持续下降或维持在更替水平以下，以及人口预期寿命的延长，在婴儿潮一代的影响消失后，人口老龄化可能仍然具有持续的趋势。

这种人口转变引起的人口年龄结构变化，具有重要的经济影响。各个年龄组的行为特征存在显著的差异，一般而言，少儿人口是教育投资需求的主体，劳动年龄人口为整个经济提供劳动力供给和储蓄，老年人口需要养老金和医疗保健。因而，少儿人口、劳动年龄人口和老年人口对经济增长具有不同的影响。当一个国家人口中这些不同年龄特征的人口的相对规模发生变动时，对一国经济增长产生不同的影响。例如，少儿和老年人口比重较高的情况下，社会抚养负担重，可能对经济增长具有不利影响。在劳动年龄人口比重高的情况下，劳动力供给充沛，根据生命周期假说，社会储蓄率较高，有利于经济增长。高比重的劳动年龄人口促进经济增长在正常增长幅度之上再提高一个部分，这个由于劳动年龄人口提高的部分被称为"人口红利"（Bloom and Williamson，1998）。与"人口红利"相似，老龄化社会中高老年抚养比能够抑制经济增长在正常的增长幅度之上降低一个幅度。高人口抚养比对经济增长的抑制作用，通常被称为"人口负债"。

二、中国老龄化社会的主要特征

中国社会的老龄化状况与中国国情密切相关。改革开放以来，我国取得了举世瞩目的成就，经济社会快速发展，科技战略步伐加大，健康医疗卫生条件都有很大改善，物质生活水平的提高促使老年人口的比重越来越大，由于地区间发展不平衡，社会转型时期各种矛盾以及人们多样价值观的存在等原因，我国老龄化社会显现出了一些主要特征：

（一）老龄化发展迅速

由于我国人口基数大，在老龄化社会的进程中，老年人口比例呈现出规模巨大的状况。截至 2004 年底，中国 60 岁以上的老年人口为 1.43 亿，预计到 2051 年将达到 4 亿多的最高值，之后将一直维持在 3 至 4 亿的规模。根据联合国预测，21 世纪上半叶，中国将一直是世界上老年人口最多的国家，其人口占到世界老年人口总量的五分之一。在此基础上，我国老龄化发展的速度日渐迅猛，1981 年中国 60 岁以上的老人所占全国总人口的比例是 5%，我国还属于成年型社会，而到 20 世纪末为止，不到 20 年的时间，中国 60 岁以上的老人就达到了全国总人口的 10%，中国成了名副其实的老龄化国家。中国在今后一定的时期内将一直保持老年人口很高的递增率，增长速度快于预期，属于老龄化发展较快的国家，并且农村人口老龄化速度快于城市。

（二）空巢家庭增多

人口老龄化的发展使我国现实社会面对着银发浪潮袭击，具体表现为无论在城市还是农村，老年人的数量都是越来越多。伴随着世界人均寿命的延长以及独生子女一代的长大成人，空巢家庭和空巢老人现象越来越普遍。空巢家庭是指无子女家庭或虽有子女但子女长大后自立门户，剩下老人独自居住和生活的家庭。预计"十二五"期间，空巢化将进一步加速，城乡空巢家庭超过 50%，部分大中城市达到 70%，农村留守老人约 4000 万。从根本上说，这是由于城乡二元结构的发展模式所造成的。城乡二元结构主要体现在城市经济以现代化的大工业生产为主，而农村经济以典型的小农经济为主；城市的道路、通信、卫生和教育等基础设施发达，而农村的基础设施落后；城市的人均消费水平远远高于农村；相对于城市，农村人口众多等。这种城乡二元结构在老龄化社会下造成的影响是：城市出现"空巢现象"，农村出现"留守老人"，越来越多的老人在年老需要儿女赡养的时候处于一种孤独状态。

从物质层面上讲，中国社会经济的发展以及人们生活方式的转变，很多子女由于学业或是职业原因不得不居住于外地并无暇照顾老人，这在客观上就形成了"空巢现象"；从精神层面上来讲，物质生活改善的同时，人们精神追求、价值观念等变化和差异使得两代人之间的代沟也有所突出，子女不再爱和父母进行沟通和精神交流，传统的大家庭的居住方式已逐渐被小型家庭所代替，子女在条件得到改善以后都离开了一起居住的父母，这种居住形式慢慢形成，就从客观和主观条件上促成了空巢家庭的形成。

如今许多 80 后的独生子女已逐渐进入成年，他们的父母则逐渐进入中老年，空巢家庭将越来越多，空巢家庭将成为 21 世纪我国许多城市和农村地区老年人家庭的主要模式。

（三）养老方式的转变

老龄化社会中核心问题是处理好老年人的养老问题，自古以来，中国延续着传统的家庭养老习俗，但是随着社会的进步，机制的健全，社会养老的养老模式比例也逐渐增大。例如：2010 年中国新农保试点范围已扩大至全国 23% 的县区，试点范围内，凡年满 60 周岁的农村老年居民至少可以领取由政府支付的每月 50 元的基础养老金，农民个人缴纳的养老保险费全部计入个人账户，政府给予补贴，多交多领，这一举措就体现了我国部分省份农村的养老方式正在悄然发生转变。

老年人的社会保障体系的逐步完善使得社会养老的比例越来越重，然而中国社会的基本国情和传统的道德伦理观念决定了我国社会当中传统的家庭养老仍然是主要的养老方式，家庭养老和社会养老长期并存成为我国社会养老模式的主要发展方向，并且家庭养老模式在一定的时期内占主导地位。

（四）代际关系的变化

家庭养老模式的长期存在需要家庭成员、长辈与儿女之间建立起良好的关系。老龄化社会和空巢家庭的出现，传统的两代关系也发生了微妙变化，基于代际公正和代际和谐原则上的代际关系在实际生活中并没有完全体现。社会的发展和信息知识时代的到来，老年人原本在家庭中的核心和权威地位受到了挑战，这在个体家庭中表现为一部分子女认为自己的父母无论在知识上还是在认识事物方面都已经落后于时代的发展，很多时候不再愿意听从父母的安排和意见，并且出现态度上不尊重父母的现象；随着老年人的生理、心理健康状况的日趋下降，他们在日常的社会生活和交往中逐渐无法积极地发挥原有的作用，在一些方面受到了不公正的待遇，甚至出现不同程度的老年歧视状况。无论是家庭养老还是社会养老都需要年轻的一代恪守和重视孝道，老年人的幸福生活需要社会和子女赡养的责任，还需要尊重和重视老人。

（五）贫困老龄化突出

与发达国家相比，中国的老人多，并且贫困的老人更多，我国正面临着"贫困老龄化"的陷阱。贫困老年人主要是部分农村老人和城市中低保没有经济来源并无人奉养的老人。农村家庭中由于子女数量居多，家庭经济支出多花在子女身上，老年人年迈以后并没有积蓄养老，如若子女不对老人进行物质赡养，这部分老年人则成为名副其实的贫困老人。城市贫困老人则主要是一些低保和无人奉养的老人。

目前国家统计部门并没有进行全国规模的、总体的贫困人口统计和老年人贫困人口统计，但是可以根据指标体系来看出老龄人口贫困化的状况。中国社会科学院老年科研中心《老龄化小康指标体系》的课题通过调研对2003年31个省市小康目标的实现程度进行了综合评价。从对指标体系中的各种数据比较分析可以得出，在老龄化发展迅速的过程中，存在着各种矛盾与不和谐状况，而其中一个显著特征就是老龄人口的贫困化趋势日益加剧，表现为老年贫困率升高、收入水平降低等，贫困老龄突出的特征使老人中的贫困人口逐渐成为当前弱势群体的一部分。

三、老龄化社会与老年人权益

（一）人口老龄化及其问题

随着生活条件的改善、生活水平的提高以及医疗卫生事业的发展，人均寿命也在延长。在人口发展和转化过程中，必然会产生年龄结构的变化，当出生率大于死亡率时，老年人口的数量也会慢慢增长，当老年人口的数量达到总人口数量的一定比例时，就进入老龄化社会。人口老龄化是各个国家都会出现的一个现象，由此也会引发一系列的社会问题。我国尚处于社会主义初级阶段，又是一个人口大国，在经济发展水平不高、社会保障制度也不够健全的情况下应对人口老龄化的挑战，形势更加严峻，研究人口老龄化的对策、注重保障老年人合法权益很有必要。因此，关注人口老龄化问题，保障老年人合法权益也日益受到党和国家领导人的高度重视，有领导人曾说过："对于这样一个重大的社会问题，全国上下都要有充分的认识，并积极研究制定相应的政策。"

1. 人口老龄化的衡量标准

人口老龄化是指人口中因年轻人数量减少、老年人数量增加而导致的老年人口比例相应增长的动态过程。国际上通常把60岁以上的人口数占总人口数量的比例达到10%，或者65岁以上人口数量占总人口数量的比例达到7%，作为国家或地区进入老龄化社会的标准。据我国第六次人口普查数据资料显示，包括港澳台同胞在内，我国总人口数为1370536875人，大陆31个省份和现役军人的人口中，60岁以上的老年人口数占大陆总人口数的13.26%，65岁以上老年人口数占大陆总人口数的比例为8.87%。同第五次全国人口普查相比，60岁以上老人的比重上升2.93个百分点，65岁以上人口的比重上升1.91个百分点。以上数据不仅显示我国早已进入老龄化社会，而且说明我国的老龄化进程在逐步加快。

2．老龄化社会的众多问题

人口老龄化是医疗卫生事业的发展、居民生活水平提高的重要标志，也是世界各国经济发展到一定时期必然会出现的一个阶段。但是，由于我国人口基数大，又是发展中国家，并且长期处于社会主义初级阶段，因此老龄化进程的加剧，必然给我国经济、社会、家庭带来一系列的影响。

第一，随着人口老龄化进程的加快，老年人口的数量不断上升，劳动力人口的抚养比将更加严峻。据统计，我国的老年人口抚养比1990年为8.36%，2000年为9.92%，2005年为10.99%。依据相关预测，老年人口抚养比到2030年上升为27.48%，到2032年该比值会突破30%达到30.10%，这将给劳动力人口增加非常严重的负担。第二，伴随老年人口数量的不断上升，人口结构也发生巨大的变化，继而引起劳动力群体的老龄化，必将对经济的快速增长和劳动生产率以及劳动生产总量的提高带来一定的阻碍作用。第三，人口老龄化使用于老龄化社会保障的费用大幅增加，给政府带来较重的经济负担。第四，由于老龄人口对医疗卫生的需求或依赖，必然给医疗保障事业增加很多压力。第五，由于长期的计划生育，这就让每一对夫妻都要赡养四个老人，家庭养老的压力越来越大，家庭养老的功能越来越不现实，这势必要求政府增加养老事业、老龄机构的投入。

（二）老年人权益的基本类型

随着改革开放进程的加快，我国的法制也在逐步完善，在法律的制定过程中也考虑到老年人权益保护了，1996年的《老年人权益保障法》出台后，老年人的权益被独立以立法的形式加以强调，根据宪法和老年人权益保障法的规定和学术界的研究，老年人有如下特殊的基本权利：

1．获得物质帮助权

获得物质帮助的权利是指老年人的劳动能力减弱或者丧失时，有从国家和社会获得物质帮助的权利，有享受社会发展成果的权利。宪法第四十五条规定："中华人民共和国公民在年老、疾病或者丧失劳动能力的情况下，有从国家和社会获得物质帮助的权利。"老年人因为年龄的原因导致身体不如年轻人，劳动能力大大减弱甚至丧失，尊老养老又是中华民族的传统美德，老年人在年轻的时候为国家和社会都做过诸多贡献，当他们年老的时候，国家和社会应当在物质上给老年人提供帮助。老年人权益保障法第四条第二款明确规定："老年人有从国家和社会获得物质帮助的权利，有享受社会发展成果的权利。"

2. 受赡养权

受赡养权是老年人最核心的权利，只有受赡养权得以充分的实现，才能保障老年人的其他基本权利得以实现。老年人的受赡养权不仅仅是物质上的，还包括精神上的慰藉。老年人受赡养权的义务主体主要是老年人的子女以及其他依法负有赡养义务的人，赡养人应当在生活上妥善照顾老年人，在物质上充分满足老年人的需求，在精神上给老年人以慰藉。随着经济的发展，人民的物质生活水平日益提高，很多家庭对待老人的赡养往往都是给钱了之，基本不会注意老年人的精神生活。老年人权益法第十一条也明确规定："赡养人应当履行对老年人经济上供养、生活上照料和精神上慰藉的义务，照顾老年人的特殊需要。"

3. 婚姻自由权

婚姻是否美满关乎一个人一生的幸福，老年人的婚姻也关乎老年人的晚年生活是否幸福。老年人的婚姻自由权是指老年人在法律规定的范围内有自由决定自己婚姻的权利。婚姻自由的内容包括离婚自由和结婚自由，作为老年人在丧偶的情况下当然也有再婚的自由，对于这些婚姻自由权，任何人不得加以干涉。老年人权益保障法也明文规定："老年人的婚姻自由受法律保护。子女或者其他亲属不得干涉老年人离婚、再婚及婚后的生活。"虽然法律规定了老年人的婚姻自由权，但是这些权利往往都被老年人的子女加以干涉，很多人认为老年人离婚或者再婚都很丢人，或者由于其他原因而限制或者剥夺了老年人的婚姻自由权。

4. 自由处分财产权

自由处分财产权是指老年人对自己的合法财产在不违反法律禁止性规定

的情况下有自由处分的权利。老年人的处分权也是老年人的基本权利之一，老年人在年轻的时候凭借自己的努力和劳动获得一定的物质财产，到了年老的时候处分这些财产是其作为所有权人的应有之意。老年人权益保障法第十九条规定："老年人有权依法处分个人的财产，子女或者其他亲属不得干涉，不得强行索取老年人的财物。"虽然老年人权益保障法明确规定了老年人的处分权，但是在现实生活中，老年人的子女为了争夺家庭财产，通过各种方式严重干涉老年人的处分权。

5. 继续受教育权

现在的社会处于一个知识更新信息爆炸的时代，终身学习也成了每个人立足社会跟上时代的必然要求，对于老年人也是如此。老年人为了不至于和社会脱节，也需要继续接受教育，老年人权益保障法的出台也充分考虑了老年人这一特殊群体，该法在第三十一条规定，"老年人有继续受教育的权利。国家发展老年教育，鼓励社会办好各类老年学校"。

6. 社会参与权

老年人具有丰富的人生经历和实践经验，他们的经历和经验都无疑给我们以莫大的启发，让老年人参与社会是发挥老年人的余热的重要举措，老年人积极参与社会活动不仅有利于老年人融入社会，同时也对社会的发展和进步具有重大的意义。《老年人权益保障法》中也明确了让老年人的知识和专长发挥作用，国家和全社会都应当尊重老年人、理解老年人，珍惜老年人的知识技能和相关经验，为老年人参与社会发展提供有利条件，鼓励老年人发挥他们的专长和余热。此外，老年人还有人身自由权、宗教信仰自由权、选举权和被选举权等其他一系列权利。

（三）老龄化社会下加强老年人权益保护的必要性

老龄化社会下加强老年人权益保护是构建和谐社会的基本要求。老年人是党和国家的宝贵财富，老龄问题是关系国计民生和国家长治久安的重大问题。加强对老年人权益的保护关系到国家的长治久安，社会的繁荣稳定，家庭的幸福安康。认真解决好老年人的实际问题，妥善安置好老年人的切实利益，处理好关系到老年人权益的矛盾，是构建社会主义和谐社会的重要内容，是社会文明的标志。我国由于人口基数大，老年人口比例呈逐年上升的趋势，老年人口也日益壮大，在老龄化社会下，妥善解决老年人合法权益问题就显得尤其重要。安定有序、民主法制、公平正义都是社会主义和谐社会的内涵，如果不加强老年人合法权益的保障，家庭和社会必然无法安定有序，如果对老年人权益的保护不和对其他人群权利的保护同等重视，那么公平正义也荡然无存，民主法制更无从谈起。

老龄化社会下加强老年人权益保护是进一步保障人权的现实需要。2004年宪法修正案将"国家尊重和保障人权"写进宪法，这是历史性的进步，而不是一句空话，应当在实际中予以落实。老年人由于身体原因无法更好地利用自己的劳动能力为自己谋求更好的物质生活，加上社会、家庭对老年人权益的漠视甚至是侵犯，老年人群体的生存权受到极大的威胁和严重的隐患。为了尊重和保障老年人的权利，更应当重视老年人权益的保障。重视今天老年人的权利，就是重视我们明天的权利。

老龄化社会下加强老年人权益保护是完善社会主义法制的应有之义。在我国走法治国家之路的进程中，法制的滞后和不完善是阻碍之一。由于立法的滞后性，许多法律都与时代脱节，与现实生活不相适应。比如说《老年人权益保障法》已经实施十五个年头之久，随着社会的进步与发展，许多新情况新问题的出现，这部法律已经无法完全适应现在的形势，这就要求我们在老龄化社会下更加注重老年人权益的保护，并完善老年人权益保障的立法，为法制的完善做好基础。

第二节　老龄化社会的现状分析

一、当前老龄化社会现状分析

截至 2011 年我国人口普查止，我国总人口接近 14 亿，我国有 3.12 亿老年人，城镇人口占 20%，而老年人中又以农村居多，大约占到 80%，当前，老龄工作面临着许多新情况，新问题。因此，我们要正确把握新的形势和新的任务，做好老龄化社会各项管理工作。

（一）老龄社会化现已形成，国家政策相应出台

社会老龄化进度每年正在加快，按照这速度递增，我国老年人口不到 10 年将要超过 5 亿人口。面对人口老龄化高峰期的到来，我国现已制定了相关法律法规作为有效应对重要举措。2000 年 8 月至 2007 年 10 月，国家先后出台了《关于加强老龄工作的决定》《关于加强老年人优待工作的意见》《关于加强基层老龄工作的意见》《关于加快发展养老服务业的意见》等一系列相关政策，给全国性法律，地方性法规的立法步伐大大加快，使我国在老龄法律政策体系探索中逐步建立，在创新中不断得到完善。

（二）农村老龄化步伐日趋加快，老年人供养成为负担

社会老龄化速度正在加快推进，城镇人口占 20%，而老年人中又以农村居多，大约占到 80%，农村老年人普遍存在"二忧"：一是生活忧愁，不少老年人失去劳动能力后，生活来源只能依靠家庭，俗话说："养儿防老，积谷防饥"，而有些年轻人则把赡养老人当成负担，造成老年人生活无着落，陷入困境，农村赡养纠纷的大量存在说明了这个问题。二是劳动忧愁，现在农村中许多年轻人外出打工，责任田便由老年人耕种，甚至到了 70 和 80 岁的年龄还在耕种，这说明不但没有解决老年人的供养问题，反而加重了老年人的劳动负担。

（三）老年人医疗保障难以跟上物价上涨

医疗保障问题是老年人最突出的忧愁问题，在老年阶段，老年人由于生理功能衰退，抵御疾病的能力下降，患病的概率增加，并且容易患老年性疾病。人越老毛病越多，再加上看病费用高，有病不是医而是熬、挺、拖。在老年人就医问题上，各级政府高度重视对我国老年人的关心和照顾，国家企事业单位职工按照国家政策规定都参加了医保，对城镇失业居民、小孩以及农村居民来说，尽管国家也采取了相关扶持政策，保障了他们最低医疗保险。但是，

随着各人的工资高低，收入不同，家庭的基本条件不同，以及各地方经济差别不同，绝大多数人很难承受较高的医药费，特别是农村老年人更难承担高昂的医疗费，农村不少老百姓遇到重病和大病背上沉重债务，甚至倾家荡产。因此，大部分农村有病的老人，不就医而是熬、挺、拖，拖到生命最后一刻。

（四）社会养老服务机构难普及

各级政府高度重视对我国老年人的关心和照顾，从目前看，我国进行老年人照顾的社会福利机构主要有以下几种形式：第一，老人社会福利院；第二，养老院或老人院；第三，老人公寓；第四，护老院；第五，护养院；第六，敬老院；第七，托老所。

以上老年人服务中心，只在少部分省市和条件较好的地区设立，但在大部分地方还没有建立以上机构，建立起来的服务机构也实行全额收费，这种收费服务机构只是对少部分条件较好的以及退休工资较高的老年人相适应，但对退休工资较低的下岗职工、城镇失业居民拿最低生活费的退休老人是无法享受。这对农村老年人来说，那是异想天开，难已成真。

二、我国人口老龄化对社会发展的影响

（一）我国人口老龄化对社会经济发展的影响

无论是早期传统的人口理论还是当前的可持续适度人口理论，对于人口与经济发展之间的关系都做出了明确的论述。就中国而言，中国老龄化的到来超过了经济发展程度，这既是我国长期以来人口政策和人口增长的结果，也会对我国的社会经济发展造成重要的影响。虽然我国老龄化仍处于初级阶段，但不可否认由于我国人口基数大，人口结构不均匀等现实条件，增加了我国老龄化问题的严重性。人口老龄化问题对中国经济社会的影响是从量变到质变的过程，看似缓慢而不经意，实则随时都在积累不安定因素。

1. 人口老龄化对中国经济增长速度的影响

从人口结构上来说，步入老龄化社会就意味着老年人口在整个社会的人口结构中已经占据了相当的比例。老年人口在总人口中比例的增多，也就意

味着，劳动力人口在总人口中比例的减少。根据马克思关于人口理论和经济发展理论的论述，劳动力是社会生产力的一个重要构成因素。劳动人口所占比例的减少，也就意味着社会生产力水平的下降。劳动人口的比例减少还会造成生育率的降低，这样一来，在老龄人口逐渐增加的情况下，新一代的劳动力的补充显得缓慢而不足，从而造成社会劳动力的不足和生产资料生产能力的下降，同时老年人口对社会资源的需求却在不断增加。虽然我国已经进入老龄化社会，但就目前来说，我国的劳动力数量还很庞大，生产资料的闲置情况几乎没有。但是，老年人口的逐渐增多，却使得我们必须要考虑拿出相当的社会资源和精力去应付老年人口的医疗卫生和生活保障，这样就会使得经济发展的投入相应减少，而且是随着人口老龄化数量和增速的增长而逐渐加大投入，这样就形成了对我国社会经济发展的阻碍。

从劳动人口的分配上来说，伴随着我国老龄化进程的加快和高龄老年人口的增加，老年人口的社会和家庭抚养，都需要投入更多的劳动力。从家庭来看，计划生育政策实施以来，我国大多数的家庭是独生子女家庭，两个独生子女家庭的结合就会带来至少四个的老年人口的抚养责任，劳动力人口不得不花费大量的时间去照顾和抚养他们，而这会使他们的工作时间受到挤压，也影响他们对下一代的生育意愿和抚养能力。从国家来看，如果要完成如此庞大的老龄人口的养老医疗服务工作，就必须要投入大量的人力物力，这里的人力来源自然就是劳动力人口。从企事业单位的发展角度来看，由于工作人员的年龄不断老化，他们不得不考虑拿出一部分资金用来保障在职和退休人员的养老、医疗等开支，这也会占去一部分的发展资金。

2．人口老龄化对我国社会生产结构和产业结构的影响

老年人口的大量增加，必然会导致在日常生活中，老年人所特别需要的物质、精神产品的需求增加，如果要满足这种需求，一方面要进行这些物质资料的生产，一方面要提供相关的服务。这些物质资料的生产和相关服务的需求，会在市场经济规律的推动下，逐渐改变我国的生产结构和产业结构。比如，老年人的健身器材、养生食品、心理咨询和家政服务等需求的增多，

就会催生出从生产到消费的整个产业链的形成，这在一定程度上会把我国其他行业的劳动力吸引过来。老年人的服务属于第三产业，老年人口的增多，会刺激我国加快第三产业的发展速度，从而促进我国第三产业在我国整个经济结构中的比重得到提升。众所周知，在当前的发达国家，第三产业已经成为他们新的和最主要的经济增长点，如果我国能够加快与老年人服务相关的第三产业的发展，也会在我国的国民经济发展中形成更多的经济增长点。

（二）我国人口老龄化对社会发展的影响

1. 人口老龄化对家庭的影响

随着老龄化问题在我国日益凸显，从抚养系数的角度来看，由于我国的老年人口数量已经逐渐超越少年儿童的数量，劳动人口的数量远远低于需要抚养的老年人口，这就会造成国家财政和社会保障上对老年人口抚养资源的增加。为了改变我国的人口结构，当前我国已经逐渐放开并鼓励家庭生育二胎。但是，从家庭来看，这种鼓励反而会增加他们的经济负担，这是因为在当前的适龄青年中，大多数是计划生育政策下的独生子女，而他们的上一代却是生育率快速增长时期的老人，如果他们选择生育或者多要孩子的话，也就意味着他们在照顾至少四个老年人的基础上，还要面对孩子的抚养教育负担，这不仅会引发家庭的矛盾，还会导致孩子教育环境的恶化。对一般的家庭来说，多要孩子会让他们不堪重负，耽误他们更多的工作休息时间，进而影响他们的生活质量。

2. 人口老龄化对国家养老保障制度的影响

20世纪九十年代，我国实行了社会统筹与个人账户相结合的养老基金机制，这种养老保障制度在管理上实行社会统筹和个人账户一本账的混合管理模式。但是，这样一个养老机制需要年轻化的人口结构、高效率的税收体系和基金管理体系来支撑。由于我国计划生育政策的实施和当前的低生育率的影响，年轻人口无论是在现在还是在未来，在总人口中的比重都偏小，而老年人口却在不断增加，这样一来，养老资金必然会出现不足。当前我国的养老基金综合了个人的征缴和中央财政、地方财政补助三大块，基金总额在

2014年底已经达到35000亿元人民币以上，但是这些庞大基金的闲置，事实上是对社会资源的一种浪费。目前我国积极推进养老基金的入市，也是寻求养老保障基金合理利用的一种重要方式。

人口老龄化对我国养老保障制度的影响还体现在我国人口的退休年龄普遍较低，我国当前的退休年龄一般是男性在60周岁，女性在55周岁。在这种退休制度的规定下，我国每年都有大量的老年人口退休，他们的退休一方面浪费了他们的劳动资源，一方面造成养老方面的负担。事实上，很多工作需要更有经验的工作人员去承担，但是我国当前的退休政策基本上是一刀切，甚至有些工种的退休年龄还要更低，这就造成大量劳动人口的浪费和社会养老保障负担的加重。如今，我国已经开始讨论并制定了相关的延迟退休计划，这对解决我国的人口老龄化是具有重要意义的，不仅可以提高我国的劳动人口数量，也会适当减轻我国的养老负担，促进我国老龄化人口问题的解决。

3．人口老龄化对构建社会主义和谐社会的影响

中国的老龄化社会超前于我国的经济发展水平带给我国社会的主要有两个问题，一个是我国社会总人口中越来越多的建设者成为社会财富的消耗者，一个是在社会物质资料的分配和社会生活中容易产生老年人口与年轻人口之间的矛盾。

社会主义和谐社会的建设，主要是依赖于我国小康社会发展目标的实现，国家整体经济实力的增长，和社会家庭生活水平的提高。经济发展水平不仅决定上层建筑关系的和谐与稳定，也关系到社会成员之间的相处。就我国目前的人口老龄化发展趋势而言，老年人口对财富的消耗会越来越多，这在无形中会影响到我国广大社会成员生活资料的占有率和我国在生产力发展上的投入。

就社会成员和各个家庭的劳动力成员方面来说，当前我国社会上越来越多的老年人让座争端、扶老人争端和家庭养老争端等问题都是我国步入老龄化社会之后，社会不和谐的一面。虽然，这跟市场经济环境下传统道德的破坏有关，但是当一对夫妻要养育至少四个老人和一个孩子的情况下，其精神

压力和思想负担可想而知。所以，如果老龄化问题无法得到社会各界和社会成员之间的合理解决，无论是在社会上还是在各个家庭内部都会造成不和谐的局面，从而影响我国社会文明健康发展和和谐稳定的发展环境的建立。

（三）我国人口老龄化对社会道德发展的影响

老龄化背景下，社会转型期各种矛盾凸显，比如价值观的转变、市场经济的影响、传统家庭结构及代际关系的变化、孝道伦理教育的缺失、现行制度体制的不完善等等。在过去的多子女大家庭中，养老问题一般都是由多个子女共同来完成的，比如轮流照顾老人的起居或者共同筹措资金给老人提供更好的医疗卫生和生活环境。在这种养老方式下，不仅老人可以得到良好的持续的照顾，子女的负担也很轻。

但是在当前我国的人口结构中，养老问题已经成为家庭生活和经济开支中必不可少而且比例很大的一部分投入和支出。2015年国家卫计委发布的《中国家庭发展报告（2015年）》显示，目前我国家庭规模小型化，2人、3人家庭成为家庭类型主体。此外，当今的年轻人，独立意识都比较高，更加追求自己的独立发展和人格自由，而这与他们的养老责任是相冲突的，在这种条件下，当前社会上已经出现越来越多违背我国传统道德的现象，特别是当前我国广大农村地区的"空巢老人"，他们的生存和生活基本是靠自己年迈的双手，甚至有些老人还要承担家里孙辈的照看责任，这些都严重背离了我国社会道德和社会文化的发展方向，引起社会精神文明的退步。

在日常社会生活中，我国的传统道德观念是要尊老爱幼，但是随着我国老年人口的增多，在日常生活中老年人与年轻人之间的摩擦和碰撞也越来越多，比如随处可见的"让座风波"，这种情况的不断出现，必然会在老年人和青年人之间形成一个心理上的隔阂，引起社会上不尊老情况的增多。使老年人老有所养、老有所依，是我国几千年前就确立的道德观念，这种道德观念不仅对我国的和谐社会的建立具有很大的推动作用，也有利于我国独特的养老体系和养老模式的建立，但是由人口老龄化造成的对社会道德的负面的影响，会阻碍我国社会的进步和养老问题的妥善解决。

三、政府发挥职能积极应对人口老龄化

（一）加强法制建设，保护老年人合法权益

建立有中国特色的老龄政策法规体系的主要目标是：以邓小平理论和"三个代表"重要思想为指针，积极适应全面建设小康社会的要求，切实保障老年人经济、文化等基本权益，重点解决生活、医疗、照料等突出问题，推动老年人共享社会物质文明和精神文明的发展成果，促进老年人权益保障事业与社会经济协调发展。

要着力建立完善的老龄法律体系。如前所述，我国的老龄法律体系在立法内容、效力等级、可操作性等方面存在很多不足，法律法规少且分散，仅有一部专门性法律，23 部涉及法律，规范性文件和行政法规 394 件，最多的就是以意见、通知、批复、复函等规范性文件的形式存在的，作为政策来确定和执行。立法是执法、司法、普法与法律监督等一系列法律活动的前提和依据。要遵循依法治国的基本国策，把符合老年人利益的、切实行之有效的、需要坚定不移长期执行的政策，提升到法律的高度，进一步细化、固化，在执法和司法活动中进一步发挥法律的基本作用。

中央要加快顶层设计，在基础性老年法制建设方面加快进度，建立一批具有全面指导性的、基本保障性的涉老法律法规，为地方制定和执行有关政策划定一个底线，指明一个方向，使从上到下的涉及法律体系形成一个和谐的整体。地方要深入研究老年人的年龄层次、经济条件、身体状况、知识技能等多方面的差异，综合本地的经济、社会发展状况，来制定老年法规，使立法符合老年人的实际需要。

在加强立法的同时要加强执法。要拓展现有的执法体系的功能，对老年执法的主体、机构、内容、方式进行明确的规定。老年人权益保障工作存在着管理体制分散的问题，缺乏宏观的协调机制。应该以全国老龄委为基础，增加一部分行政职能，强化协调、监督能力。同时要明确各有关部门在老龄工作中的责任，权、责、利相互协调。这样就能在不增加大的机构情况下，

充分利用现有的机构做好老年人权益保障。

由于老年人的特殊性，法律、法规和国家政策应该在一般社会成员所应有的司法保护之外，对老年人有所倾斜来全面保护他们的合法权益。将符合条件的老年人纳入司法援助机制，诉讼费减免缓，简化审批程序，指定承担法律援助义务的律师担任代理人或辩护人，救助的程序依法公开。对向老年人施加暴力或拒绝履行赡养、扶养义务的行为，要依法从严从重处理，要顶格处理。司法审判机关要深入到基层，充分利用派出法庭、巡回法庭、社区法庭等形式，公开审理涉老案件，发挥这些涉老案件的警示教育作用，扩大社会影响，狠刹歪风邪气。加快老龄普法，是社会普法的重要内容。老龄普法有其专业性，特别是老年人群体的法律观念、法律意识、法律知识都很欠缺。这就造成了现实生活中，很多老年人在遇到侵权的状况时，要么选择忍气吞声，要么走信访途径，而不会向法院提起诉讼来保障自己的合法权益。培养社会群体特别是老年人群体的法律意识和维权意识，使大多数的老年人知法、懂法、用法。要充分发挥公检法离退休干部的作用，积极引导他们担任社区普法员、调解员，活跃在老年人身边，随时为他们提供服务。

（二）完善社会保障机制，推进养老服务社会化

养老服务社会化不是说政府不承担养老职能，而是要对养老职能进行科学的分工，明确政府、社会、家庭各自承担的职能。人民论坛问卷调查中心在2014年做了"对于老年生活，人们又哪些需求和期待"的专题调查，向华北地区的北京市，东北地区的辽宁省，华中地区的山西省、安徽省，西部地区的陕西省、甘肃省等6省市50岁以上社会群体发放纸质调查问卷，调查结果显示"家庭养老"是最理想的养老模式，占比高达81.3%；同时，90%的老年人"不希望给儿女添负担"，72%的老年人觉得自己"害怕孤独和寂寞"，64%的老年人认为"儿女没有时间照顾自己"。这些调查结果从一个侧面反映了当前我国养老服务的现状："家庭养老"是最理想的养老模式，广大人民群众普遍希望在儿女亲情的陪伴下度过晚年，但是这一模式正在受到人口老龄化带来的严峻挑战。养老服务社会化还是要坚持"家庭养老"

的核心和基础地位，以"社会养老"为补充，由政府提供完善的社会保障机制，由社会提供专业化的养老服务，政府、社会、家庭共同做好养老服务，保证老年人安享幸福晚年。

1. 社会养老保障体系的改革

建立稳健的、科学的社会养老保障体系从根本上说要依靠经济稳定增长，同时还要有协调可持续的制度设计。政府要下大力气，尽早建立弹性可调的退休制度、覆盖全面的基本养老金制度和重点突出的医疗保障制度。

（1）对退休制度进行改革

现行的退休制度是一刀切的模式，造成了学历越高的人实际工作的年限越短，从事繁重体力劳动的人工作年限却很长，这种模式一方面造成了高智力人力资源的巨大浪费，另一方面造成了重体力人力资源的过度使用。参考国外的弹性退休制度，笔者考虑可以采取设定最低劳动年限解决这个矛盾，即从参加工作开始顺延，以一个固定的工作年限退休（脑力劳动和体力劳动也可以有所区别），笔者考虑 40 年较为适宜。体力劳动者 18 岁左右就参加了社会生产，工作 40 年，大约 58 岁，身体条件和精力还允许他们从事一些简单的社会工作。脑力劳动者如学者、教授、工程师、财会等，以 23 岁大学本科毕业计算，工作 40 年，大约只有 63 岁，还可以从事很多高智力的社会生产活动。这样的制度设计，在一定范围内允许劳动者根据自身情况选择退休年龄，既能够保障老年人退休后的基本生活，又能够保障老年人参加社会劳动并且获得报酬的基本权利，对于改善老年人生活水平，减轻年轻人供养压力都有重要意义和实际作用。在具体的实施上，还要制定配套的提前退休、病残退休、延迟退休的标准及实施细则，依据提前退休或者延迟退休的程度，确定其享受的基本养老金水平。

（2）不断完善基本养老金制度

基本养老金作为公民基本养老保障制度，在设计上要做到三点，一是鼓励和引导个人参保，做大个人账户。当个人账户越来越大，人们越愿意延迟退休，多贡献、多存钱，改善老年生活，即使过早去世也会转化为家庭遗产；

如果公共账户做得很大，大家都吃大锅饭，肯定是愿意早退休、少缴费、多领养老金。国内不少专家学者都认为名义账户制是解决养老金困境的良方。中国社科院发布的《中国养老金发展报告 2014》中，对名义账户制度做出了定义。所谓名义账户制，是将缴费确定型的待遇发放与现收现付的筹资机制相结合的新制度。主要特征是用工资增长率和人口增长率之和作为个人账户的记账利率，对个人缴费及收益进行记账，作为未来发放养老金的依据，参保人可在退休后按该记账利率累积后的金额领取养老金。二是政府保障要兜底。要建立财政资金保障机制，并且根据老龄化发展的实际和国家的经济发展水平，调整财政补贴资金，一般情况下要做到逐年有所增长。三是创新机制，养老金不出缺口。要不断拓宽资金来源渠道，从央企红利、矿产资源税、土地出让金、消费税等多个方面对养老金进行补贴，不断提高基础养老金的保障能力和水平。要建立多元化的投融资体制，逐步放开养老金、社保基金进入金融和资本市场，防止养老金缺口越来越大。重点加强对老龄发展资金的管理，杜绝资金被挪用，切实保障实施人口老龄化事业发展的战略需要。

2. 加速社会化养老服务建设

人的需求是分层次的，不是说所有的社会群体的需求都要由国家或政府来满足，主要思路是转观念、调结构、顺关系，做到统筹兼顾，利益平衡，坚持公平原则，协调好城乡之间、区域之间、阶层之间的养老服务。国家要重点保障基本的养老、医疗需求，积极扶助低收入、高龄、患病等弱势老年群体，鼓励商业机构、社会组织参与改善型的养老和医疗需求，促进老龄产业健康发展，最终实现养老服务社会化。

（1）大力发展商业养老保险

商业养老保险作为基本养老和基本医疗保险的补充，可以有效增加老年人的收入，提升保障水平。政府要鼓励各类保险机构针对老年人进行产品创新，推出让老年人买得起、愿意买又用得上的保险，满足多层次养老需求。重点要加强监管，不断规范保险机构的销售行为，避免在销售过程中误导老人。要鼓励老年人投保健康保险、长期护理保险、意外伤害保险等人身保险产品。现在还有很多分红型养老险、定期返还型寿险等，而这些产品的设计标准就是根据投保人的年龄确定保费标准，年龄越大，人身风险就越大，购买保险所需的费用就更多，要鼓励年轻人及早购买此类产品。

（2）加快个人年金和企业年金制度建设

2004 年 1 月，劳动和社会保障部已经下发了《企业年金试行办法》，明确应当由企业与工会或职工代表通过集体协商确定，并制定企业年金方案。企业年金能够克服基本养老金存在的不足，增加职工的远期收入和企业凝聚力，利于提升企业的形象和增强竞争力。政府要尽早出台法律法规，确立企业年金和个人年金的法律地位。要保护劳动者依法享有企业年金和个人年金的权利，是政府要出台优惠的政策，调动企业建立企业年金的积极性。要制定企业年金配套的管理政策，加强企业年金的风险管理，加强信息披露和监督，确保企业年金保值增值。

（3）加快社会化养老服务

各级政府要重视老龄产业的发展，提出发展规划和目标，制定符合市场需求和老年人利益的政策。要充分发挥市场的作用，因势利导，鼓励和引导社会力量积极参与、共同发展，逐步形成政府宏观管理、社会力量兴办，企业或机构按市场化的要求自主管理的体制和运行机制。着重提升养老机构的服务理念，把服务始终放在首位，在生活照料、文化生活、健康咨询、健康检查、疾病诊治和护理、大病康复、临终关怀和丧葬后事等方面提供全方位的、高品质的服务。为老年人建立档案，详细登记生日、宗教信仰、文化修养、家庭状况、健康状况等信息，以这些资料为基础，向老人提供个性化的服务，使老人的老年生活有尊严、有质量。鼓励养老社区和家居式、互助式的养老机构发展，不断改善老人居住环境，倡导老年人有事尽量自己做。在互助式社区或机构，鼓励低龄老人帮助高龄老人，建立科学的评价及奖励机制，构建互帮互助的和谐社区。要制定好相关养老机构的财税政策、帮扶政策、监管机制。要改变以往以审代管的工作方式，降低准入门槛，加强日常监管。

3．健全管理体系，创新老年人社会管理方式

政府要着力建设老年人管理体系，形成政府、社会、家庭共同管理老年人的合力。要依靠现有政府机构体系，通过增加职能、明确职责、强化功能等方式，对老年人管理进行明确分工。老龄委作为议事机构，应参照文明委的管理模式，使其从依附于国家有关部委，变为指导国家有关部委。要加强老龄社会理论研究，各级社科院都要有专门的研究项目以及配套的研究经费，要及时向党委、政府汇报研究成果并提出意见建议。要加强老龄社会有关知识的宣传，使社会公众正确认识老龄社会，真正关心老龄群体。要加强老年人力资源的开发，鼓励有能力、有条件的老年人在自愿的基础上继续参与社会劳动，特别要认识到老年劳动者的特殊性，做好制度保障，确保他们各项的权利不被侵犯。

第三节 老龄化社会的保障体系

一、老年社会保障的服务体系

一个健全的保障制度需要一个健全的服务体系来维持，以保障其运转的准确和高效。老年社会保障制度的实施和落实需要一个完整的运作系统来完成和完善，这就是它的服务体系（service system）。老年社会保障的服务体系就是支撑和维护老年社会保障制度运行和发展各环节与各阶段所需服务的总称。它既包括老年社会保障制度的上游——养老金的筹集，也包括制度的中游——养老金的积累与运作，下游——养老金的领取以及老年群体的生活照顾与服务。老年社会保障的服务体系包含的内容很多，涉及保障制度的经济、法律、文化、政策等层面，贯穿于整个制度运行的全过程，体现在老年生活保障的各种表现形式中。

（一）老年社会保障服务的需求

老年社会的需求内容很多。世界著名的行为科学理论家、心理学家美国

人亚伯拉罕·马斯洛（Abraham Maslow）在他的"需求层次论"中把人类需求分为五个层级：第一，对生理的需求，第二，对安全的需求，第三，对感情归属的需求，第四，对地位和尊重的需求，第五，对自我实现的需求。我们根据马斯洛的理论也可以同样把老年社会的需求分为对生理（日常生活的正常与身体的健康）、安全（身体和心理的安静与安全）、感情归属（精神愉悦、亲情和睦）、地位和尊重（受到社会的尊重和爱戴）和自我实现（老年社会价值）五个需求领域。

这五类需求的内涵十分丰富。第一层次和第二层次的需求表现的是需求的物质层面，是需求的基础和初级阶段；而第三层次处于需求的"中端"，介于"初级需求"与"高级需求"的连接地带，是由物质需求向精神需求提升的过渡阶段，也是精神需求的起点；第四层次和第五层次的需求则是需求的发展，是需求的高级阶段。需求的层次性决定了每一层级的需求具有严格的实现顺序和递进关系，即当第一层次的需求得到满足以后，就会依次向下一个更高的层次迈进，依此类推。另外，需求具有膨胀性和向上的惯性。每个需求层次的内涵也随着社会条件的变化而不断充实、加强。人类的生理惯性和社会惯性决定了人们对服务的需求总是呈现出不断外延的"主动性扩张"（Active Expanding），顽强地彰显出人类"贪婪"的本性。只有在经济危机和社会动荡等特殊环境下才会出现对服务需求的"被动性萎缩"（Passive Shrink）。

需求产生服务，服务又成为满足需求的手段，服务的内容可以被创造。由于个人物质基础、文化修养、性格、追求等自身条件的不同以及所处的时代、环境的差异，不同的人能够达到的需求层次也各不一样。大多数只能徘徊在第一、第二个需求的物质层次，甚至第三个层次的需求都会成为一种"奢望"。

目前，老年社会保障问题的现实是老年社会具有很大的服务需求，也有了购买服务的能力（并且这种能力正在不断加强），但是我们还没有创造出足够的适合这种需求的服务产品，大部分老年人正在忍受着缺乏服务的痛苦。

（二）老年社会保障服务的内涵

1. 养老金服务

养老金服务包括现收现付制和积累制下国家、企业和个人养老资金的缴付、支出、养老基金投资运营以及养老金的发放领取等环节的服务。它是在养老保障经济制度下运行的体系。目前在大多数国家，养老金制度的上端、中端以及下端服务都是由政府机构来承担的，属于公共服务的一部分。随着基金理论的发展，特别是基金在积累过程中的各种损耗以及通货膨胀所带来的贬值的压力，保证基金保值增值是目前世界各国普遍面临的管理问题。为了适应全球人口老龄化而诞生的积累制要求所有的社会保障基金管理者必须以良好的经营业绩来保障基金价值的增长，以应付未来足额支付的需要。为此，以智利为代表的国家开创了养老基金改革的先河。私营养老基金管理公司的高效保证了养老基金 14% 的年均增长率，在全球基金的管理和运营上取得了令人欣慰的业绩。其他一些西方国家也把养老基金的管理权也下放给了一些民间机构和私营金融企业。提高养老金的服务效率是全球养老保障管理的共同目标。

2. 法律权益服务

法律服务是养老保障服务的中心内容之一。这里的法律权益服务主要指在养老保障制度之下维护老年人各种合法权益的服务，既包括涉及养老金的法律服务，也包括医疗保险、伤残保险、老年人护理以及文化和消费权益等关系到老年人日常生活各方面的法律服务。涉及的法律范畴包括老年人作为普通社会公民的各项法律以及作为老年专门群体受到专门保护的法律。世界上许多国家都制定了保护老年人权益的法律，中国也颁布了《老年人权益保障法》，显示了社会保障中"保护丧失劳动能力者以及全体公民基本生活权利"的人文理念。

3. 医疗保健服务

这里的医疗保健服务主要指围绕着医疗和健康保险制度为居家养老或集体养老的老年人提供的医疗保险服务、健康咨询服务、健康检查服务、疾病诊治服务以及医疗护理服务等。医疗保险已经成了一项以现收现付财务制度为主要形式的基本社会保障制度，成了养老保障制度的必要补充。目前，大多数老年人与其他年龄段的人群享受的是常规的社会医疗卫生服务，这与老年人具体的医疗保健需要有很大的差距。随着养老保障事业的发展，国家和养老机构应该逐步发展到为老年人提供专门的医疗和保健服务，实行医疗保险与医院的多项挂钩，开展对老年病的专门研究，建立医治各种老年疾病的专门医院，研发出治疗各种老年病的药物以及老年保健用品，保障老年社会的健康和生活质量。

4．生活护理服务

生活护理服务就是为居家老人以及在专门机构养老的老人提供的在日常生活中涉及衣、食、住、行等基本生活方面需要的照顾和护理服务。生活护理服务是家庭和养老机构养老服务中最基本、最普遍又必不可少的服务方式，是维持老人生理需求与安全需求服务的必要手段。传统社会老人的生活护理服务责任完全由家庭承担。随着工业化和生产的社会化，家庭主要劳动者的外出集中工作，家中缺乏有效的劳动力和服务人员，尤其是在大城市，只有老年人的"空巢家庭"日益增多，居家老人的生活护理问题日趋严重。另者，虽然现有的集中养老的机构提供了专门的生活护理服务，但是其服务水平和服务质量普遍不高。因而，老人生活护理服务需要从膳食、起居、衣着、活动等多方面加以改进，增加服务手段的科技含量和科学性。

5．心理健康服务

心理服务是养老服务的高级阶段，也是当今社会服务需求增长的重点与核心，更是现今家庭和社会养老服务中普遍缺乏的重要内容。由于现代工业社会和信息社会的高速发展，造成了环境恶化、人口密度增强，生活空间缩小、社会竞争加剧，生活节奏加快、生活压力增大。

这一系列的社会问题给人们造成了不同程度的精神压力和精神伤害，导致了心理与精神的疾病。一般来说，一个社会的现代化程度越高，人们患心理疾病的程度就越严重。整个社会，特别是像中国这样的长期以来受东方国家传统文化观念和习俗影响的社会，人们对心理健康的认知往往是极为浅薄、充满偏见的。中国人在现代化的改革中既丧失了传统文化的理性优势，又没有很好地吸收西方文化的精髓来形成一种自己的健康、豁达、开明、宽容、合作与进取的新民族文化。面对日益增多的显性或隐性心理疾病患者，我们的社会表现得十分无奈与无策。

老年社会是一个特殊的相对比较脆弱和敏感的群体。每个老人都经历了人生的风雨与坎坷，基本走完了他们精力与活力最旺盛的阶段。他们创造了许多的成就与辉煌，也留下了众多的教训、遗憾与悔恨。同时，他们还要面对社会变化带来的生活方式以及观念的变化，应对晚年经济贫困、健康状况不佳以及亲情缺乏的挑战。因此，当代社会的老年人如同其他人群一样，迫切需要科学、正规、良好的心理辅导和心理治疗等一系列心理健康服务。做好健康服务的首要任务是在高校广泛设立相关学科，培训大量合格的心理服务人才。另外，要探讨出一套自我诊疗的方法，营造一种重视心理服务、参与心理保健的文化环境，重点做好老年人的早期的心理维护。定期对老年人进行心理检查，制定不同的心理处方，分别进行心理诊疗，保障他们的健康与幸福。

6. 老年消费服务

广义的老年消费服务指针对老年社会所有消费需求的服务，包括物质和精神两个层面。任何群体都有自己的消费需求和消费偏好，老年社会也不例外。但是，目前除了铺天盖地的保健品和补品以外，老年真正需要的产品十分缺乏。这种现象是由老年人陈旧的消费观念、顽固的生活习性以及市场的趋利性双重因素造成的。经历过经济萧条、生活困苦时代的老年人普遍过度节省，甚至吝啬，"舍不得"是他们共同的消费态度。另外，由于老年人的消费热情和消费动力不足，特别是老人"吝啬"的消费倾向导致了老年消费产品的规模和利润下降，挫伤了消费产品提供者的积极性，使老年社会大市场还未能完全形成，造成了老年社会消费的萎靡。不过，我们应该欣喜地看到这种局面正在向好的方面转变。不久的将来，我们可以看到老年社会消费高潮的到来。

二、中国社会保障制度现状

中国的社会保障制度包含社会保险、社会救济、社会福利和优抚四个主要的方面。在社会保险中又分为养老保险、失业保险、工伤保险、医疗保险、生育保险五个项目。这些社会保险制度大部分在建国初期就已实行，但其中有的项目——如失业保险，后来停止实行；即使那些保留下来的保险制度也逐渐演变成完全的企业责任制度，即企业自行负担本企业职的养老、医疗、工伤等费用，而失去了社会互济的功能。这种状况，如果说在计划经济体制下还有其存在基础的话，在市场经济体制下就绝对行不通了。因此，自80年代以来，随着经济体制改革的深入，中国实际也在进行着改革社会保险体系的浩大工程。

从1978年党的十一届三中全会起，就在一些社会保障项目上进行了改革探索。1984年党的十二届三中全会以后，又围绕搞活国有企业这一中心环节，进行了社会保障制度的配套改革。1993年党的十四届三中全会通过的《关于建立社会主义市场经济体制若干问题的决定》把社会保障制度和现代企业制度、统一的市场体系、宏观调控体系、收入分配制度并列为构筑我国社会主义市场经济框架的重要组成部分，标志着我国社会保障制度改革从国有企业改革的配套措施进入到体系建设的新阶段。

这一阶段社会保障制度改革的目标是，以社会保险制度改革为重点，到20世纪末基本建立起资金来源多渠道、保障方式多层次、权利和义务相对应、管理和服务社会化的完整的社会保障体系。经过多年探索，在理论上初步形成了我国社会保障体系的框架：由国家财政负担的社会救济、社会福利和优抚安置；由国家立法强制实施的养老、医疗、失业、工伤、生育等社会保险；由国家倡导，用人单位和职工自愿参加的企业补充保险、个人储蓄性保险以及互助保险；发展商业保险，作为社会保险的补充。党的十五大报告再次明确提出，养老、医疗、失业保险和社会救济制度改革是当前社会保障制度改革的重点。

为顺利渡过我国迅猛到来的人口老龄化高峰，我国把基本养老保险现收现付基金模式改为部分积累基金模式，实行社会统筹和个人账户相结合。这是养老保险的制度创新。它较好地界定了国家对职工养老的责任，同时又明确了企业和职工应缴纳费用的责任，既实现了社会互济，又突出了自我保障，通过个人账户把职工养老待遇水平和在职时的贡献大小紧密联系起来，还体现了效率原则。从 1994 年起，国务院在镇江、九江两市开展社会统筹和个人账户相结合的职工医疗保险制度改革试点，并在总结试点城市经验的基础上，进一步全面推广"统账结合"医疗保险制度改革。除此之外，我国还初步建立了失业保险制度，逐步形成城镇最低生活保障安全网。

总体看来，我国的社会保障体系建设有了很大进步，但同时也应当看到，社会保障制度改革尚面临着许多困难：

第一，建设多层次的保障体系进展缓慢，发展很不平衡。我国仍然是国家提供的基本保障在唱"独角戏"，而其他保障层次发育严重滞后。企业补充养老保险覆盖目前不过几百万人，与国家基本养老保险覆盖 1 亿 3 千多万人相比，难以起到应有的作用。

第二，社会保障机制转换的一些重要问题还未解决。养老保险从现收现付转为部分积累并引入个人账户，是基金运行机制的根本性转变。在这一转变过程中，出现了对新制度实施前参加工作的中老年职工的个人账户存在隐性债务问题。这部分隐性债务不仅表现在当前的个人账户为"空账"上，还将延续 20 多年。如何正确分析养老保险隐性债务，采取何种方式逐步解决"空账"问题，关系到我国基本养老保险机制转移能否成功，目前这一问题还在探索之中。

第三，行政部门的综合协调和社会保障监督体制仍需加强。劳动和社会保障部的成立，统一了社会保险的行政管理体制，但由于社会保障工作涉及的范围相当广泛，如医疗保险涉及卫生管理体制和药品生产流通体制，失业、养老保险标准要与社会救济标准有机衔接等，这都涉及社会保障制度改革如何整体推进问题，仍有必要加强有关行政部门的综合协调。

第四，社会保障法律体系不健全。随着改革的深化，社会保障法制建设滞后的问题日益暴露出来。由于立法滞后，在社会保障方面发生争议需要进行仲裁或提出诉讼时，仲裁机构和法院缺乏权威性的法律规定对此进行仲裁和判决，甚至一些问题处于无法可依的状态。社会保障应当形成一整套独立的法律体系。

第五，社会保障制度抵御风险的任务十分艰巨。我国老龄化高峰将在2030年左右到达高峰，届时养老抚养将比现在增加一倍多，约高达37%，这不仅给养老保险造成巨大压力，由于老年人的医疗费用远比中青年人高，还必然给医疗保险带来更大的风险。

因此，可以说无论在完善体系、转换机制、改革管理、加强法制建设，以及抵御风险等方面，都需要继续探索。我国社会保障制度的改革和事业的发展任重而道远。

三、日本社会保障体系对中国的借鉴意义

日本是当今世界的经济大国，其社会保障制度已经较为完备，虽然仍然存在着这样或者那样的问题，但是在许多方面值得我们学习和借鉴。

（一）社会保障制度的发展应与经济发展水平相适应

日本建立社会保障制度的经验表明，社会保险与福利的发展是与经济的发展密切相关的，国民生产总值的增长是社会保险与福利提高的前提。社会保险和福利的实施程度必须严格控制在经济条件允许的范围内，如果随意扩大社会保险与福利的范围，增加福利项目，提高社会保险与福利的支付比例，则会使社会保险与福利成为经济发展的拖累，增加政府的财政负担，最终使社会福利成为空话。因此，在规划社会保险的内容、规模、标准时，一定要从本国实际出发，量力而行。

（二）突出重点、扩大覆盖面，多层次、多渠道发展社会保障体系

日本社会保障体系是在实践中不断发展和完善起来的，尽管我国的社会制度与日本不同，但是社会保障体系的建立也应从我国的实情出发，适应经济发展和社会需要，突出重点，有序发展。今后一段时期我国社会保障体系的建设要从以下几个方面着手：第一，继续完善现行的养老保险制度，包括筹资模式和支付条件的改革；第二，加快失业保险和医疗保险制服的改革步伐，以适应我国经济的发展；第三，逐步扩大社会保障制度的覆盖面，有些暂时不能大动的社会保障制度如农村社会保障制度的建设，也要在现有基础上探索更切实可行的办法，使社会保障的覆盖面逐步扩大到全社会；第四，无论哪一类型的社会保障制度都要朝着基本保险、企业补充保险和个人储蓄保险的多层次方向发展。

（三）政府积极参加社会保障制度的建设，同时减少财政支出

日本的社会保障筹资制度采用缴费制，其社会保障收支基本实行部分积累制，同时也同政府财政关系密切。尽管政府财政不直接参与社会保障收支的管理，但各种社会保险结余资金的大部分都寄存在大藏省资金运用部，变成所谓国家"第二预算"的财政投资贷款资金。日本每年通过财政投融资用于国家基础设施的投资相当可观。由此可见，我国社会保障制度的建立可以参照日本的经验，坚持部分积累制和政府财政参与社会保障资金的管理和运营，但要防止社会保障支出成为政府财政的负担。

（四）尽快建立老龄化社会的社会政策体系

人口老龄化对我国未来的经济发展和社会稳定带来了越来越大的压力。在发达国家通常是进入到产业化社会后，在经济发展水平较高时才出现人口老龄化现象的，且老龄化速度较慢，即所谓的"先富后老"，经济发展为人口老化所带来的社会问题的解决作了充分的物质准备；而在我国则是在经济发展尚处于工业化初级阶段，经济建设急需资金的情况下社会即将步入老龄化，且老龄化速度很快，致使资金配置陷入矛盾中，给社会造成始料不及的困难和问题。中国将在不具备相应的经济实力和社会保障能力的条件下，面

临人口老龄化问题的严重挑战。因此必须在大力发展经济的同时，尽快建立起适应老龄化社会的社会政策体系，其中包括就业与所得保障体系、医疗保健与福利体系、参与社会活动体系、住宅和生活环境体系等；进一步完善现有的老年政策，对未考虑到老龄化社会压力的社会经济政策进行调整，使其适应人口老龄化趋势的要求，并通过有效的社会政策鼓励每个公民增强自我保障意识。

（五）转变观念、健全机构、加强立法

日本是发达的市场经济国家，人们具有强烈的竞争意识、法制观念，并乐于参加社会保障。日本的社会保障制度有严密的法律体系做后盾，而且是根据社会保障项目分别制定法律和条例。日本还有健全的社会保障管理机构，如日本厚生省负责社会保障条例、法规政策的制定；劳动省负责主管失业保险工作；中央银行负责保险金的出纳；大藏省负责对养老、健康保险金进行监督和担保运用并编制预算。目前，我国虽然处于市场经济体制和社会保障制度建立的起步阶段，但市场竞争和风险已经介入经济生活的各个领域，因而，要通过正确的舆论导向引导人们自觉地参加社会保障制度。同时，对已经出台和正在出台的一些社会保障项目，应加强立法，使社会保障体制的运行逐步法制化、规范化。还要加强社会保障管理机构的建设，按照收、支、管、监四套机构分设的原则，明确各个机构的分工、职责，各司其职，相互制约，以最终建立符合我国国情的、健全的社会保障管理体制。

第四节 老龄化社会与城市规划

一、老龄化社会的相关性特征分析

（一）"人口红利"优势的弱化

人口红利是指人口年龄结构优势导致的高劳动参与率（即总人口中劳动力人口比重较大）对一国经济增长的积极效应。人口红利期是指当生育率迅速下降，人口抚养比例下降，总人口中适龄劳动人口比重上升，而老年人口比例达到较高水平之前形成的一个劳动力资源相对丰富的时期。中国目前的人口年龄结构就处在人口红利期，农业劳动力大量剩余并向城市转移，使得过去几十年中国经济保持创世界纪录的高速增长。但在 2015 年前后，随着中国人口老龄化的加速，人口抚养比将停止下降并转而提高，人口红利的丧失将影响经济增长速度。这意味着未来老龄化虽然不一定会阻碍经济发展，但老年人口的增加会使可利用的人口红利优势逐渐弱化甚至消失。如近几年出现的"民工荒"，其中很重要的一个原因就是农村老年人口的增加以及输出劳动力的减少，人口红利的优势已经开始减弱。这也说明中国的许多城市产业发展模式仍然以低端生产、劳动密集型为主，经济增长所依赖的是廉价劳动力。因此，随着老龄化速度的加快，人口结构的优势趋于减弱，城市的发展必须进行转型，以减少对人口红利的依赖。

（二）老龄产业的兴起与发展

老龄化社会在给城市经济、社会带来许多不利因素的同时，也为老龄产业的发展提供了机遇。老龄产业作为一种新兴产业，是为老年人提供产品或服务、满足其衣食住行用等各方面需求的综合性产业，包括日常生活用品、医疗保健、家政护理、房产金融、教育培训、旅游等多个行业。随着老年人口数量的增加，其对社会的需求会越来越大，将形成一个特殊的消费市场，同时老年人收入总量稳步增加，也保证了老年市场的购买力稳步增长，老龄产业市场容量十分可观。据测算，老年人口消费占总消费的比重将由 2000 年的 9.67% 上升至 2020 年的 15.43%，2050 年将达到 28.29%，老年人口消费规模也将从 2020 年的接近 4.3 万亿元增加到 2030 年的 13 万亿元。目前，我国老龄产业已进入稳步增长阶段，但其发展远远滞后于老年人口激增的严峻现实和老年消费群体的巨大需求。未来城市政府可根据自身优势资源，制定和完善产业政策，引导市场化、社会化、多层次的老龄产业发展模式，以带动城市经济的快速增长。

（三）老年住房供需矛盾突出

老年住房的范围较广，包含老年住宅、老年公寓、养老院、养老社区等。加拿大的养老居住模式除老年公寓、老人院外，还有家庭护理模式。受中国传统文化背景与社会伦理观念的影响，目前我国城市老年住房仍以选择与子女同住的方式为主，只有少部分选择了机构养老。但随着家庭结构的变化，养老观念的转变，住房保障制度的完善，老年住房建设与养老需求的矛盾将成为老龄化社会的突出问题。

据中国民政部发布的《2009 年民政事业发展统计报告》，2009 年全国城市养老服务机构 5291 个，床位 49.3 万张。面对数以亿计的老年人，老年住房明显资源不足，城市老年住房供需矛盾尤为突出。以北京、上海城市养老机构建设为例，2009 年北京养老机构的总床位数有 4 万张，到 2020 年 60 岁以上老年人预计要达到 300 多万，按规划床位要达到 14 万张才能基本满足需求。上海市 60 岁以上的老年人将近 300 万，全市养老机构的总床位数现约 7 万张，供求矛盾同样突出。现有老年住房与不同层次老年人的需求已经不相适应，如果城市没有土地、资金等方面的扶持政策，老年住房不能形成规模和均衡发展，那么在未来社会的老龄化过程中，老年住房供需的矛盾会随着老龄人口的迅速发展而日趋加剧。

（四）老年社会角色的延续与转换

老年人的养老观念发生了重要转变，越来越注重提高自身的精神追求，以获得更好的生活质量和主观幸福感。许多低龄、健康的老年人希望能根据自身能力、兴趣选择适当而有意义的工作，为社会做贡献，或通过教育培训后重新选择新的角色，以获得更多的社会支持。实现老年社会角色的延续与转换，是迎接人口老龄化挑战的重要战略措施，对于未富先老的中国更具有战略意义。2002 年联合国第二届世界老龄大会的《政治宣言》指出："老年人的期望和社会经济需要，都要求老年人能够参与他们所在社会经济、政治、社会和文化生活。老年人应该有机会从事令人满意的市场性的工作。"因此，老龄化背景下的城市发展需要有老年人的社会参与，让老年人公平享有各种发展机会，并在融入社会、参与社会和服务社会中实现自身新的价值，构建老龄化与社会、经济协调发展的和谐城市。

二、老龄化背景下的城市规划

（一）城市发展策略

随着老龄化社会"人口红利"优势的削弱，依靠粗放式经济增长方式的城市发展必须进行城市经济增长模式的转型。加大产业升级与转换是城市发展适应老龄化社会，提高自身竞争力的有效途径。作为综合性产业，老龄产业的兴起为城市的经济发展提供了新的动力。《中国老龄事业发展"十二五"规划》中强调了"把老龄产业纳入经济社会发展总体规划，制定、引导和扶持老龄产业发展的信贷、投资等优惠政策，鼓励社会资本参与老龄产业的发展"。面对未来快速老龄化带来的庞大的需求市场，城市政府应逐步细化老龄产业发展规划，采取政府主导的市场化、社会化、多层次的产业模式，加大对老龄产业发展的财政投入，扶持老年人口衣、食、住、行、医药等各个行业，引导社会各方面力量参与对老年产业的投资，实行市场机制，以构建产、供、销、服务的产业集群。

面对城市休闲、养生产业的迅速发展，许多有着发展休闲、养生产业特色优势资源的城市纷纷提出"休闲之都"的城市定位，以塑造独特城市品牌。虽然休闲养生活动适合各年龄层次的人参加，但对老龄化社会背景下的城市的发展尤其是个契机，可为老年人提供多种多样的康复、休闲活动，以达到延年益寿、强身健体、修身养性等功效。因此，城市可根据现有的各种优势资源，挖掘与休闲、养生相关的特色资源，明确城市定位，如咸阳提出了打造"休闲养生目的地城市"的定位。在城市建设过程中把休闲养生作为城市的一项基本职能，城市规划与建设融入休闲意识，营造具有丰富体验的可参与式的城市空间环境，实现休闲养生产业开发与城市建设的一体化，并利用广播、影视、报刊、互联网等媒介，以会展、赛事、节庆活动为契机，加强宣传，提升城市品牌的知名度。

（二）面向老年人的交通组织

我国现有城市道路规划设计的出发点往往是"以车为本"，道路宽度和车速设计都使得以步行和自行车为出行方式的弱势群体公平使用道路的权利被无形剥夺。虽然近些年许多城市都以"发展公共交通"作为解决交通拥堵问题的主要手段之一，也进行了"BRT（快速公交系统）"的尝试，但老年人特有的生理、心理特征和出行行为模式，对城市交通系统提出了易于识别、易于控制和选择、易于到达、易于交往、无障碍性等特殊要求。借鉴欧美人口老龄化严重国家的丰富经验，结合中国具体情况，未来中国面向老年人的交通组织应在现有基础上进行反思，并做出适当调整。

在优先发展公共交通，不断提高公交线网密度、车站覆盖率和发车频率的基础上，设计适合老年人的专用公交车以及站点，方便老年人上下车，并提供良好的候车环境，保证其可达性、安全性和舒适性。规划整个城市的慢行交通系统，满足老年人散步、健身、锻炼的偏好，如珠三角的绿道建设以及深圳市规划局 2008 年进行的《深圳经济特区步行系统规划》，旨在通过步行系统的规划与一系列实施举措，为市民提供一个安全、便捷、舒适、优美的出行环境。在步行系统设计过程中，还需更多地从老年人的生理和心理感受出发，考虑无障碍设施的系统化、体系化，为老年人创造出适合他们出行的交通环境。

（三）社区规划与营建

在以家庭养老和机构养老的基础上，近年来居家养老、社区照顾、以房养老、异地养老、度假养老等模式相继被提出，但居家养老、机构养老、家庭养老将主要构成我国未来多元化的养老模式。"原居安老"（Aging in place）虽然受社区服务网络不完善以及费用过高等因素限制，但作为主要的养老模式，意味着大部分老年人将在自己家里养老，由此产生了庞大的老年住房需求以及相应的老年社区服务设施配套。而机构养老主要由养老机构（包括养老院、托老所、老年公寓等）将老人集中起来，解决老年人日常起居照顾的问题，分为福利性机构和经营性机构两种，也对住房提出了更高的要求。

因此，面对不同的养老模式，社区规划与营建成为解决老年住房问题的主要方式。通过发展到能够适应人在一生中各阶段变化的"通用住宅"，对原有住房进行"适老性"改造，适当建设混合老年社区，满足老年人住房需求。社区不仅需要提供必要的居住空间环境，满足老年人使用的各种硬件设施需求，保证老年人的身体健康，更重要的是老年人的心理健康，因为老年人需要家庭成员、朋友、同事、邻居的关心、交往和帮助，而这种社会关系和生活方式更多地依赖于社区所建立的成员之间的共同生活以及互动。新建老年社区（持续照护退休社区 Continuing care retirement community）应统一规划，能为不同需求的老年人提供完善、周到、及时的服务，为老年人创造更多更好的邻里交往空间，密切邻里关系，让老年人解除孤独感、寂寞感，使其享受到"独立居住""集中交往"的乐趣，如北京太阳城国际老年公寓就是国内较成功的一个案例。同时，更新改造旧社区，借鉴美国的 NORC（Naturally occurring retirement community）社区模式，设立社会养老服务设施点，将一些原来由家庭负担的事务性工作纳入服务范围，提供相关的养老生活照料服务体系、养老医疗卫生体系及养老文化服务体系，保障老年人的身心健康。从而通过"硬件"和"软件"两方面不断综合协调发展，营建能适应老年特殊生理和心理需求的社区。此外，还应根据我国土地资源有限、社会保障支持系统不完善的基本国情，借鉴新加坡和香港的公共住房政策，建设老人集合住宅（Congregate care housing）、多代居（Mixed-age housing）等不同类型的老年公屋，为中低收入老年人提供更多住房选择。

三、关于老年住区的模式分析

（一）对国外老年住区模式的研究及借鉴

国内学者姚栋在回顾老年居住发展历程的基础上，从建筑学角度较全面地论述了当代美国、英国及北欧福利国家等西方发达国家和新加坡、中国香港等东亚地区发达国家及地区的老人居住模式。由于欧美国家进入老龄化社会较早,虽然有家庭养老、社会养老、协作养老等多种模式的存在,但主要形成了集中型和综合型的老年住区,其中具代表性的为美国的老年社区。美国老年社区属于集中型的老年住区,规模通常为 300 ~ 400 户,社区设施根据老人的不同需求分为独立居住单元、自立生活的集体公寓、寄宿养护设施和护理院设施,其规划从社会学、美学和医学的角度来考虑构成老年社区环境的主要影响因素,从而满足老年人在生理、心理上的种种特色需求。欧美国家的集中式老年社区模式逐渐被国内许多城市借鉴,如北京太阳城国际老年公寓就是国内较成功的一个案例。

日本、韩国、新加坡等亚洲国家由于和我国的传统文化、家庭观具有相似性,因此在处理社会老龄问题中的经验更值得我们研究借鉴。国内对日本老年住区的研究较多。张菁认为为了消除家庭养老环境所受冲击和家庭养老功能的削弱,日本老年住区从混住型的老年公寓,发展到能够适应人在一生中各阶段变化的“通用住宅”,并得以在日本推广开来。日本老年住区在规划与设计上,从空间、装置、设备等方面确保老年人日常生活中的安全性,尽可能为老年人提供各种邻里交往、人际交流的空间环境。在发展老年住区过程中,日本也通过特色的住宅养老福利对策和设施养老福利对策,为老年人的住房保障提供政策支持。从日本、新加坡等亚洲国家老年住区的研究和实践中可以得到借鉴和启示,但仍需注重国情和地域文化特点。

（二）国内养老模式及居住方式的选择

国内养老模式的研究早期主要以家庭养老和机构养老模式为主,近年来,针对传统家庭养老模式面临的挑战,以及机构养老的局限性,加强了居家养老模式和社区照顾模式的研究,也有以房养老、异地养老、度假养老等一些新的模式相继被提出。

城市规划领域多数学者认为受中国养老传统美德的影响,居家养老应作为我国养老的主要模式,大力倡导。但面对老年人对文化娱乐、社会交际、健身活动、家庭护理等方面的需求,有学者认为可加强居家养老与社会服务相结合，形成社区照顾模式。不过，李峰清和黄磺认为社区照顾模式由于缺乏制度性保障机制与经济性激励措施，其本身的缺陷导致它在西方成熟社区已存在较大推行障碍，在难以形成真正意义上"社区"的中国亦难免流于形式，仅能算作一种良好的"非正式补充模式"。所以，中国的养老必然朝多种模式共存发展，如胡仁禄等认为中国应实行以家庭养老为主，社会养老为辅并与社区养老服务网络相结合的多层次综合养老模式。周茸等根据对上海市问卷调查得出，近期居家养老仍占主要地位，而中长期来看，居家养老与多种形式的社会养老将呈现混合发展态势。李峰清等认为居家养老、机构养老、家庭养老将共同构成我国未来多元化的养老模式。

结合中国养老模式，国内学者提出了同住型、邻居型、分开型等不同的老年人居住方式。同时，王江萍还认为尽管目前我国兴建的老人社区、老人公寓等所具有的许多优越性是其他居住方式所无法取代的，但不会改变以同住型的家庭养老居住方式为主，分开型的社会养老居住方式为辅的基本趋势。周典等认为应逐渐由将老年人从一般城市居民中"分离"出来的"分离型老年人居住环境"，向强调老年人应当与社会其他成员一起共同生活的"统合型老龄化社会居住环境"转化，这实际上也是赞成同住型和邻居型逐渐替代分开型的居住方式。与大多数学者所认为未来居住方式以同住型、邻居型为主，分开型为辅的观点不同的是，曹力鸥认为我国老年人居住方式现在以两代合居的同住型为主，发展到混合型的居住方式，并逐步转向老年社区、老年公寓等分开型居住方式。

（三）老年住区的发展及规划

1.普通居住区的发展及规划

鉴于居家养老的重要性以及为了解决老年住房严重不足的问题，胡仁禄、曹力鸥等学者认为我们在进行普通居住区规划和建设时，应尽可能对现有居住区的功能结构进行更新和改造，使之适应家庭结构变化和老年生理、心理变化的需要，同时在旧区改造时，把老年人的需求作为一个极重要的因素纳入考虑的范围。

周典等认为城市居住区的规划和建设应从两方面来进行，一是将部分老年住宅融贯在城市居住建筑体系之中进行建设；二是应将重点放在做好"终生可利用型"城市住宅的规划、设计和建设中。在经济适用房开发建设过程中，也应从与老年人密切相关的居住空间无障碍设施、套型模式及交往空间等多方面考虑。总之，普通居住区的发展与规划要适应人口老龄化的趋势，为老年人提供优质的生活环境，满足身体和精神上的各种需求，以提高老年人的生活质量。

2．老年社区发展及规划

根据住区中老年人比例的多少，一般将老年社区分为两种：混合老年社区与独立老年社区，目前国内老年社区多指独立老年社区。开彦和宋言奇认为由于老年人对社区服务需求在不断增加，老年社区因其完善的设施可灵活地选择和符合老年人的需求，应成为老年人改善居住环境和提高生活品质的一种较好的选择，其构建在当前十分必要。但由于中国特殊的国情和养老政策，老年社区建设要引入市场机制，进行市场运作，结合多种养老方式进行综合开发，这也有利于老年住区的产业化发展。汪劲松则提出在城乡结合带规划建设老年社区的设想，利用城乡结合带适宜休养的优良自然环境，使老年社区更符合老年人的特点和要求。独立式的老年社区虽然有优越的居住环境，但过于集中的居住方式、远离城市生活区、与公众社会隔离、人口结构过于单一是否有利于老年人的身心健康，这也是值得探讨的问题。胡仁禄等就认为单独开发老年居住社区的办法在社会学和经济上是不足取的。所以，有学者提出了混合老年社区的模式将是我国城市老年住区的发展趋势。

可见，大多数学者的观点是认为老年住区的发展应以普通住区和混合式的老年住区为主，这与前述的养老模式及居住方式的选择相吻合，也是符合我国土地资源有限、社会保障支持系统不完善的基本国情。

老年社区的规划设计要面对大多数老龄人，不能片面追求规模档次，可结合普通居住区的规划建设，与整个社区或小区的配套设施综合设置；独立老年社区选址应尽量不要远离城市生活区，并应保持交通方便、城市生活的延续以及与青壮少儿接触交往的机会和空间。针对我国老年社区面临的老年人社会网络中断的问题，陈贵武等提出以综合性规划代替局限在住房与环境规划的传统形体规划，使得在老年人生活的空间问题基本解决之后，通过综合性规划对老龄化社区的生活多样性、社区网络、服务网络的建设起到一定的作用，从而实现老年人与社会融合的生活模式。

（四）老年住区空间环境

除了老年住宅外，居住空间环境也是老年住区研究的重点。王玮华认为由于老年人口对周围环境的依赖性和影响程度，要较其他人群大得多，老年住区应为老年人创造适于健身、娱乐、休闲、交往等户外活动的良好空间环境。一般来说，老年人对住区空间环境的需求分为五个层次：生理需求、社交需求、休闲需求、审美需求和自我实现需求，不同层次的需求，确定了住区空间环境不同使用功能的划分及设计要点。

对于住区空间环境的营造，胡仁禄认为要改进居住院落空间的规划设计，创造更多更好的邻里交往空间，以利于亲密的邻里关系和互助活动的形成，增进老年人生活的充实感和安全感。阎春林认为应利用开放的户外空间，鼓励老年人与青年人、儿童等不同年龄群体的相互交往，使老年人融入社会大环境之中，避免过于封闭造成心理上的社会隔离感。同时，住区室外空间环境要注意增强识别性，以弥补老年人衰退和丧失的机体能力，创造适合老年人的居住空间环境。总之，按照老年人的生理、心理和社会特征来规划和建设住区空间环境，将是今后居住区规划设计的重点内容。

第二章 养老事业概述

第一节 养老事业的现状及对策分析

一、养老事业现状分析

习近平总书记在中共中央政治局就我国人口老龄化的形势和对策举行集体学习时指出，我国是世界上人口老龄化程度比较高的国家之一，老年人口数量最多，老龄化速度最快、应对人口老龄化任务最重。满足数量庞大的老年群众多方面需求、妥善解决人口老龄化带来的社会问题，事关国家发展全局，事关百姓生活，需要我们下大气力来应付。

我国人口老龄化形势严峻。一是老龄人口爆发式增长。2000 年 60 岁以上老人 2.22 亿，占总人口 16.1%，预计 2025 年突破 3 亿，到了 2030 年所占人口比重超过 30%。二是空巢、高龄老人 2400 万，尤以农村老人问题突出。三是老人的健康状况堪忧。70% 以上老人患有慢性病，失能、半失能老人近 4000 万，占老年人口总数的 195%，老年痴呆患者约 900 万。四是目前我国公共养老服务体系无法满足需求。全国养老机构仅有床位 390 万张，每千名老人拥有的床位仅为 205 张，各地普遍存在养老院一床难求现象。五是目前养老问题现状是"未富先老""未备先老"矛盾凸出，从失能老人当下的养老来看，医院表示无法满足"社会化住院"，养老机构资源不足，社区表示"力不从心"，家庭感到"压力山大、无法喘息"，已成为众多"四二一"家庭的隐忧，社会各方面都感到困难重重，这也在提示我们，面对严峻的老龄化形势，我们在物质基础、政策储备、社会参与、管理服务等方面准备还有很多不足。需要我们在养老保障上持续付出努力，搞好顶层设计，借鉴国际有益经验，进行多方探索形成合力，才能突破这种困境，走出一条新路。

（一）主要的养老方式

从目前的发展来看，我国的老年人口数量相对较多，从全国的第六次人口普查的情况来看，有 13% 的人口是 60 岁以上，而 65 岁以上的人口占 9%。养老的方式主要集中为：其一，家庭的养老形式，这种养老普遍用在大部分生活可以自理的，虽然说身体绝大多数的功能有出现不同程度的衰退，他们主要是由自己的子女或是亲戚朋友负责的；其二，社区的养老形式，这种模式比较适合一部分的子女在外面工作，工作繁忙没有精力去照顾家里的老人，但是又不希望离开家的老人，他们仍然住在家中，但是由社区的服务机构配置专门的工作人员提供上门服务；其三，福利院和敬老院的形式，这种比较符合条件的农村五保户，或者是虽然居住在城市，但是生活形态却和农村的五保户相类似的城市三无老人；其四，老年公寓的形式，这种类型的老年公寓主要是由政府补助建立起来的，为没有子女和亲属服务的老年建造的住处，带有营利性质的，按照老年人的不同需要可以分为高档、中档和低档等几个等级；其五，以房养老的形式，这种方式也是在最近几年才得以兴起的，目前也处于试点的阶段，在 2013 年国务院提出的，并且明确指出要将以房养老作为我国养老的重要方式。

老年人没有选择社会化养老方式。一是多数老年人生活尚有人照料。目前的老年人多在 60 ～ 75 岁之间，许多人生活还能自理，即便一部分人生活不能自理，但这些人多在五六十年代生育了多个子女，现在正好老有所养。而一些子女也认为，在家中照顾老人既有利于老人心情舒畅，又体现了子女的孝心和亲情，还可节省花销。应该说，这是多数家庭对老人所采取的主要养老方式。二是机构网络和多数机构养老职能尚不尽完善。比如萧山虽有近40 家养老机构，但其规模远不能满足现实的需要，并且目前国家办的敬老院和福利院已基本处于饱和状态，镇、街道办的福利院入院条件过高，那些生活不能自理的老年人是最需要进养老院的，但事实满足不了他们的要求，即使收养了，老年人基本在自己照料自己，精神上的需求难以满足。三是多数养老机构不具备必要的医疗条件。除福利院和光荣院外，多数养老院没有正常的检验、治疗设备，甚至没有医护人员。老人生了病，家属仍然需要请假带他们去医院治疗。有些镇、街道养老院虽有个别专职、兼职医务人员，可以做一些简单治疗，但老人如有大病，仍需到医院就医。有些老年人因有公费医疗或大病统筹指定医院，所以多数老人仍必须外出接受治疗，也自然难以在此长住养老。四是资金和费用困扰养老机构和希望养老的老人。据了解，许多养老机构的建设资金是由镇、街道政府或民政部门无偿提供的。受经济发展的制约，不少养老机构经费紧张，周转困难，有的甚至入不敷出。而对老人来说，社会养老的支出也并非都能承受，月生活费往往超过其退休费用或子女的承受能力。

（二）养老保障的相关制度

最近几年，我国的养老保障法律主要是依据居民的身份进行划分的，归纳起来主要包括下面几种形式：

1．公务员

早在 2010 年就已经高票通过了《社会保险法》，但是公务员这一群体的法律保障却迟迟没有确定下来，公务员的养老保险仍然沿用了计划经济时的保障制度。公务员的养老金通常是由政府全权负责的，国家的财政也是公务员养老基金的重要承担着，公务员不需要承担任何费用。

2．事业单位工作人员

在之前，事业单位的工作人员任职期间是不需要交审核的养老费用的，养老金主要是由国家和单位按照退休之前工作的 80% 进行支付。

3．企业单位的员工

企业和事业单位的养老金这块有着明显的差别，在 1991 年，国家就试图缩小两者间的差距，后在 1997 年，国家明确指出要加大企业补充养老的力度，同时还要发挥出商业保险的重要作用。

二、养老事业的对策分析

（一）积极开展社会化养老事业

其一，发展经济是解决社会化养老问题的基础。邓小平同志指出："发展是硬道理。"只有大力发展经济，家庭和社会才能积累起足够的养老资金，社会才可以建设更多的养老设施，才可以保障老年人"老有所养，老有所乐"。

其二，多形式多渠道筹集解决养老机构的建设资金，并采取"公助民办"的形式开展经营活动。养老事业是一项社会福利事业，虽不以赢利为目的，但应能维持正常周转，并保证工作人员应得的福利待遇。因此，各级政府应把养老机构建设列入工作日程，并在财政上予以列之。还要鼓励有实力的企业或私人进行投资或集资建设。可借鉴"公助民办"学校的形式，鼓励私人以承包方式经营养老机构，免征各项税费，确保其能正常运转并维持收支平衡或略有节余。

其三，把发展养老事业和医疗社会保障制度改革相结合，确保老人能够得到必要的养老和医疗服务。要多形式多元化发展社会养老机构，以满足老人的不同需求。特别应布局合理地兴建几所老年医院，结合推进医疗社保制度的改革，允许离退休人员选择老年医院作为公费医疗或大病统筹定点医院，医疗费按有关规定解决，护理费和伙食费由个人负担。这样，使老人在负担得起的前提下满足了基本的养老和医疗需要，也不致给单位、社会增加不合理的负担。

其四，在努力提高养老机构质量的同时，积极宣传引导人们改变传统的养老观念。对各类养老机构来说，不仅要提高硬件水平，更重要的是提高软件的质量。要在保障服务人员各种待遇的同时，加强对其职业道德、责任感和荣誉感的培养，使老年人不仅在生活上得到照顾，还能在精神上保持心情舒畅。同时，应积极进行正面的宣传引导，改变养儿防老的传统观念，使老年人和年轻人都能认识到，社会化养老是现代社会普遍推行的养老方式，既有益于社会，更有利于个人和家庭。

（二）借鉴国际有益经验

1．家政教育

家政作为一门学科，源自美国。如今，美国近千家大学设有"家政系"，还有的专门设置"家政学院"，可以培养研究生、博士生。菲律宾几乎所有的大学都设有家政专业，学生从业前还要进入后续培训机构，接受技能培训。在日本，家政教育是基础教育阶段的必修科，大学也普遍开设了家政课程。总之，很多国家已经建立了一套从学前、小学到研究生阶段的家政教育体系，家政教育序列已相当完备。

2．社会保障

以日本为例，在20世纪90年代，日本先后出台相关法规，使家政从业者大幅增加，满足社会需求，并不断完善从业者待遇；在2008年，政府还规定家政护理劳动者的工资不能低于所在地职工平均的工资，并在此基础上进一步涨薪，增加部分由国家财政支出。借助制度保障，日本将家政从业者纳入劳动法律体系之中，进而改变了传统的择业观，使从业人员素质不断提高，专业化程度越来越强，并基本形成了统一的行业标准和服务质量体系。

3．人性化服务意识

家政服务中力求营造家的感觉，重视保护长者尊严和人性化关怀，强调长者独立性，理解老人的生活观念，珍惜相遇缘分，微笑服务，如为长者举办各类趣味比赛，从细节处鼓励长者，帮助长者重拾生活趣味和信念。

相比之下，目前我国家政行业发展相对滞后，社会观念存在偏差，制约了家政职业化进程；法律上未将家政纳入劳动法保护，恶化了行业生态。总体来看，我国家政行业产能弱小，服务品质较低，仍处于低端、起步阶段。随着人口老龄化加剧，全面二孩放开，家政行业必将迎来高速发展，而家政职业化也必须加快步伐、迎头赶上，才能满足时代需求。

（三）搞好顶层设计，总结各地实践经验，合力支持养老服务业发展

习近平总书记针对养老问题强调，要积极发展养老服务业，推进养老服务业制度、标准、设施、人才队伍建设，构建居家为基础、社区为依托、机

构为补充、医养相结合养老服务体系，更好满足老年人养老服务需求。这是一项伟大的系统工程，它需要各级老龄部门编制好老龄事业发展"十三五"规划，在党委领导、政府主导、社会参与和全民行动下，方能奏效。

如何解决"老有所养"目前还是一个十分纠结的难题，问题提出了很长时间，但破题依然不够明确。各地都在摸着石头过河。理想的养老，要解决三个层面问题，老有所养、老有所乐和老有所为。养老模式，对于老人来讲，没有最好的，只有更合适的。当前，除了传统的家庭养老、机构养老外，比较流行的、有代表性的养老模式有下面几种：

1. 居家养老

中国社会在老龄化的路上，首先遭遇的问题就是，亿万老年人如何养老？一方面，传统的家庭养老功能日益弱小；另一方面，机构养老总体供不应求，尤其是符合大众经济承受能力的养老院，床位更是紧俏。家庭养老功能弱化，机构养老总量不足，介于两者之间的"居家养老"，因此更受重视、更为可行。这既是国际上通行的养老方式，也与中国的传统养老方式一脉相承。居家养老是以家庭为基础，在政府主导下，以城市社区为依托，以社会保障制度为支撑，由政府提供基本公共服务，企业、社会组织提供专业化服务，基层群众性自治组织和志愿者提供公益互助服务。这意味着，在城乡社区将建起一座座"没有围墙的养老院"。这是一个美好愿景，也符合中国老人不愿脱离熟悉环境，希望贴近子女、贴近邻里的精神需求。而这需要多方面共同努力。在居家养老的体系中，必须尊重市场力量，大力发展社会化服务，企业和社会组织是居家养老服务的主体力量，此时，政府出台优惠政策、鼓励社会力量参与，自己可以集中精力补足服务链条上的缺失环节。最近，国务院医改办、国家卫生计生委等7部门联合制定《关于推进家庭医生签约服务的指导意见》已正式公布，到2017年家庭医生签约的服务覆盖率到达30%以上，到2020年力争将签约服务扩大到全体人群。弥补了居家养老服务体系中医养相结合的短板。

2．虚拟养老

一直以来，公立养老院一位难求，民办养老院良莠不齐的局面制约着我国养老服务的发展。而居家养老面临护理人手不足、空巢现象增多等问题。网上养老院架起供需桥梁，既汇集老人需求，也整合各类资源，为老人"私人订制"各类服务，不仅契合了时代特色，也为行业开创了新模式。

虚拟养老就是政府建立一个信息服务平台，当老年人有服务需要时，拨一个电话给信息服务平台，信息服务平台就会按照老年人的要求，派企业员工上门为老年人提供服务，打造"10分钟社区居家养老服务圈"，同时对服务质量进行监督。

居家养老信息服务平台是养老服务的一大创新。该平台体现"互联网＋"与市场化运营理念，为老年人提供家政服务、生活照料、助餐服务、康复保健、健康指导、安全援助和转介等门类的综合性服务。在上海、网上养老院除了提供日常的陪护照料服务，还开设了网上心理咨询、心理慰藉和丰富多彩的文娱活动方便老人群体。

3．互助养老

过去的"养儿防老"传统，已经不适应新形势的要求，养老问题不断成为各级政府有待解决的重大民生问题。山东、陕西等地探索的农村互助养老模式，以其"投入少、见效快""老人来去自由、离家不离村"等优点，缓解了农村养老难题，尤其对留守老人、空巢老人更是福音。应势而生的互助型养老模式，破解了资金和场地的难题，"离家不离村"也有效地减少来自家庭传统思想的阻力。

如果说传统的养儿防老模式是以个体力量解决养老难题，纯社会化养老机构以组织的方式破解养老困境，互助养老幸福院则是凝聚社区、村组的集体力量和智慧，既化解了个体力量无力的尴尬，又能避免大型养老院的相关问题和尴尬。"村集体办得起、老人住得起、政府支持得起"，让老人们感受到来自集体和老人之间的关爱。

4．以房养老

所谓"以房养老"，就是老人把房子抵押给保险公司，每月由保险公司支付养老金，但老人生前可以一直住在房子里，身故之后房产归保险公司处置。此外，还有全国性的"候鸟式"养老基地和会员制养老等模式，任何一种模式都有各自的优点和问题。

（四）充分调动社会机制人才，完善养老模式

1．建立健全覆盖范围广、和谐可持续与其他保障制度相衔接的泛社会保障机制

加快统筹城乡一体化进程，以当前事业单位养老保险改革为契机，逐步实行城乡养老保险给付标准同轨并行。加大社会保险范围推广工作，继续推广农村养老保险，寻找城乡养老的切合点，推动养老保险的一体化路径。为从上而下的政府老龄工作议事协调机构赋权，充分发挥老龄工作委员会的主管老龄工作、服务老龄人口的服务职能。积极发展多种形式的保障制度尤其是边缘人口的特殊保障制度，例如失地农民养老保险制度、城镇"三无"和农村"五保"的供养制度等。

2．弘扬孝道伦理，加强地区养老立法建设，强化社会养老服务，建立和完善"四位一体"养老模式

将中华民族尊老、敬老的传统美德与现代化的法律建设相结合，发挥道德软实力的潜移默化的约束力，同时加强地方养老法律体系建设，从道德和法律双重角度引起社会对养老事业的重视。重组各方养老服务资源、加快以居家养老服务为平台的社区老年服务网络和服务设施建设，努力建立管理规范、功能完善、服务高效的社区老年人服务体系，构筑起家庭、社区、政府和社会四位一体的养老模式。

3．完善基本医疗卫生服务和医疗保障制度，实现老有所医

深化基本医疗保险制度改革，探索医疗保险费用增长与人口老龄化发展相适应的机制。为老年人群建立大病保险补助措施，协助医疗卫生部门开辟老年人群重病、罕见病医治快速通道。老年和儿童作为一个面临社会风险相

对严重的群体，在老年人群的医疗护理过程中，融入医务社会工作与老年社会工作，为老年人群提供双重保障的专业扶持。

4. 推动社会工作专业人士参与老龄服务事业，实现老有所为

社会工作者运用专业的价值观和方法，本着"助人自助"的原则，寻求社会资源，恢复老人社会功能，推动老年人自身的自助能力建设，促进老年人的社会融合，引导老年人群自建互助网络。进一步加大省级公益创投资金向老龄人群服务项目倾斜，探索社工机构养老模式。在居家养老服务地点配备相应的专业社会工作人员，将社会工作人才建设与老龄事业发展相结合，优势互补，资源共享。

三、养老事业对策的具体分析 —— 以河北省为例

（一）促进经济发展，提高保障水平

河北省是经济大省，但还不是经济强省，人均收入水平不高，直接影响到老年人生活保障水平，所以要继续加快经济发展，不断提高城乡居民收入，建立城镇退休职工养老金和农村老年人社会养老保险的增长机制，保障老年人的生活水平随着经济社会的发展不断提高。政府要继续提高我省基本医疗保险制度的覆盖率，提高人均基本医疗保险的保障水平，扩大保障范围，建立相应配套政策对养老费用等进行补贴，通过购买服务、建立护理保险制度等，逐步将陪护费、护工费、洗理费等纳入报销范围，减轻老年人负担。

（二）完善和落实各项规划、制度及相关政策法规，切实履行政府职责

养老产业发展政策的制定要注重实效性，各级政府要将养老产业作为服务业发展的重要内容，进行科学规划，合理布局，逐步建立市场为导向、政府宏观管理、企业自主经营、社会各界广泛参与的养老产业发展格局。政府各级部门要积极落实财政资助、及时对企业开展检查、效果评估，针对关键问题提出具体目标要求，从根本上解决养老政策落实难、执行难的问题。政府要加大监管力度，建立一整套权责明确、便于操作的监管体制。主要是：

加强对养老产业法规政策落实情况的检查，以促进产业良性发展；加强对养老服务机构的监督管理，以充分保障老年人的合法权益；加快制定和落实养老服务机构的行业规范，在建设标准、服务标准、等级标准等方面做出相关规定，以保证产业发展的质量。

（三）加快推进居家养老为基础，社会养老为依托，机构养老为支撑的养老体系建设

居家养老方式是传统养老方式，是大多数老年人的选择，近年来随着经济社会的发展，家庭小型化带来了家庭照护功能的弱化，加之独居老人和空巢老人、高龄老人数量的增加，使居家养老方式面临着一系列挑战，出现了子女无力照顾或者照顾不到位的情况。所以，在强化居家养老功能方面，要继续利用现代通讯和网络技术，扩大和完善养老服务呼叫网络建设，强化居家养老照护功能。充分利用现代技术手段，帮助老人实现日间照料、就医陪护、配餐送餐和家庭保洁等服务请求，基本满足老人生活需要。在农村，积极尝试不同形式的农村养老模式，进行养老模式试点工作，扩大互助型养老模式的范围。社区养老具有"服务进社区，养老不离家"的特点，所以深受老年人的欢迎，要大力发展社区养老，弥补居家养老的不足。

政府对房地产开发商要做出一系列要求，如对新建住宅要进行必要的社区养老设施配套建设，同时政府要对现有社区进行因地制宜的改造，通过多种运作方式，鼓励社区开设多种服务，如日托、全托、上门服务和康复训练等服务，适度灵活地引入社会资金参与社区养老，为老年人提供居家服务、看护照顾、医疗保健、文体娱乐等多种服务。机构养老是依托专业的养老机构对老人进行集中照料，主要有养老院、老年公寓、托老所等形式。公办养老机构要起到托底的作用，主要针对寡居老人、社会救助老人、生活不能自理的老人。民办养老机构则应针对不同层次老年人的需要进行市场化运营。

（四）合理布局养老产业，加快养老产业发展

随着我省老龄人口的快速增长，老年人的需求也在不断增加，而我省养老产业的发展相对滞后，呈现出不能满足现实发展需要的态势，所以未来养

老产业发展具有很大的空间，发展前景极其广阔。

首先，要大力促进养老机构发展。针对养老机构供不应求的局面，政府要通过财政投入、减免税收等优惠政策鼓励民间资本进入老年健康管理和医疗产业，扶持民营养老机构的建设；针对养老机构类型单一、经营方式不协调的发展现状，要鼓励企业细化消费群体，进行市场化运作，为不同消费水平、不同照护需求的老年人提供多层次的养老服务；结合我省实际，借鉴和学习国内养老产业发达地区的成功经验和理念，深度开发养老产业，积极打造名牌产品，全面提升老年产品和服务质量，更好地满足我省老年人的需求；建立相应制度，提高养老机构的服务质量。如，养老机构院长责任制、护理员职业资格认证制度，护理人员培训考核制度等。

其次，整合养老资源，积极推进医养结合等新型养老模式的建立。医养结合实现了养老资源与医疗资源的相结合，满足了老人在一家机构中实现治疗与养老的双重功能，老年人相当一部分是带病生存，实现医养结合是很多老人的愿望，医养结合的新型养老院正是满足了这部分老年人的需要。

再次，注重养老服务的公平性与均衡性，平衡区域养老资源。通过政府补贴、购买服务等方式，鼓励民办养老机构开展品牌经营、连锁经营方式，全面提高乡镇养老机构的服务水平。

最后，合理布局养老产业，提高我省异地养老承接能力。一方面，利用河北地理位置优越，环绕京津，交通便利，劳动力价格低廉，养老成本相对较低，养生资源丰富的优势，借京津冀一体化的有利时机，合理布局养老产业，承接部分京津养老服务的需求。加强京津冀区域合作的交流与磋商，联合起来共同破解三地医保互认、异地报销等现实难题；加强统筹规划，努力构建特色互补、协调发展的养老事业大格局；加强资源整合，努力提高养老事业整体实力和竞争力。另一方面，我省拥有丰富的森林资源、温泉资源、药材资源等养生资源，政府应合理布局相关产业发展，利用好这些养生资源，发展养生旅游，拓展养老度假市场，满足老年人异地养老休闲的需要。

（五）加快养老事业的人才培养，全面提升服务水平和质量

养老事业的发展最终要依靠人才的培养。首先，要加快专业化人才的培养。鼓励高校和各类职业教育机构发挥其教育优势，结合社会现实需要，积极开设与养老事业发展相关的专业，不断增加专业技术人才的数量，提高教学质量，保证专业技术人才的素质。其次，政府在专业人才的就业、社会保险、职业规划等方面做好充分保障，免去专业人才进入养老服务产业的后顾之忧；逐步建立现有养老服务人员的持证上岗制度和专业化培训的制度，提升其专业技能，完善其道德素质修养，大力打造一支高素质的专业化老年服务队伍。最后，建立和发展志愿者和义工队伍。建设一支由政府为主导，社会团体和个人广泛参与的素质高、能力强的爱心志愿者队伍。

（六）形成良好社会氛围，助力养老事业发展

社会各界共同携手，形成良好社会氛围，共同推动养老事业健康发展。加强对青少年的教育，学校开展各类活动，大力弘扬助老、爱老的中华传统美德；形成尊老、爱老、敬老的社会风尚，号召每个人从身边事做起，关爱老人、帮助老人；全社会关心老年事业的发展，共同出谋划策，为我国顺利渡过老龄化社会贡献自己的力量。

第二节 养老事业的创新发展路径

一、健全和完善与我国养老事业相适应的公共财政政策体系

（一）加大财政投入力度建立各类补助机制

1. 加大财政对完善老年福利制度的支出力度

目前我国对社会保障的财政支出在不断地增长，但在养老事业改革建设中的投入力度仍然有限。养老事业的发展需要全社会的参与与努力，在公众认知度不高，社会资源参与度不够的前提下，需要政府政策的引导。政府应加大对养老事业的专项补助力度，激励社会资本参与养老事业建设，确保从

事老年事业人员基本待遇和生活补助以解决养老服务人员紧缺问题，激励公办、民办养老机构的建设改造。除财政直接对养老事业投资外，政府还应当加大投入建立各类基金组织，积极地探索购买服务方式，以完善我国老年福利制度。

2．建立民办养老机构补助机制

我国福利性公办养老机构数量并不能满足日子增加的养老需求，需要营利性的养老机构参与养老事业建设对养老需求提供支持。但是，我国的民办养老机构的发展面临着资金、土地、政策等多种问题，加之投资回报率低的多种因素的影响，兴办效率低。民办养老机构的建设运营需要政府政策的支持，对民办养老机构床位实行补助，同时给予其建设资金补贴和运营补助，由于养老的地区性特点，对民办养老机构的补助应有中央、省、市三方共同主体共同出自，建立一个三方机制，使各级政府财政压力得到缓解，又为民办养老机构的发展提供充足的资金保障，推动我国基本养老服务的发展。

3．建立社区居家养老服务中心经费补助制度

在我国，相较于机构养老而言，居家养老是多数老年人的选择，同时社区也是最了解老人的生活能力和生活状况的一个基层组织，因此，财政应倾向于对社区居家养老建设的支持，建立社区居家养老服务中心的经费补助制度，甄选社会机构、团体、组织通过财政对其补助，在社区内建立老年服务中心、保健中心，为有需要的老年人提供日托服务、上门服务等养老服务形式，为需要帮助的居家老人提供日常生活照顾，日常老年护理，以满足老年养老需求。可以增拨资金，建立社区养老服务中心的经费补助制度，依照社区托儿所设立托老所、老人食堂、老年休闲娱乐所、基本保健医疗室等基础设施，为老年人提供可供选择专业服务。

4．建立专业养老医护人员补助制度

政府应当针对当前专业养老医护人才匮乏的情况，借鉴国外经验，建立相应专业养老医护人员的补助机制，为从事养老服务的专业人员提供财政支持补助，从而引导激励社会劳动力参与养老服务提供，弥补养老服务人员不

足的现象。同时，政府资金对从事养老服务的人员进行免费培训，此外，政府还可以鼓励相应的医类专科学校增设此类养老护理专业，对学习此类专业的学生给予一定数额的生活补助，对于从事此类工作并具有专业资质的医护人员按其工作年限给予财政津贴补助。

（二）合理调整养老事业财政支出结构

1. 增加专项投资扶持政策，设立专项贷款担保基金

我国无论是非营利性抑或是营利性的养老机构，除提供养老服务之外没有其他市场性的经济产出，因此养老机构的建设运行需要政府投资资金。政府应该建立专项投资扶持政策，在财政预算中单列出资金予以支持，鼓励金融机构按照规定为各类养老机构提供信贷服务。同时，可通过各种渠道筹集专项资金成立基金会，设立专项贷款担保基金，以解决养老机构资金周转困难时向银行贷款的担保问题。

2. 增加财政专项转移支付，解决养老事业地区发展不均衡

首先，要增加中央财政专项转移支出。我国老龄人口存在着分布的高度不均衡性，东部及中部地区城市密度大。但是由于中部地区经济发展实力弱于东部地区，其养老事业发展也相对落后于东部地区，为均衡我国中、东、西部地区养老事业的发展，中央财政应当根据包括老龄人口数量、老龄人口结构、经济发展水平、收入水平等在内的诸多因素指标，综合评定，加大对养老事业发展较落后地区的财政专项转移支付。相较于农村养老而言，城市面临着高密度养老服务问题。中央财政也应当根据城市和农村养老密度人口的不同，设立大城市及农村养老服务专项转移支付，以解决城市、农村地区间养老服务矛盾。

其次，地方政府要因地制宜合理投入。由于地区间经济发展水平，生活服务水平的不同，地方政府应因地制宜的根据地区财力状况、养老服务水平现状、居民生活期望要求指数、国家其他地区养老服务发展整体水平的因素，为本地区的养老服务提供资金保障。就省市县政府关系而言，省级政府应以均等化原则来确定其对的养老服务支出标准，实施专项转移支付支持养老院

建设和政府购买养老服务，以均衡地区间养老服务发展。

（三）合理配置财政资金在养老事业供需间投入

1. 调整财政支出结构，缩小全国退休待遇差距

我国各地区由于受到经济发展程度的影响，不同地区老年人退休待遇水平存在着较大的差异，除此之外，加之退休老年人工作性质存在企业、事业单位的不同，使得老年人退休之后享受的退休待遇存在差异。退休待遇较好且有积蓄的老年人，在面对供小于求的老年服务产品时有足够的资金购买同时享受社会养老服务，反之，退休待遇水平较低的老龄人口，在面临同样供小于求价格昂贵的老年服务产品是无力支付，享受不到应有的养老服务。我国养老事业存在着供给方资金不足无力供给，需求方财力不足无力支付的供需矛盾。而差异化的退休待遇水平使得在养老服务供求失衡的大背景下，诸多老龄人口享受不到社会养老服务。政府应当调节财政在养老事业发展上的支出结构，就需求上而言，政府应当根据区别化的退休待遇水平调整支出，对于退休待遇水平较低的老龄人口给予一定标准的财政补贴，同时对于无退休待遇的老年人给予财政专项补助，以缩小全国退休待遇差距，满足老年人养老的资金需求。

2. 合理配置资金使用方向，引导民间资本参与养老事业

针对养老事业供需存在的矛盾，政府应当履行财政职能责任，提供基本养老服务。从供给方面讲，合理的配置财政资金使用方向，来引导民间资本投身养老事业建设，以增加养老服务及养老产品的供给水平。由于养老服务行业相对于其他产业而言，投入资金大产出水平低，资金的回笼速度慢，民间资本在没有优惠政策支持的情况下很难自愿选择进行投资，现行的税收减免优惠政策并没有起到很好的引导作用。财政对养老服务事业的发展要注重供需均衡，适当增加提供养老服务财政补助，结合多种形式，引导民间资本，将现有养老设施盘活，同时保证养老设施的新增投入。运用财政手段加大对进入养老产业的社会资源的补贴奖励力度，引导社会力量积极参与养老服务产业的建设，以缓和养老事业发展的供需矛盾。

（四）积极推进税收制度改革

1．利用税收抵免政策刺激养老用品生产企业的发展

目前我国老年人市场需求量较大，而我国当前每年能为老年人提供的产品不足。从事老年产品研究开发的企业较少，老年产品单一，专业生产老年服务产品的企业不多，无法满足社会庞大的老年用品需求，供求之间存在巨大落差同时也存在着无限的商机，但是社会资源参与度却不够，因此需要政府适当的宏观政策倾斜。政府可以对老年用品范围做出具体的明确的合理的界定，对符合条件的老年用品生产企业在增值税、营业税等方面给予税收优惠，抑或者选择其他形式的税收优惠，例如税收抵免、盈亏相抵等以激励企业对老年用品进行生产满足社会需求。

2．利用所得税税前扣除政策鼓励团体个人对养老服务机构捐赠活动

养老机构发展困境的解决需要社会各界力量的支持，各类养老机构也需要得到社会团体、社会资源以及社会力量的多方捐赠。在我国，个人、企事业单位和社会团体等社会力量可以自愿地向福利性、非营利性甚至营利性的养老机构进行物质、资金的捐赠，或者对养老基金组织提供资金的直接捐赠。但是，社会的捐赠行为在无政策鼓励的状态下自发出现较为困难，因此，需要政府政策引导。可以利用所得税税前扣除政策，允许进行捐赠的个人和企业单位在缴纳个人所得税和企业所得税前准予全额扣除，利用税收政策调动社会慈善组织，充分发挥慈善组织的分配作用，鼓励社会各界对养老事业发展的捐赠行为。

3．对"以房养老"实施税收优惠政策

美国早在20世纪60年代就开始试行"以房养老"这种模式，人口密度大的日本也在采用"以房养老"模式。"以房养老"模式是目前国际上比较倡导的一种养老模式之一。"以房养老"在我国有两方面可行性：一是住房抵押贷款信用度较高，老年人容易获取贷款资金；二是由于我国长期实行计划生育政策，虽然从2016年开始国家二孩政策放开，但是目前及未来十几年之内我国65岁以上老年人居多，子女少，在不实行机构养老的前提下，需要社会人员力量进行养老护理，以房养老用房子做资金贷款定向的传承，可以给愿意替代子女进行赡养义务的社会人员资本保障，激励各类社会人员护理老年人。因此，"以房养老"政策未来在我国有一定的可行性。在这种背景下，政府可以通过税收优惠政策鼓励老人采用"以房养老"的养老模式。当老年人实行"以房养老"政策进行养老时，政府可以免其房产税。当老年人为了实现"以房养老"养老方式对自有住房进行转让时，政府可考虑免征这部分的营业税和个人所得税。

4. 对与父母同住的子女实施税收优惠政策

适度提高与老人同住子女的工薪所得课税费用扣除额，鼓励子女与老人同住，就近提供养老服务。相对于社会养老服务人员而言，子女对老年人的了解程度更深，更能从精神上带给来年人满足，子女与老年人同住居住，可以及时照顾到老年人的物质需要和精神需要，对老年人近距离照顾避免发生突发状况时，由于照料不及时产生严重后果，同时减少了养老院供求压力。因此，虽然目前我国强调"制度养老"，但是，面对日益扩大化的老年需求及发展迟缓的老年服务体系，建设发展"制度养老"的攻坚时期，仍需要"家庭养老"来及时的解决当前养老问题，我国可考虑在个人所得税上采取一定的税收优惠政策鼓励子女与老年人同住，但是要加强监督管理，以避免部分子女为了避免课税而谎报居住处所。

二、应用 PPP 模式推进我国养老事业发展

（一）提高对应用 PPP 模式重要性的认识

一是从广义的角度更深刻地了解 PPP 的含义。了解公私合作所能涵盖的领域，包括人力资本、技术管理、±地资源等公共品提供和经济发展领域。二是从系统的角度进一步认识 PPP 的功能和效力，推进 PPP 模式在养老事业方面的应用需要形成一个整体的系统，包括完善法律、改善融资环境、提升专业技术能力、加快相关市场发育等方面。三是从政府层面提高对 PPP 作用的认识。在养老事业领域应用 PPP 模式不但能够缓解人口老龄化带来的养

老压力，还有利于提高社会养老的供给效率和供给质量，更加有利于加快政府职能的转变。

（二）提升政府部门在 PPP 养老领域的专业能力

政府部门需要加快提升在 PPP 领域的专业能力，尤其是在养老事业方面应用 PPP 模式的能力。主要可以从以下几个方面着手：一是提升对 PPP 养老项目的研发能力。政府可以成立专口的方案设计小组，针对各地区不同的情况，合理设计推进 PPP 养老的不同模式；二是提升对 PPP 养老项目的管理成立。可以聘请专业的咨询师开办一定的培训课程，提升领导干部对 PPP 模式的认识和应用能力；三是，加快转变政府观念，遵守契约精神；四是，政府通过加强监管机制，设立养老院评级制度，对 PPP 养老项目进行严格的考核督察；五是，政府在 PPP 项目的运营中不能忽视私营企业的合理利益，不能以政府的权势控制企业的决策。总之，提高政府在 PPP 领域的专业能力有助于转变政府职能，为后期的 PPP 模式的应用起到政策性引导作用。

（三）完善养老项目应用 PPP 模式的协调机制

一是建立有效的项目协调机制。从国内外成功经验可以看出，发达国家在为更好地进行 PPP 模式推进之前，都会设立专口的统筹管理部门，用于 PPP 的政策研究、项目筛选、融资支持、项目评估和统计分析等工作。完善好各个部门的内部协调机制，可以形成合力来有效地明确国家发改委、财政部门以及其他有关的政府部门的具体职责，高效地协调养老项目设计中的政府部门的行为。

二是完善 PPP 模式养老项目的实施机制，重点完善其审批机制、责任分担机制和监管机制等。从法律法规层面来看，不仅需要明确 PPP 养老项目的筹资途径是按企业为主还是以政府为主，还需要明确有关养老项目单位的进入准则，为后期的运作管理提供有利条件。

三是完善 PPP 模式养老项目的运作机制。在前期方案设计阶段，就应该精确地分析、论证，并且选择合适的 PPP 养老项目运作模式。规范 PPP 养老项目的运作程序、提高项目运作透明度，有利于相关利益方有效地沟通与协作，有利于项目的顺利推进。

四是完善 PPP 模式养老项目的绩效评估机制。由于 PPP 模式的养老项目属于公共品的范畴，外部性较强，难以对其评估。所以需要从 PPP 养老项目的实际情况出发，构建适宜的评估标准和评估方法，从而对 PPP 模式的养老项目进行更客观、更全面的绩效评估。

（四）健全 PPP 养老项目的市场体系

一是，改进 PPP 养老项目的价格调节机制。价格调节机制是市场配置资源最有效、最根本的手段。要充分利用竞争机制的作用来加快完善 PPP 养老项目的市场价格机制，让 PPP 养老项目的价格随着当地的物价水平和通胀情况的变化自动调节。二是，加快与 PPP 养老项目相关的服务市场的发展。需要培养与 PPP 模式相关的专业人才储备。要对养老行业的服务人员加强培训，严格监管 PPP 养老项目中工作人员的行业准入，坚决避免虐待老人的情况发生。鼓励具有一定经验的 PPP 咨询团队参与 PPP 养老项目的方案设计、方案识别、融资管理等方面的决策。

（五）进一步完善有关 PPT 养老事业的法律法规

完善 PPP 模式的相关立法工作可以从法律层面上对涉及的相关利益主体的行为起到规范的作用，还可 W 明确各方利益主体的责任以及风险分配，一定程度上保障了社会资本的权益，为社会资本的进入和退出营造了法律环境。对现有的法律法规进行系统梳理，避免与新的法律法规产生冲突。2016 年 3 月份，国家发改委相关负责人指出，为完善 PPP 领域法律制度，鼓励和引导社会资本参与基础设施和公用事业建设运营，提高公共服务质量效率，发改委将部署加快推进特许经营立法。同一时间，中国人民银行发布了《关于金融支持养老服务业加快发展的指导意见》，其中明确说明了在养老领域做好金融服务的重要意义，以及要应用 PPP 模式拓宽融资渠道来支持养老服务业的发展。总之，相关部门需要加快对我国 PPP 养老项目的实践成果总结，制定统一的法律制度来规范 PPP 养老项目的运作，全面推进 PPP 模式养老项目的发展。

（六）加强对 PPP 养老事业的政策引导

需要完善一体化和综合性的 PPP 养老项目政策支持体系。鼓励各个地区根据自身的实际情况设计符合本地情况的 PPP 养老方案。地区性的政策制定需要和国家的统一政策相符合。国家监管部门要格审核地方的养老项目，对于有较高社会综合效益的养老项目，国家可以从税收方面给予优惠政策，或者给予一定的财政补贴。对于不合格的 PPP 养老项目，不予审批，或者酌情进行一定处罚。除此之外，相关部门要整合、统筹财政专用资金，专用于 PPP 模式养老项目领域。另外，要加快市场的开放力度，尤其是加快养老服务行业市场的开放力度，增强社会资本进入 PPP 养老服务行业的积极性。最后要深化公共服务价格改革，加快完善养老服务行业的价格机制，让社会资本形成稳定的收益预期，确保社会资本具有进入养老事业的充足动力。

三、确立促进养老服务事业发展模式 —— 以哈尔滨为例

（一）明确居家养服务老主体模式

哈尔滨市养老服务仍应以居家养老为主体，成本相对较低。限于政府财力影响，大力发展机构养老等养老模式的财政压力较大，而居家养老可使老年人更有家庭的归属感和安全感，但需要家庭、政府、社区及各专业组织充分发挥作用。

第一，明确子女赡养父母的责任。哈尔滨市可借鉴新加坡和日本等立法强化子女的赡养义务、为居家养老模式发展奠定基础的经验。市人大或市政府应完善老年人权益的相关法律法规，以法制方式明确子女赡养父母的义务；同时应制定子女赡养福利办法，如实行赡养父母休假、赡养父母津贴等规定。

第二，发挥政府的政策引导作用。一方面哈尔滨市需加快发展社区居家养老服务相关法律法规的制定，通过政策的标准化、政府权力的权威性保障参与主体的合法权益及养老服务事业发展的正规性；另一方面应继续扩大政府购买居家养老服务的范围并增加购买服务内容，在降低享受政府购买养老服务的年龄标准及资格限定的基础上，增加购买服务内容。

第三，利用社区组织的协调优势。整合全市社区养老资源，对其进行统一管理，根据社区老年人实际情况建设养老服务基础设施和项目，夯实硬件设施、提升服务人员素质水平，保障社区居家养老服务的灵活性和多样性；在发展上门入广服务的基础上，大力发展日间照顾中心、日托服务、文化室、娱乐室等服务场所和项目，继续增建社区居家养老服务站、日托所等，将居家养老与社区养老相融合。

第四，推进居家养老互助点发展。哈尔滨市应依托社区建立更多的养老互助点，鼓励老年人群体邻里互助、相互照料，鼓励社工组织、社区工作者及养老服务志愿者们参与互助养老，打造全面、丰富的居家养老互助模式，同时提高居家养老互助点的财政补贴标准。

（二）推进医养结合养老服务模式

第一，构建医养结合的社会养老服务体系。从养老服务需求看，居家家庭床位的需求大，因而大力发展社区健康养老服务极为重要。支持养老机构设置医疗机构，或与医疗机构合作等设立小型门诊，或医疗机构派员到养老机构提供服务，同时扶持有条件的医院开办养老机构等发展养老服务事业。哈尔滨市医大附属一院及省中医医院等医院是医疗水平先进、资源充足的知名医院，西医医院和、中医医院应成为医养结合养老服务的主体，可充分发挥西医护理救治及中医养生保健的优势；鼓励有条件的二级以上综合医院开设老年病科，以老年病治疗为主，同时做好老年慢性病防治和康复护理，鼓励大型或部分营利性养老机构开设医院或医疗门诊，主要发展老年病患的长期照护。

第二，推进医养结合筹资模式的试点工作。哈尔滨市应尽快建立医养结合养老服务基金管理体系，建立城镇基本医疗保险统筹基金划拨支付机制，为慢性病患者的医养照护服务提供资金保障，推动医疗服务和养老服务资源的整合工作。同时建立个人正常缴费机制，增强个人社会养老服务的购买力。建议45岁以上的城镇职工、居民医疗保险的参保者分别按照社会平均工资和居民可支配收入的一定比例缴费，形成社会养老服务基金；考虑到社会养老服务基金使用压力，还可从福利公益金中划拨一定的经费支持医养结合养老服务的发展。

（三）实施老年长期照护养老模式

至2013年底，哈尔滨市80岁以上的高龄老年人口已达21.49万人，占老年人口的10%。高龄老年人生活自理能力较低、对他人及外界的依赖程度增强，这就需要更多地养老服务及更高质量的要求。因此，哈尔滨市可借鉴日本、美国等发达国家及我国青岛市等省市的经验，积极探索构建老年长期照护制度。

哈尔滨市探索与实施老年长期照养老护模式的措施，一是要清晰定位政府在老年长期照护中的责任，包括政策制定、资金投入和照护机构评估等；二是扭转机构照护和家庭照护倒置的局面，引导低中龄老人使用家庭照护，高龄老人使用机构照护，避免资源的浪费与不足问题；三是促进老年长期照护和医疗资源的分治和整合，长期照护的范围更广，而非狭隘的医疗护理，应引导老人选择适当的照护方式及机构；四是对家庭非正式照护提供全方位支持，建立子女照护休假或替代照护、照护津贴办法等；五是积极培育老年长期照护市场的健康发展。

（四）创新实施农村养老模式

我国诸多省市积极创新实施了农村养老服务模式，可为哈尔滨市农村养老服务所借鉴。其措施包括：一是养老服务大院模式，如吉林省通过对闲置村部、校舍改建或政府出资新建、租赁等方式建立。二是政府支持型居家（社区）模式，如陕西榆阳区利用现有闲置资源或新修村委会契机等建立养老服务院。三是协作式（老年人互助）模式，如河北肥乡前屯村将闲置的校舍改建成幸福院，供独居老人免费集中居住。四是邻里相助（老年人受助）模式，如陕西榆林市在近30个行政村开展邻里互助养老服务工作，受益老人达1200多人。

哈尔滨市应整合农村公共服务资源和资金，完善现有养老机构和设施，发展新的养老服务示范点。利用农村现有老年服务中心（站）、敬老院、农村幸福院、农村五保之家等养老机构，对其进行标准化建设、改造，在首要保障农村五保对象、低收入老年群体等养老需求的前提下，支持农村养老机构向社会开放，促进养老服务城乡融合，促使有条件的乡镇敬老院的服务范围向更广区域扩展。同时，可利用行政村或大的自然村的闲置学校建设敬老院、养老互助中心、老年活动室等，利用村委会大院开展定期或不定期的为老活动、老年竞赛，如组织老年人读书小组、举办老年人运动会，乃至组织老年歌舞队等来丰富农村老年人的生活，发展多样化的农村养老服务。

第三节 养老事业与养老产业的结合

一、坚持养老事业与养老产业的辩证统一

养老服务业既是服务广大老年人的公共事业，又是充满希望的朝阳产业。近年来，随着人口老龄化的加速发展和"四二一"家庭的增多，传统的家庭养老方式受到前所未有的挑战，社会养老服务供需矛盾越来越突出，迫切需要对养老服务业进行"产业化改造"，推进养老事业向养老产业转变，以事业促产业，以产业带事业，不断满足日益增长的养老服务需求，让老年人安享晚年生活，共享经济社会发展成果。

（一）把握养老服务事业和产业的双重属性

党的十八大明确指出："积极应对人口老龄化，大力发展老龄服务事业和产业。"养老服务业既是公共事业，又是朝阳产业。准确把握养老服务事业和产业的双重属性，需要明确政府干什么、社会干什么、市场干什么，才能遵循科学，符合规律，完善制度。根据养老服务业的发展要求，这三者的正确定位应该是"政府保障基本、社会增加供给、市场满足需求"。政府保障基本，是指政府要重点保障农村五保老人和城市"三无"老人、经济困难老人、失能失智等特殊老年人的基本养老；社会增加供给，是指通过动员社会力量，发展非营利的具有一定公益性质的养老服务机构，满足社会一般老

年人的养老服务需要；市场满足需求，是指高端的、营利性养老服务机构，要推到市场去，由市场调节发展，满足社会上部分老年人的高层次和特殊养老服务需求。在这个定位下，政府、社会和市场各司其职、各尽其能、科学发展，将政府、社会、市场联结成为地位有别、相互支持、互为补充同时又满足全体老年人服务需求的发展格局。

按照上述定位，政府举办的养老服务机构是社会福利机构，属于社会公益事业，它不以赢利为目的，由国家财政、社会福利拨款和社会集资支持，并由政府提供质量监控、免费人员培训、行业化管理。养老机构内部人员相对稳定且有保障，硬件设施符合老年人的需要，医疗服务条件相对较好，对辖区内的其他养老服务机构起到示范作用。这类养老机构应按照以事业为主兼顾产业的模式来优惠保障发展。

社会举办的养老机构为民办非企业单位，是不以营利为目的，具有社会公益性质。其养老服务收费结合政府的资金补贴、税费减免和购买服务，以保本微利为原则；但同时又要遵循市场经济规律，实行合理收费，维护其良性循环，具有社会产业性质。公建民营的养老服务机构也具有这种双重属性。这类养老机构要求政府按照事业和产业并重的模式来扶持推进发展。

按照市场需求举办的养老服务机构，其定位是以满足高端和个性化养老服务，一般在工商部门登记。按照"谁投资、谁管理、谁受益"和利润最大化的原则，实行按服务和市场调节收费。这类养老服务机构是独立的市场主体，按照市场经济规律运行，具有完整意义上的产业性质，但同时又是特殊的产业。它要求政府按照以产业为主兼顾事业的模式来促进其发展。

（二）坚持养老服务业事业和产业的辩证统一

1. 坚持养老事业与养老产业的协调发展

"养老事业"侧重于保障城乡"三无"和经济困难等特殊老年人的基本养老服务需求，在此基础上满足社会一般老年人的养老服务需要，具有公益性和非营业性；"养老产业"更侧重于以高收入和高龄老人为服务对象，以满足高层次生活、文化需求为目标，向老年人提供商品和服务的相关社会营利活动的总称。养老服务体系建设必须分类指导，高端服务推进养老服务产业的发展，低端服务促进养老事业的发展。从计划经济向市场经济转轨的过程中，把养老服务业作为福利性事业来发展，起到了很大的推动作用。但随着人口老龄化的加剧和市场化的发展，仅靠政府难以满足日益增长的养老服务需求的时候，对养老服务业进行"产业化改造"显得迫切且时机已经成熟。同时，也应该认识到"养老产业"是一个特殊的产业，因为保障老年人的养老服务需求是各级政府的责任，从事养老产业的企业、组织和个人分担了政府的责任。因此，养老服务业是具有产业性质的事业和具有事业性质的产业。推进社会养老服务体系的健康发展，必须坚持养老服务事业与产业的辩证统一，以事业促产业，以产业带事业，促进养老事业与养老产业的良性互动，实现共同发展。

2. 坚持发展养老福利事业与培育养老产业经济的协调统一

将经济发展方式由"投资拉动型经济"转变为"消费拉动型经济"是优化经济发展的一项重要内容。扩大内需、创造新的经济增长点，是经济发展的客观需要。养老产业具有产业链长、涉及领域广等特点，并对上下游产业具有带动效应。老年人口的增多导致老年人群的服务需求增长，比如对医疗卫生、休闲保健、托管托养、家政服务、文化娱乐、信息咨询等服务需求。江苏省老年消费市场开发处于初级阶段，养老服务产品的供给不足、比重偏低、质量不高，这些都不能满足老年人日益增长的服务需求。目前，就江苏省而言，"养老产业"是个还未有效启动的巨大内需市场，又是应对人口老龄化的巨大民生工程。从省内市场来看，养老产业尚处于"沉睡"阶段，很多商机有待开发。据推算，江苏省养老服务业有"超百亿养老产业，近百万就业机会"。发展"养老产业"不管从经济层面还是从社会层面而言，都具有时代意义和紧迫感。为此，江苏的养老服务业应当走"福利＋市场"的双轨制道路，即"养老事业"与"养老产业"并行，以"产业"获得发展，以"事业"实行辅助。做好这件事，可变社会包袱为社会红利，逐步形成"以社会福利事业培育养老产业市场,以养老产业市场反哺社会福利事业"良性循环经济。

3.坚持居家养老在养老产业中的基础性作用

江苏省的养老服务体系中,90%的老人居家养老,养老产业要发展必须激活居家养老大市场,通过方便服务、健康服务、文化娱乐服务、清洁卫生服务、老有所为中介服务、老年用品服务等服务体系进社区进家庭,让面广量大的城乡老年人根据自身的需求享受服务、购买服务。为此,江苏推出了"十二五"实现城乡居家养老服务全覆盖的目标。但从统计的情况看,截至2012年底,城市社区居家养老服务中心建设还未实现全覆盖;农村苏南、苏中、苏北覆盖率分别仅为52.3%,46.3%和40%。必须探索养老服务体系建设的新政策、新思路、新机制,激活养老产业,真正让其成为拉动内需、促进消费、带动就业、推动结构调整和发展方式转变的民生工程。

4.坚持养老事业与产业发展政策的完整统一

要加强养老服务业政策的顶层设计,既要完善支持养老事业发展的政策,又要着力出台扶持发展养老产业的政策。省级已出台了诸多发展养老事业的政策,关键是督促各市、县(市、区)政府出台实施办法或细则,确保各项措施落实到位。

尤其是强化各级政府的主体责任,通过设立社会养老服务体系建设财政专项资金等方式,持续加大对养老服务设施建设的投入。各级政府要立足当前和着眼长远制定养老服务体系发展规划,要将养老服务项目用地纳入年度建设用地计划予以明确且逐年递增,要建立健全政府购买养老服务制度。下一步,江苏省社会养老服务体系建设的重点是促进养老产业的发展:

第一,出台产业扶持政策。针对目前养老服务业盈利性差,市场的参与者热情不高,以及"回报低、回收慢、经营难"的现状。要不断创新,突破体制和机制障碍,通过一个改革性的政策催生养老产业的发展。

第二,是提供金融支持。对于市场化养老服务机构,坚持政府引导和市场运作相结合,通过贷款贴息、直接融资补贴、融资担保等间接投入办法,使更多信贷资金和社会资金投向养老服务产业。

第三，是丰富产业内容。积极支持发展老年生活服务、医疗康复、娱乐教育、老年用品、休闲旅游等养老产业，引导企业开发老年保健、老年照护、老年康复辅具、老年住宅、老年宜居社区等产品和服务市场。加强对"候鸟式异地养老""以房养老""土地养老"等方式的探索试点。

第四，是支持创建品牌。积极引导有条件的养老服务企业规模化、网络化、品牌化经营，在行业发展中发挥带动作用。支持养老服务企业通过连锁经营、加盟经营、特许经营等方式，整合服务资源、扩大服务规模、增加服务网点、建立服务网络。支持企业建立和完善现代企业制度，积极开展技术、管理和服务创新，加强品牌开发、宣传和推广，形成有竞争力的知名品牌。

二、统筹发展养老事业与养老产业

（一）亟待完善养老服务业不足

当前我国现行的各类老龄政策中，对养老事业和养老产业并未做出明确的区分，这就容易导致认识上的误差、政策上的误导和实践中的误读，使得全社会在讨论养老服务业时，对政府、市场、社会、个人的责权利和各自的定位没有明确的划分，逻辑混乱；在政策的实施和相关工作实践中没有合理的统筹，出现各种偏差。要么对政府的养老责任无限放大、几乎无所不包，要么完全推给市场和个人，要么资源错配、供需错位从而导致巨大的浪费。具体表现在以下几个方面：

对养老事业的定位不够明确。从国际经验来看，不同国家养老事业的具体内容和实现方式与各国的经济发展水平、社会制度和文化传统等因素密切相关，并不是一成不变的。我国目前提出的"六养"是一种美好的愿景，但比较宏观和宽泛，应结合我国老龄化的具体情况和现实国情，突出重点、明确规划，稳步推进。从近期来看，在进一步完善包括社会救助、社会保险、社会福利在内的基本养老保障制度的基础上，应重点加强长期照护体系建设、培育社会养老力量等方面工作。

养老产业的发展缺乏科学、细致的规划。十八大以来，为了大力发展养老产业，国家有关部门出台了不少利好政策，社会各界，尤其是资本市场对养老产业的热情空前高涨。但我国进入老龄化社会的突出特点，就是"穷老龄化""未富先老"，老年人收入有限，且城乡、地区差异较大。同时，老年人受传统观念影响，生活中重积累、轻消费，重子孙、轻自身。上述原因决定了在对我国养老产业发展保持乐观和热情的同时，对老年市场的真实消费能力、市场前景、产业发展模式等，必须冷静分析，以免出现社会资源的巨大浪费。

养老服务业管理体制不合理。目前，我国养老服务业的管理体制机制还存在着部门分割、所有制边界分割、条块分割等诸多问题。仅以各部门出台的相关政策为例，据不完全统计，自新中国成立以来，仅从全国层面，国务院及有关部门先后制定的涉老行政法规、规章和政策文件等就多达100余部。各老年政策法规体系之间缺乏统一性，对养老产业和政策区分不明，政策法规体系本身缺乏配套和衔接。

政府对养老福利资源投入不足，且投入效果不佳。以养老机构的建设为例，长期以来，由于对养老事业和产业的界定不明，我国的养老福利资源，包括政府划拨的土地、资金以及社会捐赠等几大部分都配置给了公办养老机构。民办养老机构与公办养老机构在竞争中处于不平等的地位。此外，由于管理和服务水平的差异，一些公办养老机构收住了大量健康老人，反倒是一些民办养老机构收住了不少最需要机构服务的失能失智老人。2015年，全国老龄办巡视员闫青春指出，全国养老床位的空置率近38%，其中51%的民办养老机构收支只能持平，40%的长年处于亏损状态。

养老服务业的行业管理和服务标准需进一步规范和完善。以养老护理员的培训为例，2002年劳动和社会保障部就制定了《养老护理员国家职业标准》，但在实际操作中，即使很多公办养老机构的护理都还是招聘社会上的"4050"人员，不少人并没有经过系统的职业技能培训就上岗工作了。还有不少培训仅仅是走个形式，缺乏实质内容和严格的考核。这显然不利于养老机构服务质量的提高和老人权益的保障。

养老服务业存在重社会资金、轻"社会资本"的现象。从国际经验来看，包括行业协会、基金会、民间福利机构、志愿者等在内的各种社会力量都是一个国家重要的"社会资本"，它们对社会福利事业的积极参与能有效补充政府管理的不足，为社会福利事业争取到更多的资源，营造更加规范有序、充满活力的市场环境。我国当前的社会养老福利事业还处于起步阶段，政府在推动养老社会福利事业社会化的过程中，往往强调吸引更多的社会资金投入进来，而对培育社会资本没有给予足够的重视。

养老服务业尤其是养老机构的社会监管机制有待进一步完善。目前我国政府对养老机构服务情况的监管，主要由民政部门牵头负责，同时牵涉到工商、税务、卫生、消防等多个部门，看似监管严格全面，但实际上监管权力和资源分散，而且部门协调比较困难。此外，我国养老行业目前仍处于起步阶段，行业自身的自律和监管也比较缺乏。上述原因综合起来，导致我国目前对养老机构的监管实际上是比较松散的。

应高度重视及警惕过度医疗化风险。《民政事业发展第十三个五年规划》提出，要"促进医疗卫生和养老服务相结合"，并初步出台了相关政策。但必须注意的是，即便在发达国家，医疗服务也是稀缺资源，有较高的成本，在我国则更是如此。但目前一些医养结合模式以成本更高昂的医疗化的护理服务取代成本相对低廉的长期照护服务，消耗大量医疗资源、透支医保资金，呈现出养老服务过度医疗化的趋势，而真正质优价廉、应予以鼓励的长期照护服务却难以享受政策照顾，严重违背我国"医养结合"的政策初衷。这从长远来看是极其危险、不可持续的发展模式，对此必须引起高度警惕和重视。

（二）促进多元主体参与养老服务业

准确把握养老服务业事业和产业的不同属性，需明确政府、市场、社会、个人各自的责权利和定位。努力实现政府保障基本、社会增加供给、市场满足需求、个人积极参与。完善相应工作机制。可借鉴国际经验和我国的"深改组"模式，由国家领导人牵头指导，各部委共同参与、各负其责，建立老龄工作大格局。进一步完善相关政策、法规，加大基础理论研究、基本数据的摸底统计与分析，加强基本标准规范研究与制订。

进一步完善和规范我国养老行业，大力培育行业协会等中介组织。应建立健全相应的养老行业管理和服务标准，进一步完善资源分配机制和激励机制，为"社会资本"提供更多的发展资源和成长空间。

第三章 养老服务体系的新构建

第一节 养老服务体系概述

一、社会养老服务体系

（一）我国社会养老服务体系存在的主要问题

社会养老是社会分工和经济水平提高的产物，它的发展需要具备相对完善的社会保障体系、一定水平的专业化工作人员和相应的管理制度等条件。目前，我国社会养老服务体系的局限性不容忽视。

1. 社会养老服务体系发展不平衡

我国社会养老服务体系发展的不平衡性体现在三个方面：

第一，社会养老服务的供给在城乡间还存在较大差异。这与我国城乡二元分割的历史问题相关，目前我国还难以实现城乡公共服务的均等化发展。资料显示，从我国养老服务机构的数量和分布上看，明显存在东部多余西部，城市多余农村的特点。我国有 76% 的民办养老机构位于城市。同时，仅有 24% 的民办养老机构位于农村。

第二，我国对大中型养老服务机构的支持政策较多，而在社区养老服务领域投入严重不足。通过实地调查，发现很多社区的日间照料中心由于功能不完善或设计不合理，常年闲置，并没有起到日间照料的作用。

第三，"物质养老受重视，精神养老难实施"的现象普遍存在。政府购买养老服务中精神慰藉服务不足，子女给长辈的精神赡养虽然已经如法，但缺少具体实施细则与规范，老年大学出现"一座难求"的局面，老年文体活动设施有待增加。精神赡养必须同时满足人的自尊需求、期待需求与亲情需求。强化我国社会养老服务体系的精神赡养功能已经成为体系创新的一个现实命题。

2. 社会养老服务体系的供给能力不足

2014年，质检总局组织开展了对华东地区公共服务质量开展了联合监测。发布了76个城市11个民生重点领域在内的我国首个公共服务质量的评价报告。其中，养老服务满意度在11个监测领域中得分最低且供不应求。51至59岁人群对养老服务的满意度最差（73.29），其次为36至50岁人群（74.97）。同时，有研究表明，社区服务中老年福利服务设施仍然相对落后。城市社区居委会中，老年人活动场地所占比例较高，但是多为文化体育活动场地，提供居家老年人家政服务的覆盖率约为三分之二，提供老年人饭桌或送饭服务的覆盖率也不到五分之一，能提供社区托养和照顾的比例则相当低。农村村委会中，仅有不到三分之一的社区设有较为简陋的老年人活动场地或老年人活动室，能提供家政服务、提供老年人饭桌或送饭服务的比例不到十分之一，提供托养服务的比例更低。

3. 社会养老服务体系的医护资源长期匮乏

康复护理是养老服务的重要功能。我国高龄老人、失能、半失能老人所需的专业康复护理服务和多数老年人普遍需求的医疗卫生服务是最急需的养老服务。我国社会养老服务体系无法满足社区老年人急需的卫生及照护服务需求，尤其是送医上门、健康管理、康复护理、双向转诊、家庭医生等服务内容。以问卷调查为例，受试老年群体对日常上门服务需求较高。

其中，需求最高的是上门看病、上门体检两项服务，有超过半数的老年人认为需要上门看病和上门体检服务。有超过半数的老年人希望得到社区提供的康复护理服务。在机构养老方面，中国养老机构发展研究报告指出，医疗资源是养老机构的重要组成部分，但目前我国养老机构仅有54.7%的养老机构有医疗设施，46.6%的养老机构有康复设施，而机构养老的主要对象是失能、半失能老人。这造成了部分养老机构床位空置浪费，另一些需要医疗照护的失能老人却无法入住。考虑到中国人口老龄化趋势和老年人对医护资源更高的需求，目前的医护资源难以与未来的庞大需求匹配。

在医疗资源相对短缺的背景下，老年人的医疗资源可及性也存在问题。

举例来说，我国很多医院挂号非常难，很多医院为了便于患者推出了电话或网上等更多的挂号方式，而相对于年轻人群，老年人对于互联网等方式并不熟悉，医疗资源的可及性更差。另外，虽然我国养老服务机构增长迅速，但养老服务提供存在不匹配，尤其在对失能老人的长期护理方面缺乏护理人员。

4. 社会养老服务体系的文化程度不高

长期以来，我国养老机构服务对象的定位以民政对象为主，自实施社会福利社会化以来，民间资本进入养老服务行业后，接受服务的老年人群不断扩大，社会化程度有所提高。但是由于民办养老机构仍然只占较低比例，公办养老机构还未完全放开服务对象的条件，造成服务对象的社会化程度整体偏低。以农村养老机构为例，2008 年，农村养老服务机构床位 208.8 万张，年末收养老年人 173.0 万人，其中集中供养对象 171.8 万人，其他供养对象仅 1.2 万人。造成服务对象社会化程度低的原因主要有两点：一是公办机构的民政传统对象仍然没有得到有效突破，服务对象基本上局限于五保供养对象和三无人员，对低收入老年群体入住养老机构的补贴政策有待进一步完善；二是民办机构的市场化定位单一，造成养老机构定位不清、结构失衡、服务滞后和管理乏力等诸多问题。

综上，政府在主导社会养老服务体系的过程中，应起到公共基础设施建设与规划保障的作用，社会养老服务的资产与供给依然要依靠市场机制。老年人可以通过劳动力和产品市场，获取满足居家养老服务需要的各种资源，这就需要有强大的老年产业作为支撑。

（二）社会养老服务体系完善的具体任务

1. 完善老年权益保障制度

21 世纪是全球人口老龄化的世纪。随着老年群体及其背后的家庭逐渐成为"一个庞大的政治群体"，无论是发达国家还是发展中国家，都必须制定合理有效的老年人法律以维护老年人权益并满足其日益增长的物质、精神、文化需求。通过立法保障老年人权益，维护社会公平，是社会主义国家文明进步的体现，也是进一步推进"依法治国"的重要内容。加强我国老年人权益保障制度，创造有利于社会养老服务体系发展客观环境的对策。目前，我国老龄立法不健全、细则不明确的问题制约着我国社会养老服务体系的发展。我国老龄立法未来的发展趋势首先必须解决法律位阶过低，相关法律法规滞后，与社会现实的需要相脱离，法律规定的内容太宽泛及实施细则缺失，无法切实保障老年群体和养老机构合法权益的问题。

所以，我国应尽快出台《老年人社会服务法》《老年人保健法》和《老年救助法》等方面的法律法规，健全社会养老服务法规体系，提高法律层级和法律效力，并以法律为依据进行社会管理。同时，政府对养老服务机构的监管机制也优待创新。应打破以供给数量为主要指标的社会养老服务绩效评价框架，强化以质量评估为导向的政府绩效管理，提高服务质量；明确各级政府在社会养老服务建设过程中的投入职责并列入预算；规范行业标准和监管机制，有效保障老年人接受社会养老服务的权益。同时，通过政策鼓励家庭和社会的爱老、敬老、养老、助老行为，形成支持养老服务发展的社会氛围，建立支持养老、助老先进个人及组织的激励机制。

2. 完善社区卫生服务体系

长期以来，我们对养老服务这项工作的重视是不够的，不少人对基本养老的理解，也仅仅局限于经济上保障和物质养老。事实上，对于绝大多数老年人来说，因生理衰老、体力不支造成生活不便，需要照护服务的现象会越来越突出，对我国基层医疗卫生体系的发展改革和精神文化养老服务的创新提出了新的要求。面对我国高龄老人、失能老人、空巢老人群体迅速扩大的现状，机构养老服务很难全面妥善解决老年人的康复护理问题。随着以社区照料为核心的社会养老服务模式在世界范围内得到广泛认可，我国有必要进一步加强以社区为依托的照料、护理、康复服务功能，在最贴近老年群体的社区实现"老有所医"。

因此，对社会化养老体系的研究应当完成：从家庭保姆照料到专业护理员照料的转型；从保障老年人衣食住行基本生活到提供康复照料、情感护理等服务保障的转型；借鉴国外社区卫生服务的发展经验，满足居家老年人预防、保健、医疗、康复等一体化的医疗卫生服务需求。

总体而言，我国的社区服务起步发展较晚，在老年人的医疗消费观念中依然保留着"看病到医院，看病找专家"的传统，还没有形成保健去社区、首诊在社区、康复回社区的习惯。这对我国基层医疗卫生体系的发展改革提出了新的要求。医养结合并不是把硬件资源生搬硬套的组合在一起，使医院具有养老院的功能，或在养老院中打造医院。我国的医养结合之路，应该建立在以人为本的基础上，将资源投向老年人生活发展的基层社区卫生体系。

3. 完善文化养老服务体系

老年人的服务需求具有层次性和发展性。在老年人物质赡养得到不断丰富的前提下，老年人的精神慰藉、社会参与等服务需求不断提高。对我国社会养老服务体系建设进行创新研究的必要性已经凸显。文化养老是满足老年人精神文化生活需求，扩大老年人社会参与，帮助老年人形成积极心态、享受快乐的老龄服务。

在人口老龄化的背景下，文化养老既是老年人在退出生产活动之后具有自理能力的闲暇时间增加的结果，也是社会进步带来的人类福祉水平提高以及社会发展成果惠及包括老年人在内的所有社会群体的反映。如今，我国老年群体的福祉的提升不仅仅取决于社会的物质保障和经济支持，还来自老年人精神文化生活质量的提高，以避免老年人由于"社会排斥"而陷入一种精神的"贫困化"状态。近年来，老年人精神赡养方面的维权得到了新《老年法》但在现有社会养老服务体系中，对老年人精神赡养的忽视已经严重制约了老年人生活质量的提高，文化养老服务有待进一步加强。

对城乡空巢老年人的精神状况调查显示，心情暗淡、沮丧、孤寂、食欲减低、睡眠失调、脾气暴躁或愁眉不展、不好与人相处、得过且过等等都是空巢老人常见的心理体验与情绪状态。发展文化养老服务，丰富老年人的精神文化生活，使老人享受人际交往的情感滋润，实现健康老龄化与积极老龄化，传承中华民族优秀的养老文化，使老年群体切实获得幸福感与获得感是我国社会养老服务体系完善的重要目标之一。

二、我国民营养老服务业存在的主要问题

(一)市场份额相对较低

根据全国老龄办 2008 年在全国范围内组织开展的"全国民办养老服务机构基本状况调查"的结果,截至 2008 年 8 月,全国登记在册的民办养老服务机构共有 4141 个,占全国养老服务机构总数的比重为 10.6%。经过五年多的发展,尽管民办养老服务机构的数量有所增加,但是截至 2013 年底其占我国各类养老服务机构总数的比例只有 28%,尚不足三成。可见,我国民营养老服务业的市场份额相对较低。随着人口老龄化程度的加深,社会化养老服务需求将不断增大,如果没有加大社会养老服务供给的力度,必然会形成养老服务供给的缺口。截至 2015 年底,我国每千名老年人仅拥有 30.2 张的养老床位;如果用国际通用的 50 张 / 千人的标准来衡量,我国养老床位缺口的规模将达到 440 万张以上。囿于财力所限,我国政府无法凭借一己之力来弥补养老服务供给与需求由于增长不同步而产生的缺口,必然需要依靠社会和市场的力量。然而,当前我国民营养老服务业发展速度缓慢、市场份额相对较低等,与旺盛的社会化养老服务需求正在形成"冰火两重天"的尴尬。可见,社会力量与民间资本进入养老服务业的过程并不顺利,诸多问题待解。

(二)结构性供给不足与过剩并存

在我国养老服务供给总量不足的情况下,民营养老服务业却存在着供给的结构性矛盾,居家和社区养老服务业发展滞后、护理型养老服务供给严重不足、养老床位空置率高等问题十分突出。

1. 居家和社区养老服务发展滞后

近年来,我国各地正在努力构建以居家为基础、以社区为依托、以机构为支撑的社会养老服务体系,从而逐渐形成"9073"或"9064"等养老服务

格局，即 90% 的老年人通过自我照料和社会化服务实现居家养老、7% 或 6% 的老年人通过社区提供的各种专业化服务实现社区照料养老、3% 或 4% 的老年人通过入住养老机构实现集中养老。基于上述思想的引导，在养老服务社会化过程中，居家和社区养老服务业理应获得更多的关注和重视，更应该成为最受社会力量与民间资本青睐的涉老领域。

然而，现实却事与愿违。在我国各类养老服务机构和设施中，社区养老服务机构和设施的比重相对较低，我国养老服务业的发展出现了"重机构、轻居家和社区"的窘况。这主要是因为社会和市场投入的兴趣点主要聚集在养老机构的建设上，而对居家和社区养老服务这一最符合国情、最契合老年人养老意愿、市场需求最旺盛的养老模式却重视不够、投入不足。这不仅将直接导致民营居家和社区养老服务业发展相对滞后，而且会使得养老机构及其床位的供给多于需求，从而造成养老服务资源的闲置与浪费，最终制约民营养老服务业的有序发展。

2. 护理型养老服务供给明显不足

随着失能老年人口数量的增加，护理型养老服务成为当前我国社会最为迫切的养老服务。然而，护理型养老服务机构建设却是养老服务体系建设中最为薄弱的一环，其供给状况与我国失能老年人的数量、需求现状及未来发展趋势极不相称。根据中国老龄科学研究中心先后于 2000 年、2006 年和 2010 年开展的全国调查所得的数据，我国愿意入住养老机构的失能老年人比例已经从 2000 年的 16% 上升到 2010 年的 16.6%。

与此同时，据官方统计，2013 年我国 60 岁以上的失能老年人口有 3750 万人、占老年人口的 18.5%，不仅如此，随着人口老龄化程度的加深，这个数字还将进一步增加，据预测到 2020 年将增加到 4700 万人，2030 年将为 6800 万人，2050 年将为 9700 万人，2053 年将为 1 亿人。可以预见，随着失能老年人口数量的增加，我国失能老年人对护理型养老机构的需求将越来越大。与此相适应，我国应该增加护理型养老机构及其床位的供给。然而，截至 2012 年我国仅有养老护理院 75 个、护理型床位 11471 张，护理型床位占养老床位总数的比例不足 20%。在民办养老机构中，护理型养老机构的比重甚至更低。2012 年前后仅有 15% 左右的民办养老机构以提供"康复护理服务"为主要业务，远不能满足失能老年人的长期照护需要。

由于建设护理型养老服务的资金投入较大、要求较高，不仅需要强大的资金做后盾和相应的医疗卫生资源做配套，而且入住其中的失能或部分失能老年人患重疾或发生死亡等的概率很大。因此，不管政府、社会力量还是民间资本，都难以轻易承担。一般说来，政府负责举办的养老服务事业主要以提供基本养老服务为主，而护理型养老服务由于价格相对高昂，公共财政无力全部承担，需要举借市场和社会之力；而社会力量与民间资本出于趋利避害的本性使然，若不具备相应的资质和能力，一般会选择规避风险，不会轻易涉足护理型养老服务。如此一来，我国护理型养老服务供给便短缺十分严重。

（三）养老机构床位空置情况堪忧

据民政部统计，截至 2014 年底，全国各类养老床位共有 577.8 万张，年末收留抚养老年人数量为 318.4 万人。如果假定所有一被收留抚养的老年人全年都居住在养老机构，那么全国养老床位的空置率将达到 45% 左右。

然而，实际情况并非如此乐观。由于有部分老年人尚未住满一年就会选择退出养老床位的使用，因此，全国实际养老床位的空置率会高于 45%，甚至可能超过 50%。一般来说，公办养老机构由于福利性较强、服务价格较实惠、拥有政府保障而少有空置情况发生，甚至可能出现排队轮候的现象；而民营养老机构由于市场性较凸显，常常会因为服务价格超出社会民众的经济承受能力或缺乏资金及其他资源而遭受冷遇，从而出现较为严重的床位空置情况。可见，与公办养老床位相比，民营养老床位出现空置的概率较高，因此上述有关养老床位空置率的描述主要指向民营养老机构。民营养老机构过高的空置率，不仅会造成极大的养老服务资源浪费，而且会制约民营养老服务业的进一步发展，必须引起各方的重视。

三、医养结合养老服务体系构建

（一）构建医养结合养老服务体系存在的主要问题

1. 医养结合养老服务的社会重视程度不够

2015年国务院发布了《关于推进医疗卫生与养老服务相结合的指导意见》《意见》指出，要大力推动医养结合的发展。目前，社会也在积极进行医疗卫生与养老服务相结合的探索，以应对人口老龄化。但是，受"重治轻防""重医轻护""重养轻医"等观念的影响，相关机构和组织对医养结合养老服务重视程度不够。国家有关医养结合养老服务的一系列法律法规没有得到很好的贯彻落实，有关部门对医养结合养老服务的宣传力度不够，对养老服务机构缺少有效的监督、指导和管理，也缺乏资金支持；地方政府对医养结合养老服务的重要意义认识不足，在构建医养结合养老服务体系的问题上，缺乏有效地沟通协调和配合，没有真正形成合力；有关优惠政策存在缺失或落实不到位的现象；城乡居民对医养结合养老的优越性缺乏足够认识，参与的积极性不高，这些因素和问题挫伤了养老服务机构的积极性，制约了医养结合养老服务体系的建设与发展。

2. 医养结合养老服务的管理体制不完善

目前，医养结合养老服务机构受民政、卫生计生、社保等多重政府部门的管理，这些部门和单位都是各自的领导体制和机制运行，导致医养结合养老体系的管理职责界定不明确。医养结合养老服务体系需要科学和强有力的体制和机制保证，但是，当前还比较缺乏国家法律、法规依据等硬性支持，缺乏具有指导性和可操作的规章制度，医养结合养老服务工作在实际开展过程中"底气不足"，缺少统一的标准规范，科学性及方向性不强，医疗卫生机构和养老机构尚未建立起一体化的合作机制，依旧"各自为政""单打独斗"，无法形成合力和真正发挥专业优势。养老机构需要医疗机构配合时，医疗机构只能把老年人作为"患者"对待，而很难当作"养老对象"对待，而医养结合养老服务中的医疗服务和养老服务，应是更高层次的服务。医养结合养老服务急需建立健全医疗卫生机构与养老机构合作机制，相互融合。

3. 医养结合养老服务的法律法规不健全

医养结合的主要服务对象为慢性病老人、易复发病老人、大病恢复期老人、残障老人、绝症晚期老人，这些老年人本身就存在着很高的人身风险，很少有保险公司愿意为这类老年人提供风险保障，而入住医养机构的老年人很自然地会将风险和责任转移到医养机构。由于国家缺乏对医养机构的法律保护，一旦有老人发生意外情况，其亲属对医养机构进行起诉，医养机构都没有相关的法律支撑，医养机构会承受巨大运营压力和面临诸多风险。而且当前的医养结合服务的展开主要以政府制定的政策和规章等为依据，缺乏医养结合领域的专门法律法规支撑。医院设立养老病床、养老机构内设立医疗机构等方面，均缺乏相关法律的明确规定，给老年人医疗保险报销、养老机构抵御风险等方面造成诸多难题。另外，医养结合的准入标准、运营规范、机构资质等也缺少法律的明确要求，缺少政府、卫生计生部门、民政等部门一体化的风险管理体系。这些问题严重阻碍了医养结合的社会养老服务体系的构建。

4. 医养结合养老服务的长效筹资机制缺乏

由于医养结合养老服务机构的建立对设施、环境、人员等各方面的要求高，所以相应的成本也要高于一般的养老机构。当前养老机构的筹资来源主要是政府资助，资金来源固定单一，而医养结合养老服务机构存在筹资上的"盲区""高端、大气、上档次"，专业性极强的医养结合养老服务机构需要大量的资金投入，收费标准相对较高，单一的筹资来源很难应对。由于我国社会保障体系存在筹资风险，政府和相关部门还没有完善的医养结合养老服务机构筹资的政策依据和相关标准，因此，医养结合养老服务的筹资机制仍然没有建立，收费标准、支付方式、支付程度等问题也尚未明确，社会资本进入医养结合机构养老市场的积极性还不高，缺少营利性和非营利性医疗机构、社会服务机构和组织、志愿组织和其他公益组织的共同参与。

5. 医养结合服务的从业人员数量不足

由于医养结合养老服务发展时间短、探索成果有限，没有足够重视从业人员的队伍建设，认为医养结合从业人员的主要责任为老年人提供日常生活照料，不需要专业素质和专业技能的培训；国内高校对于老年照护领域专业人才的培养也很少涉足，缺少老年人养老和医学护理的相关专业；受国情和传统观念的影响，青年一代人也不乐意从事老年人服务工作，这些原因导致了现有医养结合养老服务机构的从业人员不足、专业性也不强、青年人才少、医养结合从业人员缺乏专业能力的局面，难以满足老年人日益增长的医护和养老双重照料的需求。

截至 2015 年，我国 60 岁以上老年人数已经达 22200 万人，按照老年人与护理员 5∶1 的比例推算，养老护理员至少要达到 4400 万名。而 2015 年民政部对我国养老机构从业人员现状的调查报告显示，在被调查的 239312 名从业人员中，管理人员比重较大；直接为老年人提供服务的人员不到 1/2，养老护理人员有 100798 人，占 42.12%，是从业人员中人数最多的；而专业技术人员有 29212 人，仅占 12.21%，甚至少于占比 21.86% 工勤人员。

6. 医养结合养老服务的供求结构不太平衡

一方面，我国目前共有各类老年人社会福利机构 3.8 万个，床位数 112.9 万张，平均每千名 60 岁以上的老年人拥有床位 8.4 张，仅占老龄人口总数的 0.84%，低于发达国家 3% ~ 5% 的比例，也低于一些发展中国家的水平，养老机构的床位非常紧张。而另一方面，全国各地养老相关机构很大一部分都存在床位闲置的情况，医养机构供求结构失衡。其主要原因是精准化不足，也就是说，相关部门和医养机构没有能够全面摸清老年人的需求，没有根据各地区政策引导情况、老年人的观念、收入状况和养老偏好，制定具有针对性的服务内容，而是仅仅依靠利益的驱动一味地强调增加床位、增建机构，从而造成了供给和需求之间的脱节，降低了投资效益，造成医养机构失衡。

（二）构建医养结合的社会养老服务体系的建议与对策

1. 充分认识推进医疗卫生与养老服务相结合的重要性

我国是世界上老年人口最多的国家，老龄化速度较快。失能、部分失能老年人大幅增加，老年人的医疗卫生服务需求和生活照料需求叠加的趋势越来越显著，健康养老服务需求日益强劲，目前有限的医疗卫生和养老服务资源以及彼此相对独立的服务体系远远不能满足老年人的需要，迫切需要为老年人提供医疗卫生与养老相结合的服务。医疗卫生与养老服务相结合，是社会各界普遍关注的重大民生问题，是积极应对人口老龄化的长久之计，是我国经济发展新常态下重要的经济增长点。加快推进医疗卫生与养老服务相结合，有利于满足人民群众日益增长的多层次、多样化健康养老服务需求，有利于扩大内需、拉动消费、增加就业，有利于推动经济持续健康发展和社会和谐稳定，对稳增长、促改革、调结构、惠民生和全面建成小康社会具有重要意义。

2. 科学制定医养结合的社会养老服务体系规划

医养结合的社会养老服务的构建与创新发展，应科学制定医养结合的社会养老服务体系规划，并纳入国民经济和发展规划中，进一步明确医养结合的规划原则、发展目标、重点任务、机构设置、保障措施等具体内容，加强医养结合的社会养老服务机构的整合与建设。医养结合的社会养老服务机构是医养结合服务的依托与载体，是推进医养结合养老体系发展的关键。在国民经济社会发展总体规划的指导下，充分发挥医养结合的社会养老服务体系规划的引导作用，通过整合医疗和养老机构，解决现有医疗机构和养老机构相互脱节的现象，推动现有医疗和养老机构的结合。将医养结合的社会养老服务机构的建设纳入社会养老服务体系建设发展规划和机构设置规划，明确机构职责，界定机构责任范围，形成医疗养老融会发展的向心力，使原来分散独立的养老服务机构转型为全方位、多元化、立体型的医养结合养老服务机构，确保老年人医疗养老道路畅通无阻。

3. 加大医养结合的社会养老服务的宣传力度

采取多种方法，加大医养结合的社会养老服务的宣传力度，转变全社会尤其是老年人的传统思想观念，增强对人口老龄化严峻性的认知，提高对养老问题的关注度，为推进医养结合的社会养老服务的发展营造良好的社会环境。通过医养结合的社会养老服务理念的宣传，逐步改变老年人传统的生活观念和消极的消费理念，增强老年人的社会养老意识和对社会养老的认同感和信任感，使医养结合的社会养老服务机构的优越性得到社会的认可，自愿接受服务；通过宣传，大力弘扬全社会尊老敬老的良好风气，提高医养结合的社会养老服务机构的社会地位与影响力，努力营造一个社会关心支持、个人积极参与的良好氛围。

4．加大医养结合的社会养老服务的投入力度

全方位的政策导向是保证医养结合的社会养老服务模式顺利推进的基础。认真落实国家政策，加大对医养结合的社会养老服务机构的政策优惠、政府投入和金融支持力度，拓宽资金筹集渠道，形成多元化的资金保障机制。探索建立对医养结合的社会养老服务机构的财政补贴制度，使各类符合条件的医养结合的社会养老服务机构均可享受国家扶持政策。充分发挥市场在资源配置中的作用，采用公建民营、民办公助、政府购买服务等方式，鼓励社会力量投资兴办护理院、康复医院等医养结合服务机构，激发医养结合市场的活力。鼓励引导金融机构创新金融产品和服务方式，为医养结合的社会养老服务服务业提供金融信贷支持。建立与完善制度化的医养结合的社会养老服务投入机制，加大各级财政对社会力量举办医养结合的社会养老服务机构的支持力度。

第二节　养老服务体系的社会化

一、农村社会化养老服务组织体系的理论分析

（一）养老服务组织与养老服务组织体系

养老服务组织的定义主要以穆光宗、李立国等知名专家的内涵解释为主。它是指为老年人提供从物质到精神的服务，如家政服务、生活照顾、医疗护

理等服务的具有正式和非正式的服务组织。养老服务组织体系是指向人们提供养老服务的组织类型以及不同组织所构成的具有相互关系的网络系统；从具体内容来看，养老服务组织体系是指在政府主导下，非政府组织积极参与，向全体老年人提供基本的生活照料、卫生健康、精神文化等服务所构成的相互协调统一、互相配合的一体多元的组织网络系统。

（二）农村社会化养老服务组织与农村社会化养老服务组织体系的界定

农村社会化养老服务组织是指向农村居民提供养老服务的组织类型及不同组织。农村社会化养老服务组织体系是指向农村居民提供养老服务的组织类型以及不同组织所构成的具有相互关系的网络系统。从具体内容来看，农村社会化养老服务组织体系是指在政府主导下，非政府组织积极参与，通过国家的财政投入、政策制定、开办养老机构等措施向全体老年人提供基本的生活照料、卫生健康、精神文化等服务所构成的相互协调统一、互相配合的一体多元的服务网络系统。

（三）农村社会化养老服务组织体系的构成要素

农村社会化养老服务组织体系是多个组织体系共同作用、相互协调和补充，主要包括领导组织体系、供给组织体系、监管组织体系、运行机制。

1. 农村社会化养老服务领导组织体系

目前我国向服务型政府转变过程中，政府切实履行社会管理和公共服务职能，提高服务型管理能力。在"统筹规划，分级负责"的指导方针下，全国老龄工作委员会在农村社会化养老服务领导组织体系中发挥"领头羊"的作用，各省、自治区、直辖市老龄工作委员会接受上级宏观指导和综合管理并管理下一级老龄机构，各市（县、区）、乡镇老龄工作接受上一级指导和管理，层级由高到低，职能也越来越细化。

全国老龄工作委员会研究、制定老龄发展战略和政策，指导、督促和检查各省、自治区、直辖市老龄工作，组织和协调国内外重大老龄活动。各省、自治区、直辖市由省委（自治区、直辖市）办公厅、民政厅、人社厅、财政厅等组成老龄工作委员会，对各市（县、区）老龄工作进行宏观指导和综合管理。各市（县、区）设置了老龄委员会办公室，统管各市（县、区）的老龄工作。其下由乡镇一级的老年协会等老龄工作机构组成。

2．农村社会化养老服务供给组织体系

养老服务供给的外部渠道决定了农村养老服务供给组织体系的不同内容。主要可分为居家养老供给组织、社区养老供给组织、机构养老供给组织。

一是居家养老服务供给组织。农村以家庭养老为主，老年人大都在家庭进行养老，然而子女不在身边等家庭养老照顾功能弱化的情况下，由社会化养老服务组织提供居家养老服务是一个重要的工作。主要是通过村级老龄办、老年协会、专业组织和志愿者等，为居家的老年人提供满足生活基本需求和精神需求照料的服务。居家养老要考虑老人自身和家人的意愿、承受能力和居住环境等因素。意愿直接决定养老服务是否存在，意愿存在的前提下，承受能力和居住环境直接影响养老服务水平的高低。

二是社区养老服务供给组织。依法为以行政村为基本单位的农村社区，为农村老年人提供养老服务，提高社区整体生活质量和养老服务水平。农村的社区养老服务供给主要以乡村为载体，以村为单位，政府提供财政支持和政策引导，社区的基层组织是主力军，联合社区和家庭等多方面的力量，利用当地资源为农村老年人生活提供物质帮助和精神支持。

三是机构养老服务供给组织。机构养老注重于向需求层次更高、需要专业照顾、专业医疗服务等老年人，提供其在敬老院、老年公寓、老年大学等机构中进行从生理基本需求到追求安全和自我实现需要的养老服务。社会团体、民办非企业单位和基金会等民间社会福利组织提供作为养老服务的主要提供者。

3．农村社会化养老服务监管组织体系

农村养老服务监管体系是由组织监管、法律监督、政府监督、社会监督、自我监督共同构成的监管体系，确保养老服务透明化、公平化发展，其监管主体包括政府、社会、组织自身、老年人、公民个人等。主要考察农村社会化养老服务组织内部管理情况、资金使用情况、服务质量情况、基础设施建设情况、人员管理情况、信息公开情况、奖惩机制实施情况、政策落实情况等方面。

4．农村社会化养老服务运行机制

农村养老服务的运行机制主要是指农村社会化养老服务组织体系中进行组织领导、服务供给、监督管理主体和客体之间发挥功能的相互影响和制约的运行方式，主要包括利益分配机制及风险承担机制。遵循"利益共享、风险共担"的基本原则，建立多种多样的利益联结方式，形成利益共同体的组织运行。在利益分配机制方面，一是政府主导，通过政府公办敬老院等养老机构的形式、以服务的数量、质量等为依据进行利益分配。这种形式的运行机制通常以政府占主导地位，对农村养老服务实行统一调配。二是市场主导、政府引导，提供养老服务主要发挥公办民营、民办公助、民办等各类养老服务组织的优势，以合同契约为依据进行利益分配。在风险承担方面，由各养老服务的主体和客体共享资源，共担责任，共担风险。

（四）理论基础

农村社会化养老服务组织体系建设需以善治理论、组织理论、福利多元主义理论以及第三方管理理论作为依据。

1．善治理论

全球治理委员会在1995年发表的《我们的全球伙伴关系》中指出："所谓善治，即良好的治理，就是通过国家与公民对公共生活的合作治理，实现利益最大化的过程。"善治的理念强调公民直接参与治理的主体地位和作用。为了满足农村老年人对养老服务的多方面需求，农村社会化养老服务组织体系的发展及目标应该是多方面、多层次的，仅靠政府作为唯一的主体是难以实现的。

2．组织理论

关于组织理论，学术界主要形成理性系统观、自然系统观和开放系统观。

一是从理性系统观，主张组织拥有相对具体目标追求和相对而言高度正式化的集体。巴纳德认为："正式组织是一种人与人之间有意识、经过协商和有目的的协作。"也就是说，组织包括协作的意愿、共同的目标和信息沟通3个要素。马奇和西蒙认为组织是一种社会学单元，是互动的人群集合，是一种具有集中协作功能的系统，组织内部具有高度专业化和高度协作的结构。布劳和斯科特认为组织的区别性特征是它们都直言不讳是为了实现特定目标而正式建立的，因此称之为"正式组织"。二是自然系统观，强调组织除了具有目标具体化和结构正式化的基本属性之外，还具有一个特殊属性，那就是与其他社会群体的共有属性。主要以古尔纳德、本迪克斯和科林斯为代表人物。三是从开放系统观，认为组织是根植于更大环境下的不同利益参与者之间的结盟活动。博尔丁根据组织的复杂程度，将系统分为静态结构、时钟结构、自调系统、开放系统、衍生系统、内像系统、抽象系统、社会系统、超验系统9个不同的类型与层次。维纳指出不仅要看到组织各部分之间的相互依赖，更要看到这种依赖的程度在不同部分之间的不同。

韦伯和帕森斯对促进组织目标的达成所需具备的条件有不同的理解。韦伯是公认的"组织理论之父"，他认为："某种形式的权利是组织得以正常运行的基础，没有形式上的权利，组织的目标不能够达到。"帕森斯的组织理论包含了组织化的社会和社会系统中的组织两个方面，他指出："组织的发展目标与个人的目标不同，当组织高度分化成为社会中的主要机制时，人们才有可能达到无法企及的目标，这个过程需要靠机制来完成。我们的社会是一个组织化的社会，它无所不在，不仅改变了我们的生活，而且还会成为引发当代社会弊病和困扰。处在社会系统中的组织必须通过组织的决策、管理、技术3个层级，来体现适应环境、达成目标、统一协调、形态维持4个方面特质。

3. 福利多元组织理论

福利多元主义（Welfare Pluralism）兴起于西方国家，主张分权与参与，提倡社会福利责任主体的多元化，也就是政府、家庭、社区、非营利组织等部门都是社会福利的责任主体。为应对福利危机，西方国家采取了政府财政紧缩、分权化与社区化、福利科层体系的削减、社会福利供给的民营化、社区化、小型化与家庭化等措施企图化解危机。

不同学者对福利多元主义的理解不同，因而形成了三分法和四分法等学说。罗斯、欧也森和艾斯平·安德森主张三分法。罗斯（Rose）认为社会福利来自国家、市场和家庭三元的有效组合。这三者如果单独提供福利都具有自身不可避免的缺陷，政府占主导但又不能够垄断福利市场，应该与家庭和市场一起联合分担，形成一个社会福利整体。欧也森另辟蹊径，从民间社会概念出发，认为分散化和私有化应该是福利的特征，且民间社会发展是福利发展的最终形式。艾斯平·安德森认为国家、市场和家庭共同承担了福利规则的制定、资金募集等。

吉尔伯特和约翰逊认为福利社会应该在国家、市场和家庭中，加入志愿组织，成为 4 个分权与参与的福利多元化组织结构。吉尔伯特认为福利多元主义的结构中，4 个组织部门向公民进行福利传递，既相互存在的同时，又相互重叠。约翰逊（Johnson）主张国家、市场、家庭和志愿组织因角色的不同，所处的位置不同，分别对福利进行分权和参与，强调把私人利益和局部利益进行统一。

4. 第三方管理理论

非营利组织专家萨拉蒙（2002）提出了第三方管理理论，认为政府主要扮演筹资和指导的角色，应该主动通过授权、分权和委托等方式给非营利组织更多的发展空间，参与到公共服务的供给中来。非营利组织机构应该成为服务的真正提供者，也就是说，萨拉蒙把非营利组织上升到一个前所未有的高度，对其提供服务的内容、方式等进行了大量的阐述，突出其在提供公共服务等社会管理和创新中的具有重要作用，极力支持其参与社会的管理，促进民主政治的发展。

二、社会化养老服务体系的建设

（一）社会化养老服务需求及影响因素

在老年人养老需求方面：杨宗传从发展居家养老需要给老年人提供的保障类型的角度进行了划分，认为老年人需要得到四类保障：经济保障、医疗保障、生活服务保障和心理保障。吴振云指出物质与精神养老相结合已提到日程。Peter V. Nguyen 指出老年人具有复杂的需求，如经济供养、生活照料、医疗护理、精神慰藉和社会参与等。

1. 关于机构养老的主体偏好和影响因素

宋宝安在东北三省调查 2196 名老年人，结果显示 8.3% 的老年人愿意入住养老机构，女性、经济状况较好、文化程度较高的老年人更倾向于机构养老。蒋岳祥等在浙江省的 5 个市开展老年人养老需求调查，采用多阶段分层抽样方法调查 1197 名老年人，发现 9.69% 的老年人愿意入住养老机构，经 logistic 回归分析发现学历和身体健康状况对入住养老机构的需求有显著影响，学历高、身体健康状况好的老人更倾向于选择机构养老。龙书芹等对 825 名 65 岁以下老年及中年人群进行调查，发现性别、文化程度和收入对机构养老需求有显著影响。韦云波等在贵阳市采用多阶段分层抽样方法调查了 595 位 60 岁以上老年人，结果显示愿意入住养老机构的老年人比例为 7.2%，其中高龄、丧偶老人倾向于选择机构养老，入住养老机构的需求与子女数量无关，与对养老机构的知晓程度有关。董沛和苏丽惠等在河北保定和石家庄分别对 1500 名 60 岁以上老年人进行养老需求调查，结果发现两地愿意入住养老机构的老年人平均比例为 7.77% 和 12.1%。

2. 关于居家养老的主体偏好和影响因素

葛丽英等在成都金牛区进行的居家养老需求调查，指出城市居家养老需求存在趋多性和集中性；老年人在家养老的同时，希望社区能提供至少两项以上的服务；老年人对享受居家养老服务的意愿集中体现在生活方面的"养"和医疗保健方面的"医"这两个方面。杨雯雯进行长春市社区养老调查发现，高达 83.3% 的老年人选择居家安度晚年，部分老年人没有选择住敬老院的原因一是敬老院服务水平不理想，其次是比较高档的敬老院收费偏高。胡宏伟等采用 logistic 模型分析影响老年人居家养老保障需求的因素，研究发现健康状况、受教育年限、城乡和居住方式对养老需求影响较为显著；同时指出年龄、家庭关系、收入水平、社会保障程度等对居家养老中精神慰藉有一定的影响。刘畅对哈尔滨市两个社区老年人进行抽样调查，发现对老年人群体而言，低层次的福利需要大多希望通过家庭得到满足，但高层次的福利需要满足情况令人担忧，老年人群体希望由社会组织提供服务，但社会组织的数量以及服务的质量都不能满足老年人群体的需要。

（二）社会化养老服务供给及影响因素

在经济学中，供给由需求决定，社会化养老服务供给也理应由养老需求决定。然而，政府和社会对养老服务的责任承担缺乏准确的定位，使老年人的养老服务需求在某种程度上被忽视。我国从计划经济向市场经济转型之后，老年人养老的福利逐渐从企事业单位中剥离，但是社会养老保障、社会福利等体系却没有相应建立起来回。在目前，居家养老和机构养老发展比较成熟且易于被公众认知，成为社会化养老服务体系的主要组成部分。

1. 机构养老的供给和影响因素

傅桦对北京地区的老年人口以及全国关于老年人的社会养老设施的问卷调查发现，目前中国大部分地方的城市养老服务的硬件设施都存在不足，北京人口老龄化速度明显高于老年社会养老设施的发展速度，因为养老服务设施的数量不足，严重地阻碍了养老服务社会化的推进。周云等从分析历年的《中国民政统计年鉴》入手，发现从 1989 年以来，我国养老机构的数量增加不多，但机构内的床位却在快速增加，而收养的老人数始终占养老机构床位数的 70% 左右；每千名 65 岁及以上农村老人所拥有的养老机构床位数为 13.6 张，高于城镇 9.2 张的水平；农村有 0.1% 的老人居在养老机构，不到 0.7% 的城镇老人居住在养老机构。王方刃等调查了福州市几所养老机构，发现由政府和集体兴办的入住率高于 85%，而由个人兴办的入住率低于 40%；多数养老机构设有医务室并储备 20 种以上常用药物、配有简单医疗器械，但政府和集体兴办的养老机构提供医疗服务的能力较个体兴办的养老机构强。潘金洪经过社会调查和综合比较发现，江苏省在社会化养老服务方面存在机构养老床位总量不足和严重的供需结构失衡问题。

2．居家养老的供给和影响因素

鱼洁认为我国居家养老供给主体过于单一，各地在居家养老服务工作中，还没有转变传统的依靠政府的理念，政府除制定相关政策、划拨经费外，还承担了实施主体的职责。居家养老服务的内容主要偏重于日常生活照料、物质经济上的补助和简单的康复护理服务，老年人的医疗保健服务较少，精神需求尚未引起足够的重视。同时提出，应当坚持以政府为主导，民间组织为实施主体，逐步实现养老供给的市场化，大力提倡自我养老和互助养老。与此观点类似，宋言奇也认为，在传统的养老中一直存在着一个误区，就是把老年人当作弱势群体，一味地强调如何为他们服务，他们如何接受社会的服务；推进养老事业，必须把老年人当作一个能动的主体，必须实现"他养"与"自养"的有机结合。

王艳芳指出影响社区供给的因素有体制因素、资金因素、服务人员因素和组织机制因素。郭凤英以宁波市鄞州区社区服务为案例，指出多元供给主体的出现并不等于多元供给机制已经生成，需要政府和社会的互动合作。付聪聪就城中村这一特殊局域的老年残疾人居家养老进行了探索，提出了居家养老供需矛盾的原因及解决对策。黄锦英用 Rose 的福利公式对广西农村养老服务的社会化供给进行分析，指出农村养老服务传统的供给主体主要是家庭和政府，社会化供给目前还未参与其中，提出应该构建社会化的供给主体，拓宽居家养老的社会化筹资渠道，加强居家养老的服务队伍建设。

（三）社会化养老服务体系的发展方向

在社会主义市场经济体制下，社会化养老服务具有双重属性：一方面，养老服务作为一种商品，它的生产成本理应由购买者支付，具有"谁缴费，谁受益"的私人产品属性；另一方面，养老问题关乎民生大业与社会稳定，国家有兜底责任并在政策导向和制度设计上做出合理的安排，因此又具有公共产品的属性。社会化养老服务体系的构建未来的研究方向可以从以下几方面入手：

1. 系统性地探寻养老服务供需矛盾的形成机理

相对于人们养老需求来说，社会养老资源是有限的，使有限的养老资源带来最大的社会福利效应，须使制度的供给与制度的需求相吻合。而实现这一目标的前提是，详细了解农民的养老风险、应对策略、养老期望及其制度需求。因此，必须系统性地探寻养老服务供需矛盾的形成机理，多元化的养老方式应当与老年人多样化的需求相匹配。

社会养老服务体系的构建必须立足国情，养老需求的满足要求各种养老方式多样化功能的实现。我国现有的社会养老服务体系中：大部分地区只有家政服务，个别发达地区有政府培训的助老服务员，但康复护理、医疗保健、精神慰藉等服务还远远谈不上；老年市场供给和设施的缺乏，一方面说明养老产业潜在需求巨大，另一方面又说明有效需求不足，这反映了我国对老年人的社会保障不足；生活在高龄、空巢、孤独、病残状态的老年人，如果无法获得社会支持，养老问题的潜在风险会很大。因此，对社会化养老体系的研究应当完成：从家庭保姆照料到专业护理员照料的转型；从保障老年人衣食住行基本生活到提供康复照料、情感护理等服务保障的转型；从传统的经验性管理到标准化管理的转型；从以政府为主办养老院、敬老院到公办与民营同步发展模式的转型。

2. 社会化养老服务体系构建必须尊重家庭养老的核心地位

不可否认，家庭养老面临的冲击正是探索社会化养老服务体系的主要原因。现代家庭模式与传统家庭相比发生巨大变化，年轻父母和子女组成的核心家庭逐渐取代了传统意义上的大家庭。就社会养老服务体系未来的发展来看，养老服务体系必将朝着多元化、专业化、产业化和规模化的方向发展。

但是，从已有研究来看，学者们在探讨社会养老服务体系各种养老方式时，几乎无一例外地都把家庭养老作为其他养老方式的参照系，足以证明家庭养老的重要性。从已有研究可以看出，传统的养老观念还没有发生质的改变，老年人对养老方式的需求从意愿程度上看由高到低依次是家庭养老、居家养老和机构养老。在后两者的比较中，居家养老又更易被老年人接受，其主要原因在于居家养老的社会作用和精神慰藉上的重要作用。它不仅是满足老年人的生活照料和经济方面的问题，同时解决老年人精神层面的问题。因此，社会化养老服务体系的构建应当建立一个最有助于社会持续发展的养老模式，最终形成一个以家庭为核心，社会养老服务网络为外围，养老制度为保障的全方位养老体系。

3. 强调人文关怀，重视精神慰藉

养老是一个多维度的问题，但在社会经济发展相对落后的条件下，养老几乎就是物质赡养，包括对老人金钱与实物的付出，而精神赡养很大程度上不过是物质赡养、生理满足的副产物。经济保障在养老保障中的核心地位，决定了适度水平的保障制度关系到社会政策的实践价值和可持续性。传统养老保障制度发展滞后的原因有很多，但经济保障水平过低是一个重要因素。面对人口老龄化的挑战，政府必将通过建立标准、科学规划、加大投入来扶持养老服务体系建设，并动员社会力量参与。

目前学界对养老服务需求的三个层次基本已经达成共识，由低到高依次是：经济供养、日常照料和精神慰藉。在不同的社会化养老方式中，三个层次的主体偏好及影响因素也有所不同。精神慰藉是养老服务需求中的最高层次，也是最难以量化的核心指标之一。就目前我国国情来看，老年人对物质生活的要求实际上是极低的，而对精神慰藉的要求却是极高的。随着社会经济的发展，中青年核心家庭的生活节奏越来越快，常常导致忽视老年人在精神慰藉方面的需求；而老年人由于退出一线工作岗位，社会资本和社会网络大为缩水，极易产生空虚、寂寞的负面情绪。现有的社会养老服务体系更多地侧重于提供经济供养（如社会养老保险）和日常照料（如机构养老和居家养老），而这些都难以取代来自子女和配偶的精神慰藉（如家庭养老）。养老服务体系的构建过程当中，在满足合理的经济供养和日常照料的前提下，注重人性关怀，强调精神慰藉，这才是养老需求的重中之重。

三、社会化养老服务体系建设

（一）养老服务社会化的必要性和迫切性

1. 人口老龄化形势严峻

到 2012 年底，我国 60 岁以上人口已占人口总数的 12.9%，按照国际的标准，我国已经步入老龄化社会，并且我国的老龄化发展速度快，形势严峻。截至 2012 年底，我国的老年人口总数达 1.965 亿，占总人口 13.76%，预计到 2020 年，老龄化水平将达到 19.5%。

随着老年人的增多，劳动人口的抚养系数变大，整个社会的养老负担加重。我国是在经济发展水平较低的前提下进入老龄社会，即"未富先老"。我国的社会保障体系建设还不健全，社会福利事业的发展不能适应老龄化的发展趋势，而老年人的养老需求具有长期性的特点，并且日益多元化。

2. 传统家庭养老模式力不从心

在传统社会，家庭是主要的养老单位，承担基本的养老职能，向老年人提供物质和精神支持。家庭养老模式延续至今，与传统的农耕文化是密切相关的。土地对劳动力的需求使得老年人对子女有强烈的依赖感，形成了一种"反哺式"的养老模式，即家庭养老。改革开放以来，随着社会主义市场经济体制的快速发展，家庭对老年人的供养功能逐渐弱化。

3. 养老需求多元化与服务供给不足之间的矛盾

养老需求呈现多层次性，老年人不仅需要物质上的供养和经济上的支持，还需要精神和心理层面的慰藉和关怀。由于家庭对老年人的支持作用减弱，养老功能逐渐由家庭转移到社会，出现大量的养老机构，社会化养老机制已经启动。目前在运行中存在问题。第一，政府支持力度不大，投入不足。现代政府的重要职能是向公民提供公共产品和服务。随着经济的快速发展，社会正处于转型时期，政府对民生问题重视程度日益提升。但是，政府对养老问题的财政转移支付力度仍不足，不能满足老年人多元化的养老需求。此外，仅仅依靠政府兴办养老机构也不能适应严峻的老龄化形势。此外，社会福利单位的供养能力远远落后于老年人的增长速度，导致养老资源的供需失衡。第二，专业化程度不高。在老龄化形势严峻的前提下，养老事业不再是满足特殊群体的需要，而成为一种重要的产业，老年群体对养老服务的质量要求逐渐提高。目前，养老机构中的专业人员较少，专业化水平不高，不能为老年人提供优质、便捷的服务。第三，服务范围覆盖面窄，内容缺乏多样性。老年人养老服务内容单一，以生活照料为主，忽视了老年人的心理和精神层面的需求。

（二）社会化养老服务体系建设过程中存在的问题

1．角色定位不清，支持力度不够

现代政府的重要职能是向公民提供公共产品和福利服务。政府是公共产品的供给主体，有责任和义务向老年人提供高水平的养老服务，满足老年人的养老需求。养老服务是一种准公共产品，政府有责任向老年人提供满足老年人的养老产品，建立养老福利机构。目前，政府在社会化养老服务供给过程中角色定位不清。政府既要承担向老年人提供养老福利服务的责任，设立具有一定规模和水平的养老机构。又要在市场机制中维持自身的生存和发展，产生对自身的社会角色定位不清，责任划分不明确的现象。政府过多将养老服务供给的主动权放任给市场，而又未能对私营养老机构或组织给予政策上的支持和税收优惠，而养老服务行业的利润较低，导致大量的养老服务供给商退出市场，造成养老服务市场缩小，质量和数量下降，老年人的养老需求不能得到相应的满足。

2．投资主体单一，社会程度不足

我国兴建了大量的养老服务设施，如老年公寓、养老院和老年护理院等，养老机构的建立利设施的兴建主要以政府为主，养老服务产业运作过程中社会化程度不高、投资主体较为单一，多元化的筹资渠道未形成，造成资金投入不足，进而不能提供内容丰富、质量水平较高的养老服务，影响老年产业的发展和老年人的养老需求。

3．专业化程度低、人员素质不高

养老服务的供给逐渐由政府转移到社会，由政府为主体兴办福利机构过渡到面向所有老年人、提供多种项目的现代化养老服务产业。因此，养老服务的可及性、内容、质量和水平在很大程度上影响老年人晚年生活的幸福指数。目前，市场中提供给老年人的养老服务设施的质量较低，服务人员缺乏专业化的技能培训和知识素养，不能为老年人提供针对性强、有特色、专业化的服务项目，如医疗护理、心理辅导和精神慰藉等层面的服务。在养老服务供给过程中，大多数机构的养老设施较差，也未能建设一支高水平、高质量的养老服务人员队伍，根据不同老年人的需求设计适合的产品和服务，盲目追求利润，忽视老年个体的差异性和需求的层次性，导致养老资源供给的数量较少、质量较低。

4．缺乏统一规范、政府监督不力

养老服务体系主要包括养老生活照料、老年医疗护理和精神文化等方面。大多数养老机构为追求自身利润，以服务数量和质量为代价，降低养老服务水平。加之政府未出台相关的政策规定，造成养老服务行业的服务内容和质量缺乏统一的规范。养老服务机构专业人员素质低、缺乏技能培训，在为老服务的过程中，出现内容不丰富、项目不完善和态度较差的现象。此外，养老服务行业也未建立统一的行业监管组织，缺乏行业自律意识，也在一定程度上造成养老服务行业出现道德风险。

（三）推进社会化养老服务体系建设的对策

1．强化政府责任、加大支持力度

（1）制定和规划养老服务体系发展框架

随着老龄化形势的严峻，养老服务逐渐向社会化方向发展。养老服务的供给也不再是一种政府的福利，已经发展成为一种社会行为。政府有责任为老年人提供养老服务，满足老年人的养老需求。在养老服务的社会化过程中虽然要求政府转变职能，但是这并不意味着政府能够放松对养老事业的责任，减少支持力度。因此，政府在养老服务社会化的过程中仍应居于主导地位，应明确老年事业发展的重要性，制定养老服务发展的工作目标，科学规划老年事业的发展，加大对养老服务的支持力度。在养老服务社会化体系建设过程中，各级政府都应发挥主导作用，宏观上规划养老事业的发展，制定相关的政策，形成良好的内部运转机制和外部环境，促进整个社会化养老服务体系的建立和完善。

（2）组织领导和政策支持

随着老龄化形势严峻，社会化的养老服务产业逐渐兴起。作为一种新兴、基础性的服务产品，其发展需要政府的引导和支持。政府通过制定发展规划，出台相应的政策和配套的法律法规，推进社会化养老服务的发展。具体包括：第一，税收优惠政策。老年产业作为一种朝阳行业，起步晚，利润较低。政府应通过制定适当的税收优惠政策，鼓励私营企业进入市场，加大对老年服务的供给。第二，形成一套严密的制度和规则体系。在我国养老服务行业的健康发展离不开政府的监督。因此，政府应建立完善的制度体系规范其行为，以保证养老服务产业真正实现社会化，满足老年人的物质与精神需求。

（3）资金支持

养老服务的社会化要求政府转变职能，逐渐将服务的供给转移到社会中。但是，这并不代表政府完全脱离了养老服务供给的责任。政府应为养老服务产业的发展提供必要的资金，支持和引导私营企业进入养老服务市场，并提供一定的补贴。目前，我国养老服务的社会化程度不高，更加需要政府资金上的支持，通过一定的财政投入推动养老服务产业的社会化进程。

2．整合社会资源、广泛动员宣传

（1）多渠道筹集资金

为真正实现养老服务的社会化，首先要改变养老服务行业的资金筹集渠道，由过去以政府投资为主、单位和个人共同参与转变为社会化筹资为主、政府支持为辅的新型模式。进一步发挥养老服务的造血功能，实现自我积累、自我发展。政府应加大财政转移支付力度，将财政中一定比例的资金投入养老事业，对老龄化严重地区的养老服务发展提供足够的支持。此外，应鼓励民营资本进入养老行业，给予适当的税收优惠，使其参与养老服务产业的建设中，激活更多的养老资源。

（2）培育民间组织

在我国养老服务社会化体系的建设中，不仅要发挥政府、社区和家庭的作用，更要积极吸收民间组织的力量。民间组织对于公民福利服务的提供有着重要的作用。能够减轻政府的财政负担，弥补其对公共服务财政支出不足的局面，优化配置服务资源。因此，在社会化养老服务体系的资源供给过程中，要充分发挥民间组织的补充性作用。

（3）推动志愿者参与

志愿者队伍是社会化养老服务的重要支持。首先，要加大宣传力度，引起全社会的关注。要大力开展敬老、爱老的宣传教育，在全社会树立为老年人服务的典型，营造有利于志愿服务开展的环境和氛围。其次，要注重志愿队伍的多样化，建设一支"邻里互助"、社区服务和专业志愿者为主的服务队伍。

3．健全服务网络、提升服务质量

（1）扩大养老服务的覆盖面

要实现养老服务的社会化，首先要扩大养老服务的覆盖范围，将服务对象由福利时期的"三无老人"转向全体老人。随着老龄化形势的严峻，养老问题成为全社会老年人普遍关注的焦点。因此，应将所有老年人纳入服务范围，为其提供生活照顾、医疗护理和文化娱乐等方面的服务，满足老年人多元化的养老需求。

（2）提高养老服务的专业化水平

社会化养老服务行业的发展需要建设一支职业道德好，业务水平高、服务质量优的养老服务队伍，以适应社区养老服务事业的发展。第一，要引进专业化的人才，尤其是社会工作专业的学生进入服务行列，为老年人提供高质量的服务。根据不同老年人的需求制定有针对性的服务计划，满足老年人的需求。第二，加强对服务人员的技能培训，使其掌握老年生理学、心理学和医疗护理等方面的知识，提高自身的服务水平。

(3) 健全养老服务网络

社会化的养老服务体系不仅包括养老照料服务体系，还包括老年医疗保健护理服务体系、老年文化服务体系和精神慰藉、心理辅导等方面。因此，加强社会化养老服务的发展，要不断增加养老服务项目，丰富养老服务的内容，满足老年人多层次的需求。此外，应大力推动居家养老服务的发展，兴建老年日托照料机构，完善养老服务网络和信息平台建设，建立服务热线，在各部门间实现养老服务的信息共享，为老年人提供更全面的服务。

第三节 养老服务体系的模式及创新

一、社会养老服务体系的模式构建及其实现路径

（一）社会养老服务体系的模式构建

我国社会养老服务体系建设是一项系统工程，是由养老服务主体、服务对象、服务内容、服务规范、运作机制、保障资金等各要素组成的系统。每个要素互相协作，共同承担责任。根据《社会养老服务体系建设规划（2011—2015）》的指导思想，从我国国情出发，坚持"政府主导、政策扶持、多方参与、统筹规划"的指导思想，基本建立起与人口老龄化进程相适应、与经济社会发展水平相协调，以居家养老为基础、社区养老为依托、机构养老为支撑的社会服务体系。

在这一指导思想下，我国社会养老服务体系可构建为：政府主导下的"三维度多层次"模式。发达国家的经验表明，政府在养老服务上的作用为国家所高度强调，政府扮演着现代养老服务体系建设的重要角色，是不可缺失的核心元素。政府应加强在养老的制度、规划、筹资、监管、服务等方面的职责，维护社会养老服务的公益性，发展并协调好社区服务和养老机构的关系，使之有效地支持并满足家庭养老服务的需要。政府起主导作用的主要职责有：

第一，制定并组织实施养老服务规划；第二，制定养老服务政策和相关制度；第三，按公共服务原则投入相应的养老服务建设和购买服务；第四，授权专业机构开展对养老服务的专业人才培训和考核；第五，加强对养老服务机构的评估和质量监管；第六，加强对养老服务产业的扶持和引导，加强对养老服务市场的引导和监管等。

家庭、社区、养老机构是养老的三个维度和平台，通过建设形成政府、市场和社会、家庭等多元主体共同参与的多层次养老服务体系。根据老年人不同经济、身体状况的养老需求，可进行分类分层服务，逐步实现由传统的单纯依靠子女和家庭养老向社会化养老转变，由单一的分散居家养老向以分散居家养老为主、集中居家养老为辅转变，老年人社会福利服务由补缺型向普惠型转变，满足老年人多层次的养老服务需求。对于经济收入中等及以上，且有稳定的收入来源（退休金或养老金），身体健康、自理能力完备的老年人，可适度发展具有个性化的高端养老服务。

从运作机制来看，应逐步引入社会化和市场化机制，引导和规范社会资本参与。社会化养老是包括家庭养老和个人养老在内，但以家庭养老和个人养老之外的各种社会养老形式为主并逐步发展的过程。"社会化养老"把养老功能从家庭引向了社会，从封闭式的养老转变为开放式的养老，把单纯利用家庭资源的养老转变为利用社会资源的养老，最终实现"老有所养、老有所颐、老有所乐"的战略目标，这是与现代经济社会发展相适应的养老模式，也是现代社会条件下的必然选择。

（二）社会养老服务体系的建设路径

1. 完善养老保障制度，提高居家养老补贴标准

养老保障制度的完善是社会养老服务体系建设的基本前提。发达国家养老保障制度的发展体现出一些共同规律，从家庭养老走向社会养老是各国养老保障制度发展的共性，不同养老保障模式下的政府作用方式有所不同，各国养老保障制度的发展追求与经济发展水平相适应，在加强经济保障的同时

越来越注重服务保障与精神保障，追求公平与效率的结合是各国养老保障制度改革的趋势。典型的如美国，其养老保险体系是一个包括政府、企业和个人参与的复合体系，主要由三个部分组成：由国家提供的强制性社会保险，是以社会保障税为基础的公共养老保障；雇主主办或资助的私人退休计划；以个人退休账户为基础的个人储蓄。在这个体系中，政府、企业、个人的作用和责任明确。美国政府还为达不到社保领取资格的那部分人提供贫困补助计划，从而解决低收入或无收入老人的养老问题。

我国社会养老保障制度创建和发展与当代中国国情密切相关，与市场经济相适宜的养老保障模式经历了养老金社会统筹（县级和省级）、个人缴费责任实施、统账结合和多层次养老模式几个过程。从 1998 年国家开始规范和指导社会养老保障制度的全面转型，国务院先后颁布实施了《关于实行企业职工基本养老保险省级统筹和行业统筹移交地方管理有关问题的通知》《关于建立城镇职工基本医疗保险制度的决定》《失业保险条例》《城市居民最低生活保障条例》等一系列法规文件。2010 年 10 月 28 日，十一届全国人大第十七次会议通过了《中华人民共和国社会保险法》，自 2011 年 7 月 1 日起施行。这是新中国成立以来第一部社会保险制度的综合性法律，确立了中国社会保险体系的基本框架，将中国境内所有用人单位和个人都纳入了社会保险制度的覆盖范围，使我国社会保险体系建设全面进入法制化的轨道。

养老保障物质供给的主体正从以家庭为主转向政府为主。各地政府应统一制定政策，加大养老资金投入，明确公共财政向养老服务等民生项目建设倾斜，逐步加大对养老服务事业的投入，按当地一般预算收入的 5% 左右设置养老事业发展专项经费，建立养老服务体系建设的长效财政投入机制，规范专项经费使用范围。

加快建立社区养老服务社会捐赠平台。我国社会捐赠整体上还处于一个较低水平，应积极挖掘这一资金资源，加强社会捐赠立法，加快社会捐赠组织建设，强化社会捐赠资金管理监督，健全社会捐赠信息披露机制，完善社会捐赠税收激励政策，构建起一个透明高效的社区养老服务社会捐赠平台。

在现代社会条件下，应加快推广信息化养老服务系统。居家养老是养老服务体系建设的基本落点。现代养老服务体系所指的"家"是一个全新的"大家"概念，是一个"社会化的家"。居家养老服务应建立信息服务系统平台，通过有效整合通信网络、智能呼叫、互联网等科技手段，以信息化、智能化呼叫救助服务平台为支撑，以建立老年人信息数据库为基础，以提供紧急救援、生活照料、家政服务为基本服务内容，有效整合社会服务资源，建立完善的社会养老信息服务系统，打造真正意义上的"没有围墙的养老院"。

2. 多元主体共同参与，提升社区服务功能

社区养老服务是居家养老服务的重要支撑，它具有日间照料和居家养老支持两大功能。这是一种界于家庭养老及机构养老之间的养老模式，在西方被广泛推广和应用，为我国社区养老提供了重要借鉴作用。

根据《社会养老服务体系建设规划（2011—2015）》的建设任务，重点建设老年人日间照料中心、托老所、互助式养老服务中心、老年人活动中心等社区养老设施，推进社区综合服务设施，增强社区养老服务功能，使日间照料服务基本覆盖城市社区和半数以上农村社区。为此，应构建国家、地方、社会组织多方协同参与的机制，加强社区养老设施建设和维护，依托社区进一步发展老年服务业，完善社区为老年人服务的各项功能，构建社区养老服务供给体系。包括：建立老年人日常生活照料体系；建立老年人医疗保健体系；建立老年人精神文化生活服务体系。

同时，建立健全社区养老服务资源整合机制。对分散在社区各部门、各单位的物力资源进行有效整合，是增强社区养老服务物力资源供给能力最为经济和高效的途径。资源整合的层面包括：第一，整合政府相关部门的财力资源和物力资源；第二，整合社区与驻区机构如机关、学校、企业等有关服务设施；第三，整合社区的内部资源。建立老年人互助模式，如成立老年协会，生活上彼此互相帮助，或由低龄老年人帮助高龄老年人，在精神上互相交流、

互相慰藉。同时，可试点时间银行养老模式。该模式实质是通过时间银行这个中介，整合社区资源，对服务时间进行量化，实现劳动成果的延期支付，从而在社区达到互助共济的目的。

养老储蓄的机理在于：年轻人和低龄老年人为高龄老年人服务，他们的各种服务通过记账形式储蓄起来，等他们年老时，可享受同样时间的服务。因此，可在社区内倡导互助理念，吸纳不同年龄层次的社区居民参与，让社区居民形成"今日我为社区服务，明日社区为我服务"的统一思想。与志愿者相比，时间银行社区养老更具长效化效应。总之，建立健全社区养老服务资源整合机制，是推进社区养老服务工作的根本保障。

3．发挥市场机制作用，培育多层次养老机构

近年来，随着老年人对养老机构的结构性需求问题日渐显现，国内各种形式的养老机构不断增长。一方面，公办养老机构供不应求，难以满足人们的需要；另一方面，很多民办的养老机构却有很多床位空闲，有的甚至经营困难。与公办养老机构相比，民办养老机构数量仍然较少，收养和服务能力仍然相对有限。当前，民营养老机构面临诸多困境，主要体现为政府的支持力度不足、社会化和产业化程度不高以及养老机构自身服务水平不高与服务项目单一等。借鉴发达社会养老经验，发挥市场机制作用，走社会化、产业化的发展道路是养老机构发展的有效途径。

在我国养老服务体系建设过程中，一直存在资金短缺与老年人服务多样化需求之间的矛盾。只靠政府投入的带有浓厚福利性色彩的单一模式已无法满足日益扩大的养老服务需求。因此，积极推进社会养老服务的产业化发展，发挥市场机制作用，既有利于吸纳各种资本，减轻政府财政压力，还可以增加就业岗位，提升服务产业比例，促进经济社会的和谐发展。

总体而言，应鼓励和引导社会各方面力量积极参与老年服务产业，逐步形成政府宏观管理、社会力量投资兴办、养老服务机构自主经营，按市场化要求建立管理体制和运行机制。

二、创新型养老服务体系模式

（一）创新型养老服务体系模式的特征

1．闲置资源利用

政府应避免资源浪费，盘活闲置资源，尽最大可能整合社会闲置资源。借助社会力量，挖掘废弃工厂、学校、政府办公楼等，将其改造成新型养老机构，并增加养老床位。

2．安全无障碍

养老院应划分区域，将失能老人和自理老人分别管理，并设置不同的疏散通道。养老院内应包含呼叫设施、无障碍电梯设施、特护房间吸氧设备、消毒设施、医疗保健设施、无障碍通道设施、走廊楼梯全扶手设施以及监控设施。这种设计方案主要针对老年人的身体机能能力，消除老年人生活中存在的不方便和障碍，为老年人打造一个安全、无障碍、舒适的生活环境。

3．物理性能指标

物理性能指标的优越性主要体现在两个方面：一方面是"日照"，晒太阳对老年人的身体有很大的帮助，不仅可以促进钙和维生素 D 的吸收，而且可以有效预防骨质疏松、风湿性关节炎等疾病，所以养老机构在改造时，应该充分考虑老年生活区域和活动区域的采光情况；另一方面是"自然环境"，自然环境主要包括空气、水、植物、动物、土壤、岩石矿物等，养老机构地址选取的时候要选择在空气质量与水质良好、植物生长茂盛的生态平衡区域，在后续改造过程中，可以适当地为老年人增添温和型动物作为生活中的伙伴。

4．康复和医疗保障

养老院应设立医务室等服务站，设置全职工作人员形成完善的医疗网。应配备有内科、外科、中医科执业医师和执业护士。建立医疗绿色通道，保证医疗设施基本完善，对于老人的常规病症的医治，要做到可以在养老院内完成，重大疾病要保证第一时间送到就近医院，要确保医生每日查房，护士及时巡房，并且要设有医疗康复中心，为术后或有后遗症的老人提供良好的康复环境和护理服务。

5.园艺

养老院需要建立安全的园艺基地，据研究显示，在花园中散步有促进康复的作用，"园艺疗法"也已经被医学界认同，其不仅能稳定情绪而且能减轻病痛。越来越多老人喜欢园艺生活，美好的环境不仅能让老人心情愉悦还具有调节情志、有助于睡眠、加快血液循环等作用。

（二）创新型养老服务体系模式的实施方法及内容

目前，随着需要被照顾的老人数量持续增加，养老问题已经得到了国家、社会、家庭的共同关注，养老工作也越来越被重视，已经成为国家一项重要的工作，这项工作应该由国家及社会各界共同承担。

创新型养老服务体系是以全国各地各级政府下属的培训基地、酒店会所、度假村、招待所等场所为基础，充分考虑老年人的物质需求和精神需求，通过完善基础设施、增加机构功能、建立医疗响应机制、提高护理人员素质等建立起完整的养老服务体系。

1.合理选择社会闲置机构

中共中央"八项规定""六项禁令"出台以后，各地政府深入推进"节约型""服务型"政府部门建设，刹住了吃喝旅游风。经初步调查结果显示，60%以上的培训基地、酒店会所、度假村、招待所等场所都处于闲置和半闲置状态。并且它们的地理位置大部分选在空气质量好，环境优美的地区，机构内部的基础设施也比较完善，相比新建的养老机构而言，具有周期短、成本低、节约资源等优点。在这样的前提下，政府需要整合全国各地各级政府下属的培训基地、酒店会所、度假村、招待所等场所，充分考虑闲置机构的地理位置、基础设施等基本情况，综合考虑老年人的特点，在闲置机构中进行筛选，挑选出符合改造要求的场所，将它们打造成符合创新型养老体系要求的养老机构。

2. 建立完善的养老服务体系

(1) 完善养老服务设施

对于养老工作而言，养老机构完善的基础设施是至关重要的。目前，养老服务机构和养老护工人员极度匮乏。根据调查数据显示，截至 2014 年，我国的养老机构床位供不应求，我国床位总数（包括政府和社会力量创办的养老机构床位）不及全国老年人口 2%，不仅落后于发达国家 5% ~ 7% 的水平，也低于部分发展中国家 2% ~ 3%。区域之间、城乡之间发展也存在严重不平衡现象。不仅如此，我国养老服务机构功能还不够完善，养老服务人员素质不高，很多半失能或生活完全不能自理的老人的基本需求无法得到满足。由于老年人身体比较虚弱，无法长时间站立行走，应该在公共建筑区设置休息区域，并且设置方便出行的楼梯间、出入口和水平通道。

(2) 建立完善的心理响应机制

中国老年人的人口数量在不断地增加，并且老年人口向空巢化和老年化发展，老年人的身体具有很大的不确定性，随时可能出现意外情况，这就要求养老机构具有良好的医疗响应机制。首先，创新型养老机构应该与有能力、有意愿的、具有一定资质的医院洽谈，在养老机构设立医院的分支部门，引进医院先进的技术，并为养老机构配备高水平医护人员和新技术医疗设备；其次，养老机构应开设远程医疗服务，开展以视频会诊、病理诊断、影像诊断、远程监护、远程门诊和远程查房等为主要内容的远程医疗服务。通过这两种形式，建立养老机构良好的医疗响应机制，让老年人的健康得到更好的保障。

(3) 丰富老人生活基础设施

由于社会进步和人们的生活水平逐步提高，老年人对生活品质的要求也随之提升。在保障养老床位数量的同时，应该注重养老机构质量的提升，争取各项设施符合老年人特点，力求养老机构在设施、管理、服务上提高档次。基本的生活要求得到满足后，应该丰富老年人的业余生活，让老年人在养老机构享受到快乐。在养老机构的改造过程中，应该充分考虑老年人的特点，主张"文化养老"理念，这是体现当代人文关怀的一种养老方式，在保障老年人生活基本需求的前提下，通过"文化养老"的模式，开展健康养生、歌咏比赛、书画摄影展等各项文化娱乐活动，让老年人体验到其中的乐趣。

（4）创建完备的老年活动中心

当下，老年人不再为基本的衣食住行担忧，物质生活已经得到了基本的满足，越来越多的老年人更加关注精神文化生活。因此，应尽可能地去满足老年人的精神文化需求，为老年人营造一个幸福晚年。养老机构应该根据老年人的特点建立一个完备的老年活动中心，活动中心要在体育、文化两个层面上满足老年人的精神文化需求。第一，关注体育，增强老年人的体质。新时代的老年人对户外活动的需求较高，老年人聚在一起作体育运动，不仅能锻炼身体，还能给老年人带来很大的乐趣。养老机构应该建立体育健身中心并定期开展一些体育活动，例如广场舞大赛、快步走活动、健身操展示等比较柔和的体育活动，体育活动不宜过于剧烈。第二，主张文化敬老，填补老年人精神文化空白。要在养老机构中设置图书室、学习中心、文化娱乐中心来丰富老年人的业余生活。老年人可以在图书室阅读，在学习中心学习，在文娱中心展示特长，养老机构应经常组织文化娱乐活动，例如"红歌比赛""打字竞赛""象棋竞赛"等。

（5）提高养老护理人员综合素质

根据我国国情，国内需要近千万的养老护理人员，然而目前，我国养老护理从业人员仅有22万，其中只有2万人具有护理资质，养老护理需求无法得到满足。我国的养老护理人员的专业技术能力、服务态度和收入水平低于很多发达国家，培养养老护理人员达到专业水平是一项重要的任务。首先，应该从老年人自身进行培训，培养老年人相互看护的互助能力；其次，要针对家庭成员进行养老专业知识的普及和灌输，让每一个家庭成员都对养老护理有一定的了解和基本掌握；再次，对目前从事养老护理工作的专业人员进行培训，学习发达国家养老护理的先进理念和技术；第四，要加大力度建立养老护理专业，开展高端护理人才的联合培养；最后，开设养老护理职业资格等级考试并建立和资格等级相适应的薪资分配制度，建立全社会共同参与养老的良好模式。

3. 政府相关事宜

（1）制定优惠政策

首先创新型养老体系采用的改造政府闲置会所的方法，不仅能为政府节约土地的资金，并且可以充分解决闲置资源问题。这项举动在缓解养老资源短缺问题的同时，又与政府关注民生相契合，是一件利国利民的大好事。第一，国家应加快建立老年人长期护理保障制度，出台相关政策，为老年人的居家养老生活提供保障；第二，政府应在民办养老机构的建设、规划、税费、规划费、用水、用电、用地等方面给予优惠政策；第三，政府应增加财政支持，成立养老专项资金账户，鼓励社会力量注入养老行业。

（2）提出补贴计划

养老院护理人员的服务态度、文化素质、专业技能直接影响到老年人的生活质量。国家应免费为民营养老机构从业人员做专业化培训和指导，为其提高服务质量。

同时，民政部门和财政部门应给予民办养老机构床位运营补贴及养老护人员补贴，民政、财政、老龄、卫生等相关部门要根据养老机构类型和具体情况进行相应补贴（包括社区养老服务机构），例如贷款贴息、床位补贴、以奖代补等。符合条件的民办养老机构要作为基本医疗保险的定点单位，提高养护人员的工资待遇，把养护工作作为公益岗位予以适当的补助。

三、互联网＋居家创新养老服务模式的实现路径

（一）多元主体共同参与

1. 强化政府主导，健全制度规划

政府对于各种养老资源具有宏观引导、规范协调的责任，为了使现有的养老服务要素实现优化配置，在该模式的构建过程中政府应该坚持其主导地位，为此种新型模式的发展提供一个完善的养老服务供给环境，主要体现在

立法、政策支持、资金保障、人才培养等方面。

第一，政府应该针对互联网与居家养老服务模式融合发展的特点，加强顶层设计和统筹规划，加快互联网＋居家养老服务模式相关立法工作建设，调整完善不适应发展和管理的现行法规及政策，加快推动制定互联网信息管理、老年个人信息安全、老年电子商务等法律法规建设。具体推行中政府应该主导搭建居家养老服务的信息平台，建立和完善居家养老服务的需求评估制度以及社会评估体系，积极推进相关标准和规范的制订，推动服务质量控制和统一的制度建设，并积极推进养老企业的技术合作和市场拓展。

第二，政府应该为此种模式的发展构建一个开放包容的环境，激发其他主体参与居家养老服务领域的积极性，通过放宽融合性产品和服务的市场准入机制，破除行业壁垒，实现居家养老服务建设中各行业、各领域在技术、标准等方面的充分对接。同时，由于数据资源是互联网＋居家养服务模式的重要基础设施，许多工作的完成需要建立在数据完善的前提下，因此，政府对企业应该加大数据信息资源开放的力度，充分调动社会力量，共同为互联网＋居家养老服务模式的创新奉献力量。

第三，政府应该加大财政金融支持力度，注重居家养老服务领域人才的培养。互联网＋居家养老服务模式目前处于起步阶段，其快速发展必然离不开政府大量资金的投入，因此要强化中央财政资金保障，通过财政补贴等形式加强对重点创新性项目的支持力度。同时，与此配套的人才建设是居家养老可持续发展不可忽视的方面。政府需要通过专业化的培训提高志愿者等服务人员的素质，实现养老服务供给的规范化，另外，政府可以通过建立相应高等院校、开设相关专业的形式加大人才供给量，并做到供需结构的平衡，实现人才与企业与社区的无缝对接。

2. 突出市场培育，完善商业模式

市场作为社会创新的主要载体，在互联网技术的运用和推广中扮演着重要角色。在互联网＋居家养老服务领域，市场主体同样具有举足轻重的地位。在优胜劣汰的社会环境中，市场能够通过相互竞争以及对经济效益的追逐，运用商业化运作方式增加服务项目、优化服务质量、提高服务水平。同时，企业在模式构建中需要做到以下几个方面：

第一，进行科学严谨的市场调研，获得精准的市场定位。老年群体是一个差异性很强的特殊群体，年龄、经济、文化的差异形成了老年群体需求规模庞大、结构多元的特点，企业应该根据不同类型的老年人提供更加多元化的居家养老服务供给。同时，企业应该找准产品的市场定位，真正以老年人为本，设计和提供既有鲜明市场定位又符合老年人实际需求的产品和服务。

第二，进行居家养老服务基础数据库开发和信息平台建设，研发智能养老产品。在软件开发上，鼓励企业开发设计养老服务系统管理软件以及用户终端应用软件，同时，在居家养老智能设备研发上，鼓励企业研发符合老人需求的智能化设备，例如老年人专用智能手环、便携式检测设备等。

第三，重视居家养老服务的供给。目前市场上存在很多成熟的网络平台，但针对老年人自身特征设计的服务产品较少，支持企业为老年人定制一些专属的网络服务，如老年人的网上交友、网上购物等，企业只有更加注重服务质量的提高，才能获得老年群体的认可和合作，从而实现企业盈利和老人养老的双赢。

第四，注重成熟商业模式的培育。除了需求对接的问题外，完善成熟的商业模式对于互联网＋居家养老服务模式的可持续性发展起到至关重要的作用。企业可以借鉴"幸福9号"养老服务电商平台的经验，在居家养老服务的提供上，实现线上线下相结合的O2O商业模式，同时，也可以通过积累大规模用户量实现基于养老外延产业的盈利。

3. 动员社会力量，壮大服务队伍

作为开放性的养老服务模式，只有企业的加入远远不够，还应该积极吸引公益性组织、志愿者的广泛参与。可以从以下几个方面入手：

第一，吸纳广大的志愿者群体到居家养老信息平台中，这些志愿者可以通过平台了解老年人的需求，老年人也可以对志愿者进行选择与评价，目前已经形成了一种名为"时间银行"的志愿者养老服务形式，即志愿者利用空余时间为有需要的老年人提供上门服务，并将服务时长及服务质量均记录在案，日后可从时间银行中提取自己所需的养老服务。可见，互联网技术的发展有利于将此种互帮互助的养老模式发展的更为壮大。

第二，鼓励社会公益组织加入信息服务平台中，例如老年人绘画协会、舞蹈协会、残疾人协会等，既能使老年人发挥自身预热，又能丰富老年人的精神文化生活。这些志愿者和社会公益组织均可利用互联网技术优化参与居家养老服务的方式，他们通过网络便可自主查询养老服务需求信息并及时对接服务。

第三，在居家养老服务要素优化和深度融合上，可以通过服务平台的设计，实服务提供方与老年用户群体的无缝连接，达到供需匹配、资源优化配置的效果，也为居家老人提供了更便捷、更丰富的养老服务选择机会，同时，老年人掌握着服务需求的主动权和话语权。总之，该模式要想达到预期的养老效果，需要多部门的共同协作，需要社会大众的共同参与，任何单个主体的孤军奋战都会显得势单力薄。

（二）构建服务网络平台

1. 基础层

"互联网+"仰赖的新基础设施包括云计算、大数据和互联网、物联网技术。所以在构建互联网+居家养老服务网络平台时，不能忽略"互联网+"基础设施的建设，主要包括居家养老服务的数据系统建设以及网络技术的发展。

首先，随着生产效率的提升、商业模式的创新，云计算、大数据基础设施像水电一样为用户低成本、便捷地使用资源打开了方便之门，数据的存储、分析和处理居于越来越重要的地位。在互联网+居家养老服务模式发展的过程中，管理部门设置服务项目、居家养老服务提供机构需求的收集、服务评价体系的运行以及居家老人和家属进行服务选择等都离不开基础数据库提供的数据信息资源。所以，基础数据库平台的建设至关重要，对于此平台的建设，需要以大数据为核心，由企业开发完成相关系统软件建设，国家进行政策环境的规划和引导。同时，老年人基本信息、健康档案、社会养老服务等数据信息资源需要通过社会宣传、入户走访等方式完成，数据系统维护过程中，还要确保其与外部企事业单位、医疗等系统的信息互联互通，做到数据信息的实时更新。

其次，网络的发展不仅包括原有的互联网，还拓展到物联网领域，网络的新增价值得到了不断挖掘、承载能力不断提高。物联网就是在各种真实的物体上装上传感器，传感器通过接口与网络连接，基于特定程序的运行使物体智能化，可实现人与物、物与物的直接通信或者实现远程控制。在互联网+居家养老服务领域，可以通过在老年人家中安装摄像头、GPS传感器等工具，随时感知并获取老人的身体状况和周边环境情况，再通过通信网络和互联网将老人的信息接入信息网络中进行信息交互和共享，通过数据及信息的及时分析处理，使外界了解居家老人目前的所处的状况，进而为老人提供及时必要的帮助。

2. 平台层

上述的"互联网+"基础设施建设为平台的建构提供了重要前提，而互联网+居家养老服务模式平台的建设是实现养老资源互联互通的手段，为了实现这一模式，需要进行三个平台的建设，分别是：居家养老服务平台、居家养老运营平台以及居家养老管理平台。

首先，需要考虑居家老人都需要哪些服务，根据需求提供相应的服务平台，在之前的研究中发现，老年人的居家养老服务需求主要集中在健康安全、居家生活以及精神慰藉三个方面，所以平台系统构建可以从这三个方面入手，无论是居家养老健康安全服务平台，还是居家生活服务平台，抑或是精神慰藉服务平台，老人都可以自主地去选择适合自身的资源，服务结束后均可通过反馈机制对服务进行评价。

其次，需要建立居家养老服务的运营平台，这一平台主要由企事业单位、社会组织、医疗教育机构等各方共同操作运行，由政府进行统一管理，除了专门的服务平台，他们可以通过这一平台增进不同行业在居家养老服务领域的交流，彼此间进行资源的共享互通，从而让养老资源真正重新配置，进而促进整个养老服务业商业模式和产业链的成熟，保证老人及时方便地享受到一系列、全方位的居家养老服务，让互联网真正地在居家养老服务领域产生化学反应。

最后，需要建立一个居家养老服务统一管理平台，这个管理平台既能够接收到居家老人的养老服务需求，又能对资源进行调配，对接供需关系，为老年人提供个性化的养老服务，同时，管理平台也会对以上平台主体进行统一的监督和管理，包括商家准入机制、评价管理机制、养老服务资金运营机制等，使互联网＋居家养老服务模式向着标准化、规范化方向健康持续地发展。

3．终端层

当基础和平台都具备后，就需要考虑如何让老年群体及其家人更方便快捷地对平台进行访问，这就涉及终端层与前两个层面的对接渠道问题。目前，可以尝试两种获取居家养老服务的终端方式，分别是移动终端设备和社区实体店面。

首先，居家老人所使用的终端设备包括两种类型，一种是主动与外界发生联系的终端设备，例如一键呼叫设备、老年智能手机、平台 App、PC 网站等，老人遇到突发情况或者生活困难时，使用一键呼叫设备便可呼叫服务中心人员，服务人员可以通过居家养老服务平台为老年人对接各种资源。同时，老年人应该拥有适合自己的智能手机，此种手机要求界面简洁、操作简便、提供的所有功能均是为老年人所需要的，居家养老服务平台各系统可以设计自己的手机 App，方便老年人查找使用。另一种是红外线传感器、智能检测、GPS 定位、远程监控终端设备，居家老人的各项体征数据、行踪轨迹以及家中电器设备等的安全情况都可以通过这些终端设备将数据传输到家属及居家养老服务平台中，平台层处理后，会及时将信息推送至老年人、家属及平台的终端设备上，便于外界及时了解居家老人的身体健康及生活信息情况。

其次，需要实现线上线下相结合的形式，在社区设立实体店面，形式类似于国内经验中乌镇的颐养园居家养老服务照料中心，为老人提供一个属于自己的活动场地，这里有专业人员指导、协助老年人使用互联网，还具备属于老年人的休闲娱乐场地和设施。同时，提供像"幸福9号"健康服务小店那样的场所，周边居住的老年群体可以在小店里直接进行健康咨询、生理指标测量。

第四章 养老社区的规划与设计

第一节 养老社区的模式概述

一、养老社区模式的发展

（一）养老模式新选择：社区养老

1. 社区养老的基本含义

养老模式的形成是由生产力发展水平、社会结构和家庭结构决定的，其在不同的社会和历史发展阶段各不相同。目前，中国的养老方式仍以家庭养老为主，以社会养老和自我养老为辅。但 3 种养老方式都有其不可避免的局限性。家庭是老人熟悉和眷恋的生活环境，但目前家庭养老功能的日趋弱化使老人们需要家庭以外的养老支持。社区是除家庭之外老年人最熟悉的生活环境，由社区来扶助家庭、提供养老支持便成为目前条件下最适宜的养老方式。社区这一概念由德国社会学家费迪南多·滕尼斯在 1887 年《社区与社会》一书中首先提出。他认为社区是具有共同价值取向的同质人口组成的关系密切、出入相友、守望相助、疾病相扶、富有人情味的社会共同体。

在我国，"社区"一词最早是由费孝通等老一辈社会学家于 1930 年代根据英文 community 一词而对应译出的。到目前为止，有关社区的定义和解释已不下百种。鉴于此，国务院在组织学者调查研究的基础上，给社区下了一个简明的定义，即："社区是聚居在一定地域范围内的人们所组成的社会生活共同体。"

总的来说，社区有以下 4 种主要功能：第一，社区服务功能；第二，人的社会化功能；第三，社会参与和社会民主功能；第四，社会控制和社会稳定功能。其中，社区服务功能便是社区养老方式中养老社区扮演的一个重要角色。社区养老这个概念是相对于家庭养老和社会养老而提出的。它具体有两种含义：一是指老年人住在自己家里，在继续得到家人关怀的同时，由政府补贴、社区承担养老服务和组织老人集体活动。二是指根据发展规划建设的老年人集中居住的大型、专业化社区。这种社区通常设置完善的健康、娱乐配套设施，也有良好的护理条件，老年人在这种社区可以参与同龄人的集体生活。

最初，社区养老指的是第一种含义，即老年人还是与家人居住在普通的社区，只是社区经过了适老性改造，如聘用专职服务人员，添置助老设施，配备老年人活动中心、老年人护理中心等助老项目。但随着时间的推移，这种养老社区的缺点逐渐显现。首先，缺少专业化运营管理导致社区为老服务的功能不突出。其次，大部分助老项目由政府补贴，缺少盈利空间，持续性差。目前，由于第一种养老社区存在以上显著缺点，我国各地的社区养老不约而同地向专业化和商业化发展。而集中建设的专业化老年社区不存在以上问题，能更好地行使社区的养老职能，发挥出更大的社会和经济效益。

2. 在我国发展社区养老模式的可行性

随着社会经济的发展以及医疗卫生条件的提高，我国老年人口数量大增，老龄化问题迅速发展成为社会广泛关注的焦点。国务院于 2011 年 9 月发布的《中国老龄事业发展"十二五"规划》中指出："十二五"时期，第一个老年人口增长高峰到来，我国人口老龄化进程将进一步加快。2011～2015 年，全国 60 岁以上老年人将由 1.78 亿人增加到 2.21 亿人，年均增加 860 万人；老年人口比重将由 13.3% 增加到 1600，年均递增 0.54 个百分点。严峻的养老需求趋势呼唤有效的养老模式。

（1）推行社区养老服务模式具有政策依据

1992 年，联合国第 47 次大会提出"把社区作为改善养老环境的目标，支持以社区为单位，为老年人提供必要的照顾，并组织由老年人参加的活动"。2011 年 9 月，国务院公布的《中国老龄事业发展"十二五"规划》要求"充分发挥家庭和社区功能，着力巩固家庭养老地位，优先发展社会养老服务，构建居家为基础、社区为依托、机构为支撑的社会养老服务体系，创建中国特色的新型养老模式"；中国老龄委 2006 年发布的中国人口老龄化发展趋势预测报告也指出"立足城乡社区发展为老服务业，培育老年服务中介组织，培养专业化的为老社会服务队伍"。我国政府充分肯定社区养老的重要作用，为社区养老的发展提供了有力的政策保障。

（2）具体操作可行

虽然"养老社区"的概念提出的时间并不久，但近年来，养老社区作为新兴的房地产开发项目出现在很多大中城市，也涌现出许多成功的范例。这是因为：首先，我国的老龄化程度在加速发展，而大城市平均老龄化水平高于全国，大量老龄人口集中在城市，为养老社区的发展提供了巨大的市场机遇。其次，大中城市的经济发展水平和相对较好的社会保障制度为解决老人居住问题奠定了经济基础。同时，旧房可以上市交易，这为老年人入住老年社区提供了经济条件。如北京太阳城采用"以租换租""以旧换新"的开发经营模式，取得了成功。

（3）能够创造新的就业机会

社区养老的兴起和发展，需要大量的专业养老社区工作人员，这就为下岗职工和有志于从事社会工作的人士提供了就业岗位。下岗职工经过培训，持证上岗，可以解决再就业问题；而各类学校应届毕业生也能多一些就业的选择。

（4）国外实践为我国养老社区的发展提供了宝贵经验

发达国家进入老龄化社会的时间远早于我国，他们在应对老龄化问题、保障老年人基本权利的过程中，对社区养老、多元化养老方式等方面做了诸多有益的探索，其社区养老的发展已相对完善。他们在完善养老保障体系以及福利体系的选择和应对方面都能为我国提供有益的借鉴。美国的"退休社区"、英国的"社区照顾"以及日本、新加坡等国家在社区养老方面的经验和教训都值得我国在发展社区养老时充分研究和借鉴。

（二）我国养老社区开发模式构建

1. 开发主体

房地产开发企业、政府和保险公司是国内养老地产开发的主要力量。而在未来，国外养老地产投资商可能会成为第四股不容忽视的力量。目前，房地产开发企业是房地产项目的第一开发主体。在开发养老社区方面，房地产开发企业具有专业性、高效性等天然优势。但由于养老社区项目的特殊性及变化的市场和政策现状，小型开发企业难以从银行或其他金融机构获得持久的资金支持，从而发生"企业做金融"的情况。而政府和保险公司若作为投资主体，在投资金额、融资渠道和建设规模上的优势更为突出，但其缺少房地产开发企业的优势。综合而言，由于养老地产领域具有一定程度的公益性，现阶段的养老地产开发还是以房地产开发企业为主体，其通常在政府及相关部门的协助下，经过战略定位、资金运作、规划建设、营销等一系列运作流程，达到一定的社会目的和经济目的。在我国，养老地产、特别是集中性养老社区的开发由于案例尚少，并未规范和成熟。

2. 运营模式

对房地产开发企业来说，按经营管理方式，大型综合性老年住宅社区存在住宅建设与经营管理相结合以及住宅建设与经营管理相分离两种经营模式。以下介绍一下按营利方式进行运营模式分类的情况。

（1）长期持有

指开发商建设好住宅并不出售其产权，而是长期持有，以出租的方式缓慢回笼资金。这种方式现金流回收极为缓慢，只有在政府主导，带有福利性质的养老地产中才会被利用，而开发商作为主要投资方建设的大型集中性养老社区一般不会运用此模式。北京太申祥和山庄即采用此种模式，以收取高额押金（100 万元）冲抵租金来补偿前期投入的现金流。这种模式前期投入相对较小，在运营费定价上有较大的弹性，更适合需要照护的高龄老人。杭州绿城蓝庭·颐养公寓也采用长期持有的模式，全护理床位按月出租，标准为 5000 元 / 月，押金 3 万元。

（2）一次性出售

即开发企业建设好住宅，完成住宅产品的销售，收回成本并获取利润。这种方式基本等同于普通的商业地产开发运营模式。"出售"模式的老年住宅建设和住宅管理服务是分开的。开发商完成上一期的销售任务即可转入下一期项目的开发，投资回收期较短，风险相对小。但"出售"模式与普通商品住宅的经营方式相同，而集中性养老社区需要完善的物业服务体系，因此一般不建议养老社区采用此种方式运营。

（3）长期持有与一次性出售相结合

长期持有与一次性出售相结合的综合性运营模式，即开发商通过老年住宅产品的销售和配套物业（小型商超、酒店、会所等公共用房）的持有，获得销售和提供服务的利润。更多的情况是把服务交给专业的社会机构来做，而开发商通过产品的销售和物业的租赁获得收益。在此种模式下的住宅开发，会面临更多的复杂情况和更大的投资风险。它需要的资金规模较大，投资回收期较长，开发商除了面对销售的压力，还有因老人的高龄、失能、失智等生理原因所引起的高额社会与法律风险，因此需要政府出台相关政策给予一定的支持。

二、复合型养老社区的规划设计理念

（一）复合型养老社区的规划设计原则

1. 复合性原则

社区功能多样化，设有社区会所、幼儿园、小学校园、老年大学、护理公寓、日间照料中心、社区配套商业等功能。社区优先满足老年人的需求，不仅是日常起居，也包括老年大学和其配套的娱乐设施。社区中的公共设施可以对内为社区的住户提供服务，同时可以对外兼顾周边的居民。

2. 多样性原则

老年人需要的空间不外乎两种：个人隐私空间和集体交往空间。将老年大学和老年人活动中心设置在开放性高的场所，配以开放广场；将社区内主要节点，用绿植围合起来，创造集聚场所；要沿途的小径设置休息长椅，作为临时交往空间，这样形成多层次的交流空间，给老年人创造了丰富的交往机会，满足老年人心理上的沟通交往需求。

3．健康安全性原则

社区内部要具有较高的交通可达性，由于老年人行动欠佳，组织流线切忌迂回冗长，主要街道作为机动车道，也最好具有很好的可达行，步行系统四通八达，将组团串联起来。在步行系统中，植入绿色生态、文化健身设施和休憩场所，满足老年人对环境的需求。

4．适老性原则

居家养老住宅，并不是只是为老年人设计的住宅，居住者从青年住到老年，室内设计除了通用性设计之外，还需要考虑适老性设计。社区内的养老软硬件和公共空间，在考虑到年轻人和儿童的需求的同时，更应该考虑到老年人的需求。

（二）复合型养老社区建筑规划设计标准

1．适应老年人身心特点的标准

老年人的需求包括自身安全的需求、爱与被爱的需求、照料护理的需求、被尊重的需求和休闲、社会活动的需求。

老年人对外环境的适应性低，这种生理机能的减退表现在多种方面，比如眼花、行动迟缓、反应迟钝、步履蹒跚、不耐冷热、记忆力减退等。由于身体机能的下降，社会地位的改变，心里会或多或少的出现落差。一方面孤独感会增强，希望有人陪伴和沟通，与家人共享天伦之乐；另一方面也希望自己独立自主，参与社会活动，实现自身价值，即"老有所用"。

在现实生活中，我们对于老年人的理解存在两大误区，一是老年人总被当成是需要照顾的对象，其实他们有丰富的社会经验，很希望可以发挥自己的能动性，为他人服务。二是我们往往看重物质生活的满足，而忽视了对于老年人精神上的需求，其实，精神和物质的满足对老人同样重要，不要顾此失彼。

由于老年人的上述特点，对于现有大量城市住区的适老性改造，在住宅户内，应该多多增设把手，加宽走道宽度，调整开关和插座位置，增加公共活动空间促进交往的发生，健全网络系统以及畅通的通信设备等。在社区内，因为老人眼花、记忆力减退，应该设有明显的警示和指示标志，而且灯的照度应该适当的提高；因为老人行动不便，尽量避免台阶，增加坡道，而且增加必要的把手；因为老年人容易疲劳，在室外一段间隔需要设置休息长椅，而且在这样的滞留空间中，利用绿植创造和谐的交往空间；户外应该考虑多年龄层的使用，所以要有独立空间和共享空间，可以满足不同需求的老年人。

2．适应老年人活动能力的标准

老年人按照健康情况可分为三个阶段：第一阶段为健康型老人，处在这个阶段的老人身体状况良好，具有自理能力，不需要专人照顾。社区中的活动中心，老年大学、商业配套等公建设施，是这类老人的日常所需。第二个阶段为居家护理阶段，这类老人不能独立完成家务自理，他们或多或少患有身体疾病，需要借助家庭成员和专业人员的帮助。这类老人需要的公共设施有护理服务站、医疗保健站等能为老人偶尔提供服务的专门机构。第三个阶段为"基本失去独立能力"的护理阶段，对于这类老人，需要专业的护理人员 24 小时陪护，对于家庭条件尚可的家庭，可以将老人送去养老院或者养老公寓，子女可以在空闲的时间进行亲情护理，因为养老机构设置在社区内部，所以也方便儿女经常来看望。

3．适应老年人行为特点的标准

老年人由于兴趣爱好，性格特点产生互相的吸引的特点，会产生集聚或者交谈。他们不仅愿意和同龄人攀谈，也愿意和各个年龄段的人交往，尤其是儿童。因此，老年人不仅需要安静的休憩空间，也需要和各个年龄阶段人的交往活动场所，即基于人群的复合化下的环境空间营造。

老年人的活动意识来自自身情况，也需要场所空间的引导。在规划设计中，应该创造多层次的活动领域，比如个体活动空间，成组活动空间和聚集活动空间。根据老年人的出行时间，活动半径及频率可以确定不同的活动范围。在200米内,是老年人经常活动的范围,超过400米,老年人会产生疲惫的感觉,距离过长,老年人就需要有人陪伴和引导。

(三)复合型养老社区建筑规划设计依据

1. 以优先满足老年人需求为依据

住区内的物理环境,不论是住宅内部空间还是住区公共空间都应该从使用人群的需求出发,在复合型居家养老社区中,在优先满足老年人需求的前提下,尽可能地满足其他人的需求。例如在老年人和儿童共享的空间中,可设置儿童嬉戏场地和老年的休息长椅,方便老年人一边休息聊天,一边照看孩子,这样既促进了交通,也符合居民的意愿。

老年人的社会属性来自邻里交往和对场所的归属感,邻里之间要相互了解,互相帮助,对社区也应该具有认同感。

2. 以理论与实践结合为依据

我们的经验来自发达国家丰富的理论和实践经验,但是由于各个国家所处的社会形态和经济水平不同,以及东西方文化的差异,养老的模式也存在明显的差异,东亚地区的养老模式主要是家庭养老为主,欧美等发达国家主要多是社会养老为主。我国一直在探索具有中国特色的养老新方法,复合型居家养老是通过多方面理论分析得出的可能适合我国发展的一个新方向,但是实践不足,还需要在不断的实践中得以完善。

实践是检验理论的试金石,不能盲从于对理论的坚持,也应该尊重事实,尊重实践,不断调整纠错,这样才能找到真正的出路。

(四)复合型养老社区养老模式的类型

1. 就地养老模式

这种养老模式的优点在于使得老人在各个阶段都可以在熟悉的社区"就地养老"。对于新建社区,可以在建设初期考虑到功能的复合性,但是有一些原有住区并不具有养老功能,可以将一些公共设施加以整合,通过改造和新建,完成功能的复合性,这样在节地的同时,也大大缩减了成本。

就养老社区规模而言,可大可小。小型的复合性养老社区,可以将养老机构和社区助老服务中心合并设置，形成小型多功能养老服务站。这类建筑本身就具有复合性，兼具居住、日托、护理、送餐、咨询、保健等功能，属于社区服务一站式服务中心，功能多样灵活。

复合型就地养老社区模式应当是未来我国城市养老社区的最主要模式，对现有大量城市住区的适老化改造，既可节约成本，也符合大多数老年人希望"居家养老"的心理。我国传统文化中"落叶归根"及"百德孝为先"的思想深入人心，因此，就地养老符合我国的基本国情，对现有社区的"复合型"改造，将更好地满足老年人的心理、文化需求，同时，社区养老岗位对健康的退休老人开放，也可减少退休老人的心理落差，实现互助式养老，安度晚年。现在，许多城市的住区中已经建立了老年服务设施，诸如"居家养老服务照料中心""爱心食堂""居家养老服务站"等，当然，更是少不了面向所有人群的通用性设施，如"社区卫生服务中心"。这些公共服务设施的建立，便能更好地满足老年人的心理、精神需求。这是建立复合型就地养老社区不可或缺的公共设施。当然，光有这些还不够，还需要对公共社区环境进行适老化改造，更好地满足老年人的需求。

2. 隔代养老模式

这种养老模式又叫作老幼复合型，是将养老设施和托儿所、幼儿园和儿童娱乐场地合并设置，目的是缓解由于家庭结构的变化而产生的隔代疏离情况。现代家庭中，儿童与祖父母因为不同住，关系疏离，而且子女出外工作的情况下，许多空巢老人也缺乏与其他年龄人群交往的机会。社区中，人员流动性大，居住人群不稳定，很难建立地域关联性，让老年人缺少安全感。

为了解决以上问题，这种隔代养老是让孩子们与老年人在日常生活中有更多的接触机会，老人可以对儿童传授知识，有助于孩子成长，老人也在这个过程中获得成就感。比如，在杭州市某一社区设有一个"社区四点半课堂"，就主要由社区里的退休老人负责照看放学后的幼儿及小学生，以帮助不能及早接送孩子的上班族孩子家长，同时，也发挥了老年人余热，让老年人找到了自身的价值。

3．互助养老

老年人在退休之后很难马上适应放松的生活状态，会形成心理落差。因而对于那些还能为社会和社区贡献力量的老年人，可以利用闲暇时间服务一些有需要的老年人，实现"老有所用"。这种养老模式必要的时候需要国家牵头，通过政策的鼓励推行，从而实现。

社区内的公共服务机构可以对老年人进行招聘，选区积极乐观，有服务能力的老年人，通过二次培训再上岗。这些老年人服务可以包括一些实质性的服务，例如送餐、护理、咨询等体力要求低的工作，通过简单的体力劳动和脑力劳动来实现自身价值。也可以利用虚拟网络和电话交谈，对老年人进行心理辅导，健康知识传播以及爱心传递活动等。上述提到的社区"爱心餐厅""居家养老服务照料中心"等服务设施就可以招聘一定数量的健康老年人，以便减轻老年人的心理落差，通过互助式服务，实现"老有所用"。

4．移动养老

移动养老是旅游养老、候鸟式养老的综合。老年人由于气候原因、心情原因或者生活原因，需要一段时间，从一处迁往另一处养老。由于社区有独特的资源，比如良好的气候条件和优美的生活环境，所以一年中社区中的人口组成呈不断变化的趋势，这就需要社区具有弹性的养老空间，适合多种类型的老人的公共设施，所以说通用性是设计需要强调的。我国海南省三亚市就是我国许多老年人的"移动养老"场所，他们或租或购置房产，根据气候变化选择在此旅游式养老居住。

第二节　养老社区的发展现状

一、城市社区养老服务模式的现状及问题

（一）我国城市社区养老服务模式的现状

1．我国城市社区养老服务模式的发展历程

随着经济的发展，我国民众的生活水平有了一定的提高，人口开始加剧，

死亡率降低，同时带来了老龄化的危机。因此，为应对老龄化危机，从 1987 年我国首次提出社区养老服务概念开始，社区养老服务模式在我国开始生根发芽。

1992 年《中共中央、国务院关于加快发展第三产业的决定》提出了将社区养老服务产业化的道路，要将社区养老服务发展成一种新型的产业，促进养老事业的发展。可喜可贺的是，到了 1992 年我国的街道开始有了社区养老服务的意识，此项新型的养老模式开始真正地进入人们的视野。1996 年我国颁布了《老年人权益保障法》提出了要发展以老年人需求为主要目的的社区养老服务模式，建设老年人意愿的服务设施。这是我国社区养老服务模式发展的较为成熟的时期，不论政府还是社会都给予了一定的支持。就目前来看，我国的大中型城市已经初步构建起了社区养老服务的模式，取得了良好的效果以及社会认同。

2. 现阶段我国城市社区养老模式发展取得的成效

随着我国政府的关注，社会的支持，我国的社区养老服务模式已经有了一定的发展。许多城市有了适合自己的社区养老服务的模式，因地制宜，根据自身的发展情况发展本地区的社区养老服务。

（1）政府提高对于社区养老服务的关注度

随着我国的人口老龄化加剧，对此全国开展了星光老年计划，为老年人的晚年安度提供了保障，本着立足于社区，全面面向老年人，具有方便使用的特点的小型多样化原则构建了社区养老服务的新模式。通过福利彩票的发行筹集资金，在城市以居委会作为重点，扩大和发展老年人服务中心，形成社区养老服务的网络。此外，在农村敬老院为发展重点，收纳空巢老人，形成新格局的社区养老服务模式。

（2）构建城市社区养老服务体系

目前我国城市绝大部分的社区都开展了社区养老服务，设立了养老服务站。同时开展了地方互助式的社区养老服务模式。其中包括家庭养老院和无围墙养老院。家庭养老院是指社区的服务人员根据老年人不同的要求，提供不同的服务。包括上门为老服务，例如打扫卫生，维修电器等，还包括社区组织老年人出游活动，开展文体娱乐活动以及身体检查。社区的服务大多按照我国国办的养老院服务进行收费，只是将活动的地点定位于老人的家里。在满足老年人生理需求的同时满足老年人对家庭的渴望。无围墙敬老院，则是以住宅楼为单位，由居委会管理员自发安排志愿者对于老年人的家庭进行帮助与服务。将由社会专职人员服务的内容安排于志愿者来做，是免费的服务。成本较低，适合一些低收入家庭的养老，服务较为灵活。

3．我国主要城市社区养老服务现状

我国的社区养老服务飞速的发展，国内一些大的城市，更是加大的力度发展社区养老服务，就北京，上海，长春而言，他们都有自己的做法来发展本市的社区养老服务。

就生活照料方面，北京为失能老人提供免费送餐活动以及 10 元餐补就餐活动，积极改善老年人食堂，为他们提供良好的就餐环境。上海大力发展日托所，最大的日托所达到了 2600 平方米，为老年人的晚年安定以及生活照料提供了重要的保障。就文体娱乐方面，北京坚持以人为本的思想，积极开办各种适合老年人的文体活动，同时安排社区服务监督员来监督社区养老服务的完成质量，完善管理机制，提高服务效率。上海首先提出"老年人幸福系数"设计老年人的文体娱乐，精神建设等方面，构建 100 多平方米的老年人活动中心，老年人活动有去处，晚年安乐。长春则开展老年人服务站，大力发展志愿者参与到社区养老服务中来，陪他们聊天，做游戏，演节目丰富老年人的业余生活。就医疗保健方面，北京联系多家服务商为老年人开展医疗保健的讲座，赠送书籍，注重老年人的日常保健。上海为了老年人老有所医，开展惠老活动，为贫困的老年人提供免费的身体检查，为不方便的老年人提供上门的服务。长春也开展医护上门的服务，与社区附近的医院签订协议，为老年人提供上门的医疗保健服务。

4．新模式层出不穷

目前我国的新型养老服务模式层出不穷，包括产业融合模式，养老地产模式，全产业链模式等，这些养老服务模式充分体现了我国的传统经济与社区养老服务的融合。

就现阶段来看，我国的许多保险公司涉足养老服务产业，充分发挥社区养老服务与保险的匹配发展。例如，在武汉，合众人寿保险公司投资了一个拥有 2005 套住房，供 4000 名老人入住的养老社区。其推出的为"买合众保险，住养老社区"的全新养老保险产品，不仅使得保险产品的销量有了很大的提高，而且丰富了老年人的生活。作为一种新型的营销手段，合众人寿保险公司无疑是成功的。除了保险与社区养老服务结合的模式，还有一些金融机构积极地加入到了养老服务中来，其向老年人收取高额的会员费用可作为金融投资理财的本金，或直接将一些社区养老服务作为理财产品，向老年人进行发售。作为此种新型社区养老服务模式的代表，山东青岛的新华锦国际颐养中心就开办此种业务，老年人投资 133 万元以上的收益可以作为社区养老服务费用，与此同时，收益所剩下的费用，可有老年人保有。

近年来，我国的房地产发展十分的迅猛，万科，绿地等房地产开始大批量的进军社区养老服务业，在各个地区开发的楼盘均已社区养老服务来打响头一炮。他们通常以养老的项目作为切入口对于房屋进行销售与买卖，当然他们的房屋一般要高于其他房地产。

全产业链模式的社区养老服务发展最为迅猛，一些养老机构或是社会组织，开展丰富的社区养老服务项目，从上门服务，老年产品以及人才培养的全产业链覆盖，由于花费较多，企业通过推出家政物业，咨询管理，法律顾问，老年旅游等高端活动来保证收益的平衡，促进其模式的长足发展。

（二）我国社区养老服务模式所面临的问题

1. 政府方面与社会方面

（1）法律政策不完善

2013 年 7 月 1 日我国实施了《中华人民共和国老年人权益保障法》，其中对老年人的社区服务做了明确规定。虽然国家民政部门和各级政府积极贯彻执行了社区养老的各种规定，也建立了各种社会养老服务机构，为社区里的老人提供医疗保健、生活援助、文化生活等多种服务。但不可否认的是，我国的社区养老服务仍处于探索发展阶段，国家的政策制度依旧不健全。国家需迫切的制定法规规范指导老年人服务行业。在对石家庄东里社区的调查走访过程中，一部分老人认为只有完整健全的政策支持才能使社区养老更好地走下去，才能更好地吸引整个国家社会的目光。国家制定完善的社区养老法规，可以使社区养老服务的各个方面有明确的规定，不管从营业资质、专业人员规范，抑或是服务形式、优惠政策上，都做到有法可依，有法可据。社区养老政策法规的制定也要切实根据老年人的实际需求，鼓舞多元化的服务形式，减轻居民的经济支出，整合全社会的资源，以推到社区养老服务事业的发展。此外，社区养老机构也需要国家专门的法规政策进行监督，杜绝养老福利机构的作秀作假，使社区老人得到真正的实惠。

（2）运行机制不完善

我国的社区养老服务起步较晚，一直处于摸索阶段，虽然取得了一定的成果，但并没有统一的政策、法规、运行管理办法。社区作为社会的基本组成部分，在发展壮大中也离不开社会力量的支持。要把社区养老服务做好，光凭政府力量还力有不逮，还要动员社会方方面面的力量，这其中志愿者队伍的建设也是重中之重。近年来，越来越多的志愿者参与到社区养老服务中来，但从总体看，我国的志愿者队伍相对于欧美发达国家，还是偏少，民众的参与度并不高，这也严重制约了社区养老事业的发展。

中国经历了改革开放，政府对经济的推动作用一直处于主导作用。社区养老服务事业的发展也是如此，总体还是依靠国家政府的推动。社区养老服务事业属于公共事业范畴，发展社区养老服务离不开政府的扶持，但过多地依赖政府行为，反而忽视了社会对社区养老服务的支持作用。随着国家养老事业的发展，国家的投入越来越多，仅仅依靠国家政府，社区养老服务必然不能可持续的长远发展。现在的社区养老服务业中，也存在不少的社会福利养老机构，但其占养老事业的比重还较低，且社会养老福利机构大多经营惨淡。分析其原因，政府对社会福利机构的支持力度不够，优惠政策不足，指导不到位。

另外，我国政府性质的社区养老机构多存在观念滞后、服务意识淡薄的缺点，且大都依靠财政拨款，缺乏主观能动性。这些情况说明，社会资本的存在对我国的社区养老服务事业是一个更好的补充，两者共同协作，才能是我国的社区养老服务事业得到更好的发展，从而提高老年人的生活质量。

2. 服务内容单一，设施不全

（1）服务内容单一

现阶段我国社区养老服务的服务较为单一，不能满足老年人对于精神方面，医疗方面等多方位的，多层次的需求。

首先，我国现阶段的社区养老服务对于老年人提供一些有关于衣食住行等方面的服务，还涉及不到对于精神层次，心里沟通，以及法律援助等方面的服务。老年人由于退休在家，离开自己熟悉的工作岗位，生活的落差感以及大部分子女的忙碌无法顾及老年人生活娱乐，使得老年人的精神生活十分匮乏。在对石家庄东里社区的调查我们可以看出来，社区为老年人提供的服务，都集中在了家电的维修，上门照料等方面，对于精神方面的服务几乎没有。但是从走访的老年人来看，他们更多的渴望精神方面的照料，尤其是对于那些子女不在身边的空巢老人来说更加渴望丰富的文体娱乐活动，多参与到社区的活动中去，满足内心的存在感和减轻孤独感。

其次，老年人更加渴望健康的体魄，他们更看重自我的养生以及完善的健康保健服务。目前，一些老年人想要得到相对周到的医疗保健照料，往往问医无门，很难如愿。在对石家庄东里社区的调研过程中，大部分老年人提出建议，社区可以利用社区周围丰富的医院资源为老年人提供相应的服务，以便满足老年人对于医疗方面的需求。

（2）服务实施不健全

随着社会老龄化的加重，老年人在数量增加的同时，平均年龄也有了较大的提高。在这种情况下，老年人生活自理能力越来越低，患病的概率也在增加，因此老年人大大增加了对医疗、护理、生活照顾等各方面的需求。通过调查，现在大部分的社区只存在简单的医疗室，缺少医生，甚至大部分根本不具备救治和护理能力，设施极其简陋。在精神文化生活方面，老年人在退休以后，有充足的时间安排自己的生活，但由于儿女要工作，没有时间陪伴老人，老人难免会有身心和诸多环境改变所带来的不适。对于老年人来说，在物质满足的同时，还要有更高的精神生活，这就要求社区提高更加完善的设施保证老年人的物质精神生活。而现在的社区这方面做得很不到位，个别的社区也仅提供了麻将、棋牌等简单的娱乐游戏，而更深层的高品位服务较为匮乏，这样不利于老年人的身心健康。

（3）从业人员缺少专业化水平

社区中从事社区养老服务的人员绝大部分没有专业的训练。社区养老机构对从业人员也没有严格的行业标准要求，往往只雇佣一些合同临时工，他们文化素质较低，从本身观念和专业技能上，都满足不了社区养老的需求。与此同时，社会上也存在一种偏见，愿意从事老年人服务的专业人员也较少，都认为其待遇差、工作辛苦。老年人因为其人生经历的不同，存在各种各样的问题，不管在心理抑或是生理都有相当的差异，这样就更需要有专业的社区服务人员不仅在身体、衣食方面提供照顾，在精神与心理的问题上，专业人员更能提供入微贴切的照顾。

社区养老服务是一个长期投入的事业，他的成功与否，直接取决于是否拥有优秀、专业、高素质的服务人员。目前的社区养老服务人员素质参差不齐，多为低学历下岗工人，且就业未经过专业养老服务培训。在为老年人提供服务过程中，不能更好地提供优质的服务，且服务性质单一。社会职能中，志愿者的功能得不到有效的发挥。人们多数只拘泥于志愿者的形式，而不能主动地把尊老敬老当成一种事业。政府有必要对社区养老服务进行有效的宣传，加强人们服务老人的意识，鼓励更多的优秀人员投入到社区养老的事业中去，并定期组织培训，一是使在岗养老服务人员更为专业提高社区养老质量，二是使更多的社会人士认识到社区养老的必要性和懂得更多的养老知识，以使更多的人投入到社区养老事业中去，促进社区养老服务的发展。

二、新型农村社区养老服务模式的总体发展状况和趋势

首先，我们先要对新型农村社区的和社区养老服务的概念进行明确。新型农村社区是社会主义新农村建设后，为了改变旧有的居住和村落模式，营造整洁统一的新型农村居住环境而进行统一规划建设，形成了一种集约型，规范性的社区居住模式。社区养老服务就是以社区为依托，为老人提供各种各样的服务，在这个过程中各种社会力量都会参与其中。社区养老服务是基本公共服务中的重要方面，社区养老服务的建设涉及未来农村社区养老服务的改善和提升，是关乎于未来农村养老事业发展的重要工作。

（一）新型农村社区养老服务模式总体发展状况

1. 新型农村社区服务设施及养老服务条件有所改善

与旧有的村落居住方式相比，现有的新型农村社区养老服务，发展进入了一个新的阶段。在我们上文中介绍的三种新型农村社区养老服务中，我们可以看出，在新型农村社区中都建立了新型的养老基础设施，而且在社区环境上也有了很大的改善。尤其值得我们关注的是，在三中新型农村社区养老服务中，都建立了社区养老服务中心，为老人提供必要的衣食住行等全方位的服务，而且还对生活特别有困难的老人，提供基本的免费养老服务，而且老人在空闲之余还可以利用社区内的各种设施和器材进行一定的身体和精神的放松锻炼。而且我们也对老人进行了实地的访谈调查，百分之九十的老人认为社区内的养老服务设施改善十分明显，为他们的生活提供了很大的便利，百分之四十的老人认为条件改善非常大，使他们都享受到了必要的养老服务，剩下的老人则对设施建设状况十分满意，完成了他们老有所依，老有所乐的心愿。

2. 经济来源上普遍依靠子女的支持

由于我国农村发展较慢，大部分的农村人口都是以务农为生，只有一部分农村居住的老人在工厂或者单位工作过，这也就意味着大部分的农村老人

在 60 岁以后也就是退休以后，没有养老金作为收入来源，又因为身体的原因不能再参与务农来养活自己，所以对于大部分的农村老人来说，他们晚年的经济支持主要来自子女，而且这种观念在农村地区也比较让大多数的年轻人和老年人接受。所以可以看出子女养老是老人养老的重要途径。随着我国农村地区的家庭结构逐渐的改变，老人的子女越来越少，不再是过去的一对夫妇多个孩子，在实行了计划生育后，独生子女一种成了一种普遍现象，这也就意味着单靠子女养老会给子女带来非常大的负担，这时候只能把养老支持的目光投向政府和社会。因此我们针对集中养老依靠主体偏好进行了统计，虽然子女养老仍是大多数老人的心愿，但是随着时代的不断反战，观念的不断改变，养老依靠的主体呈现出多元化，尤其是年轻人的认知比较与时俱进，在养老的主体上也比较容易接受多元化的其他方式。

3. 农村社区老年人经济安全感比较差

由于农村老人在年老后没有固定的养老金的收入来支持生活，所以在养老需求方面更加的迫切，尤其是随着年龄的增长身体素质越来越差，经济收入越来越少，使大多数农村老人在经济来源上缺乏安全感。于是我们针对农村老人需求的几种养老服务上面进行了一个简单的统计分析，对他们的经济供养，生活照料，精神慰藉等几个方面记性了了解，让老人最担心的还是经济来源状况。同样对于农村的年轻子女来说这也是他们比较关心的一个问题。

4. 农村社区养老服务项目城乡差别巨大

通过对现有的农村社区养老服务的供给方面来看，目前新型农村社区所能提供的养老服务仅包括基本的医疗，生活照顾服务，慰问等基本服务，形式上比较单一，缺乏多样性。尤其是各种上门服务，家电维修，上门做饭，代理购物，清洁卫生等服务基本上是缺失的，而且也没有城市社区丰富的志愿者服务和免费优惠推广服务。而现有的像泰安市新型农村中的老年公寓，虽然集中为老人提供养老照顾服务，但是也仅限于解决基本的衣食住行。像老人迫切需求的，医疗康复保健，上门自助服务都是没有的。而且我们通过简单地调查统计来看，大部分的老人都接受过农村社区提供的基本免费体检服务，但是这种公益性的免费项目却是少之又少，有时候几年才能轮到一次，所以老人在对身体健康服务上的需求是比较大的，需要社区加强供给。

而且我们通过调查发现，由于我国城市的经济发展比较快，城市在建设社区养老服务方面也比较早，资金也比较早充裕，而且大部分的城市老人在年老后都有退休金作为经济支持。这就造成了城乡差距特别大，虽然农村老人拥有新型农村养老保险，但是在覆盖率，投保率和替代率上都十分的低，根本不能满足年老时的经济需求。不仅仅是经济方面，在基本的服务设施建设方面城乡的差距也是比较大的，在城市四通发达的公共交通不仅解决了年轻人的出行，也给老人带来了一定的出行方便，再加上政府的优惠和免费补贴，使老人出行更加便捷，也就可以享受到更大领域上的养老服务。再就是医疗基础建设上，城市大小医院遍及大街小巷，老人在求医的选择面上十分宽广，但是农村就只有基本的社区医院设置卫生所来支持，根本不能满足农村的医疗服务。

（二）新型农村社区养老服务模式的发展趋势

新型农村社区养老服务建设过程中，主要依靠养老服务的需求供给的平衡关系来进行衡量，只有供需平衡，社区建设才能达到成熟稳定的状态，社区建设是否完善直接影响到我国养老服务体系的构建和未来农村社区养老服务的发展方向。根据我们调查了解到的现实状况，我们可以发现当前我国新型农村社区养老服务还存在那些缺点和不足，以及取得的成就有那些，这样就可以对未来的发展做一个预测，现总结如下：

1. 新型农村社区将成为养老服务供给的基本单位

由于家庭养老功能的逐渐弱化，社会养老服务正在扮演越来越重要的角色，但是由于我国农村发展落后于城市，城乡一体化建设还在建设的路途中，社会化不能一蹴而就，只能依靠新型农村社区这个基本单位，以社区为依托和切入点开展工作。新型农村社区改变了以往旧有的农村居住模式，对我国农村养老服务发展的影响是根本性的。由于居住方式越来越集中，统一的服务设施需求成为一种趋势；从服务的提供来看，新型农村社区的集约化，有利于政府和社会直接进行养老服务的投入和供给，提高了资源配置的效率，让农村老人足不出户的就可以享受到各种养老服务，解决了家庭养老退化的后顾之忧；另一方面也可以使农村原有的文化风俗氛围得以保留和延续。综上，以农村社区为切入点发展养老服务是明智之举。

2. 提升社区养老服务的供给能力成为迫切需求

但是就目前发展而言，我国的新型农村社区养老服务整体来说还处于相对落后的状态，我国农村地区经济相对落后发展社区养老服务会面临资金链跟不上的大问题，而且农民旧有生活状态决定了他们经济安全感比较差，这些都会给养老服务的供给产生阻碍。调查表明，资金的短缺是发展新型农村社区养老服务面临的最大问题；我国农村老年人的经济收入状况特别不稳定，有一半以上的农村老年人的收入水平，低于全国的平均水平。而且在养老医疗的供给上也十分的缺乏，大部分老人享受不到全面的医疗服务和充足的养老金保障。因此要全方位的解决新型农村社区养老服务的供给问题，政策制度保障供给，土地规划使用供给，以及资金来源和资源投入供给，都是建设新型农村社区养老服务的前提条件。

3. 构建居家养老服务体系是未来养老服务的发展方向

农村早期形成的风俗习惯和生活习惯是根深蒂固的，不可能说改变就改变，落叶归根的思想是老人不可能就随制度离开家庭参与到机构养老和社会养老的运作中，就目前发展而言，居家养老是最符合农村未来发展趋势的。社区居民养老意愿和行为理性对养老服务模式具有重大影响，由于农村文化中的养儿防老观念和落叶归根观念的影响，老人在年老后对养老机构选择的意愿上不是很强烈甚至可以说是排斥的。选择合适的养老服务提供方式直接关乎养老服务的供给效率和运行效率，就目前的养老意愿来看，百分之八十的老人将居家养老作为最容易接受的方式，这样可以使他们在自己熟悉的社会小环境内就可以享受到基本的养老服务，而且在精神上也是一种放松，尤其是能够与子女一起居住，会使老人更加宽慰。但是就我们了解的年轻一辈的意愿来看，他们更倾向于单独居住，但是可以在力所能及的范围内提供必要的养老支持，所以居家养老是一种重要的实现形式。

4．多元主体参与将成为未来养老服务供给模式

从我国现有的新型农村社区发展来看，其实主要是由政府来主导的，政府提供政策上的支持，提供资金上的支持，但是提高新型农村社区养老服务的社会化，仅仅靠政府是走不远的，必须调动社会的多元化力量参与到新型农村社区养老服务建设中来，只有这样才符合未来的发展趋势，调查表明，在养老供给上，政府是主体的支持来源，但是仅仅依靠政府是无法满足老人的养老需求的，政府只是提供，基本的，简单的养老服务，至于更高层次的养老服务就需要各种力量来参与支持。因此就需要我们在提供养老服务上分配好角色。调动各种社会力量参与建设农村社区养老服务，不断提高养老服务的供给水平，同时也要加强专业技能的输入，满足农村老人日益提高的物质经审查需求，这是未来发展新型农村社区养老服务的重要突破口。

第三节 养老社区的综合管理

一、养老社区的规划设计管理

（一）适合中国社会情况的养老社区规划理念

美国、日本等发达国家在养老社区建设方面已经积累了丰富的实践经验，出现过美国太阳城老年社区、日本木下介护老年公寓、澳大利亚和谐社区老年公寓等优秀案例。例如，美国具有为居家养老的老人提供上门服务的各类项目，包括政府提供的福利性居家养老项目、家庭护理员制度、非营利性质的老年照顾机构"居家养老院"等，有专业的家庭保健护士、家庭护理员和庞大的义工队伍为居家养老的老人提供各类服务等。这些案例对中国的养老社区发展提供了参考，但是，目前国内养老社区在规划设计过程中往往简单照搬国外模式，缺少对典型问题的深刻讨论，忽视了国家整体的政策环境、经济发展水平到老年人的居住习惯等因素对规划的影响。

综合比较东西方社会的文化传统，二者在传统家庭观方面差异显著，这决定了中国社会养老社区的建构基础与西方差异明显。西方更加崇尚自主自立，父母在步入老年后往往不希望拖累子女的生活，多倾向于进入社会性的养老机构；而中国人深受儒家文化"孝"观念的熏陶，重视家庭关系和群体文化，将家庭看作社会的基本组成单元，将赡养老人看作构建社会伦理道德的基础。从老年人的心理需求看，中国老人也更希望和子女住在一起，享受天伦之乐。因此，在中国能够被广泛接受的养老方式是居家养老，发展能与儿女同堂而居或就近生活的全龄化大型养老社区，是解决老龄化社会问题的有效手段。

中国养老社区应关注"家文化"，在规划设计中体现责任、关爱与培养。首先要对"家"有个深刻的认知，在住宅的建筑形态基础上，融入"家"的亲情、关爱、融洽、休养、安全、舒适等概念。其次要分析不同年龄段使用者的客观需要，包括老年使用者的健康保障需求，交流与成就需求等；中青年子女由赡养责任和尽孝观念产生的购买需求，包括购置各类生活用品、保健品、健康服务、关爱服务、休闲空间使用权等；还有与老年人共同生活的儿童所需要的教育资源，代接送、课外辅导等服务。由于中青年人工作繁忙，社会压力大，往往无暇顾及关爱与培养老人，因此让有养老服务需求的家庭在具有"家文化"的社区集中居住，可以通过由集中所产生的市场化服务、义工服务、互助服务等多元化的服务实现老龄化社会中经济社会资源的合理配置。

（二）中国家庭养老社区的规划建构策略

1. 全龄化的人口结构策略

与美国太阳城中心和本木下介护等纯老人住区不同，中国的养老社区应结合本民族传统的家庭观念及生活方式，打造全龄化的养老社区，即采用老人和其他各年龄层次人群混居的模式，使老人在享受完善便捷的生活配套服务之同时，又不远离家庭。在社区中规划多种组团，既有独立的老人住宅组团，也有老人和子女合居的住宅，以及可分可合的组合式住宅形式，以满足不同家庭情况的老人亲近家人的精神需求。

2. 多样化的功能发展策略

改变传统养老院模式，在老年社区的总体规划层面即考虑容纳多方面功能。老年社区首先应具备较大的建设规模，参考居住区级标准，实现以规模集聚为基础的多样化服务；其次应容纳多种功能，不仅规划居住空间，更应当规划独立的休闲娱乐、医疗保健、学习交流，甚至科技策划、旅游观光等功能单元。唯有实现社区功能的多样化才能提供各类专业服务，并使老人的社区生活高质量、丰富化。

3. 组合化的服务配置策略

适合老年人需求的社区服务是老年社区运作的重要内容。健康及日常护理是第一位的服务内容，并以此为中心形成一整套的组合化社区服务。包括安全保护服务、环境卫生服务、休闲娱乐服务、家居生活照料服务、送餐服务、教育服务、心理精神支持服务等各种综合性的组合式服务项目。社区内配套的服务设施应配合服务项目设置，以满足老人不同的生理及心理需求。

4. 生态化的环境体系策略

老年人的身心健康更易受到居住环境影响，因此社区应注意与周边城市片区之间的生态缓冲，达到闹中取静的环境效果。在社区内部应注意三类环境系统规划，第一是景观生态系统，通过生态绿心、带状绿地、步行绿道的合理布局提供顾养身心的自然环境；第二是无障碍的交通系统，注意道路竖向设计和地面铺装的安全性；第三是提供明晰的标识系统，包括安全的视觉环境，可靠的听觉环境、健康的热工环境和易辨认的道路标识。

（三）规划空间布局

1. 区位选择

在区位环境方面，养老社区应选择在城市的近郊区，交通条件较为便捷的区位。因为郊区可以提供新鲜的空气、优美的景色、便利的出行条件和低噪音的声学环境，这些都有利于老年人养身心。同时，考虑到全龄化的人口结构，养老社区应临近高速公路出入口、轨道交通站点等，便于中青年人的円常通勤需要。并且，城市近郊区土地价格相对低廉，可以允许较低容积率的住区开发，适合养老社区相对宽敞安静的空间布局需要。

2．规模控制

养老社区的规模应控制在居住区级以上，由1个或多个居住区组成。为实现多样化的功能体系和组合化的服务体系，养老社区必然走向全龄化、大型化的发展趋势，按照国家现行规范，城市居住区的规模应达到3～5万人口或者50～100公顷用地，由3～5个居住小区构成。这种开发规模对开发商提出很大挑战。我国居住区开发在近年来才刚刚出现"大盘地产"的走势，一些项目的经验表明，我国的居住地产开发理念还停留在"居住小区"阶段，对大型化住区应有的各类基础服务重视不足，而这方面恰恰应该是养老地产的特色，因此，住区规模的提升不仅仅意味着单纯的人口增长，还包括各类专业化设施和专业化服务的出现，意味着居民生活的丰富性和舒适性得到质的提升。

3．功能分区

养老社区应在大型化发展的基础上形成多样化的功能分区。我国养老社区应在功能布局上体现发展中国家的社会经济背景，充分体现多样化的功能体系发展策略，让不同阶层、不同收入水平的家庭都能够得到较好的养老社区服务。首先，养老社区不可避免地应该以中高密度居住组团为主，因为我国城市发展的客观情况是，具有发展较高密度住区的基本背景，中高层住宅的开发有利于在土地和基础设施供给能力有限的情况下，既实现开发商住区开发行为的可持续性，又能够平抑房价，实现居者有其屋，养老社区发展具有一定的福利性，高容积率组团有利于保证中低收入家庭能够得到较好的公共服务；其次，应在养老社区中布局1个或者多个低密度组团，因为国内的养老地产开发很多借鉴国外养老社区的成功经验，而以美国为主的国外养老社区以低密度住区为主要形态，同时，我国在高端层面也存在较大的市场需求，因此，低密度组团的开发也很有必要。

4．空间结构

养老社区的空间结构应该以公共服务设施为中心布局，依托点轴式的公共服务中心、绿色景观带和组团级的介护中心来组织住区空间发展。首先，养老社区应将主要的大型公共服务设施、商业服务设施集中布置，形成与各个组团通达性良好的公共服务中心，应将医院、老年大学、养生会馆、大型广场等专业化程度较高的服务设施布局成中心节点，将大型商业街、文化街等交往空间布局成轴，点轴结合形成疏密有致的社区公共服务中心，实现组合化的服务体系；其次，应依托基地的景观资源设计绿色景观带，增加无障碍设计，提供足够面积的室外活动场所、多种娱乐空间，多摆放休闲建筑小品，提供私密、安全的场所便于交流，落实生态化的环境体系规划策略和智能化的管理响应策略；最后，应在各个组团内部通达性较好的位置设置组团级的服务中心，包括介护机构、护理机构、餐饮配送、生活护理、家政服务等入户服务机构，以及小型超市、幼儿园等多种类型的小型服务设施，实现便利的全龄化日常生活服务。

二、社区养老中的政府管理

（一）社区养老中我国政府的主要职能

1．政策导向，保证社区养老开展的民主性

由于社区养老观念在我国基层并不深入人心，因而政府的政策导向在社区养老服务推广的过程中显得尤为重要。中央政府相继出台《关于全面推进居家养老服务工作的意见》《关于加强社会工作专业人才队伍建设的意见》等政策文件，地方政府也随之出台相关政策文件响应中央号召，为本地的社区养老发展指明了方向。古往今来，一项政策或者是一种方案的实施必须建立在坚实广泛的群众基础上，政府不能将其意志强加在人民身上，否则，这注定是一种失败的尝试。这也是为什么当今政府如此强调民主政治的重要性的原因之一。

社区养老作为一种新型的养老方式，其优势还不为人们所知，在其发展的过程中还存在着较多的障碍和困难，这就需要集广大人民群众的智慧和力量。政府通过各种政策文件，将社区养老的信息、发展境况全方位地输出给人民群众，让社区养老这项措施为人民群众所了解，进而获得人民群众的认可和支持，这也从另一方面推进了社区养老在我国的发展进程。

2. 立法保障，保证社区养老开展的法治性

《中华人民共和国老年人权益保障法》的颁布与实施标志着我国已从法律层面对老年人的合法权益进行了界定和保障。另外，对该法的多次修订也意味着我国政府对老年人这个群体的重视和关心，每一次的修订都是一种完善，都是对老年人合法权益和社会地位的维护和巩固。同时，在《中华人老年人权益保障法》中有明确条款提到社区养老在我国养老体系中的地位和重要性，它是我国养老体系中的中坚力量，与家庭养老和机构养老构成我国养老模式的三大支柱。

任何一种新鲜事物的产生和推行都需要强大的支撑力量，除了上文提到的群众基础，还有就是立法保障了。法律具有神圣不可侵犯性，法律是一个国家运行所必须遵循的准则，任何团体和个人都必须严格按照法律规定的相关内容约束自己的言行，这样才能保证国家这个大机器正常、高效地运行下去。社区养老也是如此，通过立法保障，社区养老确认了自己的法律地位，也就是说赋予了社区养老以"合法性"，任何违反社区养老相关法律规定或者危害老年人合法权益的行为都会受到法律的严惩。

3. 组织实施，保证社区养老开展的有效性

社区养老的法律地位一经确认，就进入了其推广实施阶段。社区养老顾名思义，是在社区内，利用社区的各类资源开展的养老服务。因而，其组织实施是以社区自治组织为中心而展开的。社区自治组织是在所属街道党工委和社区党组织的统一领导下，按照"社区自治"原则设立并实行民主选举、民主决策、民主管理和民主监督的社区组织。同时，社区养老的开展还离不开政府、社会团体、企业等团体组织的财力、人力、物力支持，可以说，社区养老的组织实施是一项全民参与的运动，只有在各方资源到位的情况下才

能保证社区养老活动开展的有效性。

社区养老的组织实施主要是指参与社区养老的组织或个人、社区养老的服务内容、服务对象、服务设施以及资金渠道等。每一个环节就如链条上的每一小节，任何一个环节出了问题，链条就不能正常地运转，因而必须用全局性、系统性、长远性的眼光去看待社区养老的发展。我国的社区养老经过多年的发展，各个地方依据当地政府和社区的实际情况，已经总结出了一套较为科学系统的社区养老发展模式，服务内容的多样性、服务对象的广泛性、服务设施的完备性以及积极拓宽资金渠道，解决社区养老发展的资金瓶颈问题，这些都为社区养老的组织实施、有效运转起到了关键性的作用。

4. 监督管理，保证社区养老开展的公平性

公平是指按照一定的社会标准以及正当的秩序合理地为人处事，是制度和系统的一种重要道德品质。公平的内涵是指公民参与政治、经济、文化和社会其他生活的机会公平、过程公平和结果分配公平。社区养老中强调的公平不仅是指每个老年人享受养老服务的机会均等，其内涵还意味着每个老年人享受养老服务的过程和结果是公平的。要想实现这一目标，完善科学的监督系统是必不可少的。我国政府对社区养老服务活动的开展有着不可推卸的责任。

其监督内容包括对相关组织和个人对涉及社区养老的法律法规、政策文件执行情况的监督；对社区养老服务工作人员服务态度、服务质量的监督；对参与社区养老的机构和组织运行情况的监督；对社区养老服务投入资金使用情况的监督等。同时，政府也应当鼓励相关团体组织承担一部分的监督义务，社区自治组织、志愿者团体以及其他一些非营利性组织也对社区养老服务开展的情况进行切实性的监督。全方位的监督体系是老年人享受社区养老服务福利的坚实后盾。

（二）国外社区养老中的政府职能分析与启示

1. 积极的政策引导，创造平等宽松的服务环境

西方政府十分重视政策实行的民主性和公平性，从上述英、美、日三国

的社区养老服务体系中可以看出，相关的政策支持是推行社区养老的坚实基础。特别是英国，从《公众照顾》到《社区照顾法令》，周全的政策制定不仅为社区养老的开展提供了合理性基础，同时，对社区养老服务开展中的服务内容、服务设施、服务人员以及监管评估等方面，对它们做出了严格性规定，规范社区养老服务的行为；全面动员社会的各种资源，包括财力、物力、人力等，支持社区养老服务的开展。

积极的政策引导，能够给社区养老服务指明正确的道路，同时，透明的政策环境为社区养老创造了平等宽松的服务环境。西方社区养老发展的市场化、产业化和专业化，是在平等宽松的社会环境和氛围中培育生长的。只有政府放低姿态，通过政策引导，而不是强制性执行，给予社会和社区更多的空间和权力，自主开展社区养老服务活动。

2．政府权力下放，加强社区组织的自治性

社区养老是以社区为活动中心的，社区自治组织在法律支持和政策引导下，积极主动地开展相关社区养老服务活动的。因而，社区自治组织需要更多的自主性和能动性，这也就是意味着政府更多的权力下放。对于西方政府而言，向"有限政府""服务型政府"发展的趋势是势在必行，也取得了一定的成就。西方政府历来重视公民社会的发育，重视民主和自治，在西方行政管理学的发展历程中，更小的政府，更多的权力下放，更少的行政强制；更强的社会，更多的公民自治，更多的公正公平，这些理念都是西方国家进行政府改革、社会运动的目标。

社区自治组织是管理社区各项事务、调整社区利益关系的组织，只有赋予其足够的自主性才能充分发挥社区自治组织的优势，挖掘其潜能，真正实现社区的独立性和能动性。社区自治，是近年来西方政府对于社会管理和社区服务的关注重点，西方政府认为，只有从加强社区组织自治性入手，激活社区组织的自主性，才能使得社区活动全面开花，提高社区福利保障的质量，包括社区养老服务。

3．完备的法律法规体系，切实保障社区养老的发展

一套完备的法律法规体系，是保证政策执行的合法性，切实保障受益人的合法权益的最坚实的依靠。日本社区养老服务开展的基础就是一整套科学、完善、细致的法律法规体系，包括保障老年人权益的《老人福利法》，规范社会从业人员行为的《社会福利士及看护福利士法》，鼓励非营利组织进入老年福利服务市场的《特定非营利活动促进法》。这些法律法规涉及社区养老服务的方方面面，从老年人群体本身，到服务人员、家庭成员，甚至是参与老年福利市场的企业以及第三团体的相关行为都进行了严格的法律规定，对老年人的权益保障上升到了法律层面。

西方国家提倡"法治"，法治政府是民主、进步的象征，完备的法律体系是社会正常运行、机构高效运转、人员秉公廉洁办事的基础。社区养老服务的发展，离不开法律的保障，法律和法规对社区养老的服务内容、服务对象、服务方式、参与形式等方面做出条文性规定，使得相关活动的开展以及责任追究有着明确的法律参照，得到一定的合法性解释。

4．完善的配套激励机制，提高公众和社会参与度

西方政府的社区养老服务的参与人员众多，既包括专业的社区工作者，社区居民，还包括大量的志愿者，这主要依赖于其成熟的志愿者队伍以及完善的激励机制。在美国，高等教育系统就有专门的针对社区养老服务工作者的培训和教育，并实行资格证书制度，相关从业人员必须持证上岗，这既保证了社区养老服务的质量，也提高了整体从业人员的素质。同时，西方政府鼓励志愿者队伍进入到社区养老服务中来，志愿者们平时从事不同的职业，能为社区养老注入新的活力，带来革新力量。

配套的激励机制除了针对人才培养和引入方面，还包括针对社区养老服务的提供者们。西方国家社会福利的提供不仅仅局限于政府，反之，可以说，政府只是一小部分，很大部分都依靠于成熟的企业和第三团体。西方社会的企业，其所担当的社会责任相对较大，它们强调的是取之于社会，回报于社会，它们十分重视企业文化和企业价值，十分热心于社会公益事业和福利事

业。社区养老的服务设施建设以及相关资金来源很大一部分都依靠于企业捐助和社会捐赠。同时，政府也对这些企业和社会组织给予相应的优惠政策，鼓励它们参与社会福利事业，减轻财政压力，提高服务质量和服务水平。

我国与西方社区养老服务的运作模式有着许多相似之处，如政府在社区养老中的主导作用，社会各界的广泛参与等。二者的差别在于：国外社区养老的承担主体是社会中介组织，政府的作用在于对社区养老的指导、支持和管理；而在我国，社区养老的具体运作仍以政府为主。

第四节　养老社区的公共环境

一、基于老年人需求的社区公共环境设施设计原则及方法

（一）老年人居住社区公共环境设施设计原则

1. 安全性原则

安全性原则是养老社区公共环境设施设计的首要原则，它是基于社区各种基础设施的人体工程学标准，作为设置在公共环境中的公共设施，设计时必须考虑到参与者与使用者可能在使用过程中出现的任何行为。老年人生理机能的变化决定了大部分使用公共环境设施的老年人对安全性提出了一个较高的标准，老年人体力减退、动作迟缓，行动上容易出现意外事故，如摔倒、跌伤、绊倒等，这是不能改变的，而能改变的是以老年人生理、心理及行为尺度作为一个标准，在设置公共环境设施均应考虑到其材料、结构、工艺及形态的安全性，在设计伊始便尽量避免对使用者所造成的安全隐患。

2. 系统性原则

公共环境设施设置讲究细部处理与综合规划的统一。通常情况下，选择合理的设施数量、恰当的设施位置，不仅能为使用者提供便利、安全、快捷、较高品位的服务，更能给使用者带来安全感和便利性。例如在公共休息区内，或在公共座椅的周围设置与公共座椅数量相匹配的垃圾桶，老年人在使用公共座椅的同时，根据自身身体状况，引导其选择就近的垃圾桶，爱护环境的

同时考虑到老年人的特殊需求。再如健身设施周围相对设置相对集中的公共照明设施，便可兼顾到夜晚对视线要求较高的老年人参与使用，保障老年人安全的同时延长老年人户外活动的时间长度，而缺少这种集中照明的公共设施，因缺乏引导性、安全性和交互性，在夜晚的使用率便相对较低。因此，老年社区公共设施的配置既要满足老年人群体与健康人群的差异化需求，又要避免重复的配置的现象，用来提高设施的利用率和服务力。

3．弥补性原则

老年人社区公共环境设施应在规划设计过程中，充分考虑老年人的生理、心理以及行为习惯所产生的特点，在色彩、材质、尺度、光线及位置等方面，应选择色彩鲜艳的暖色调，触感明显且安全性较高的材质，适宜老年人身体变化的尺寸尺度，柔和明亮的环境和静谧祥和的户外环境等，避免老人因潜在的不安全因素而产生紧张焦虑的情绪。老年人居住区应设置连续不间断的无障碍设计，通过设施的无障碍性弥补老人因身体机能的下降，确保安全出行，为广大老年居民提供便捷安全的宜居环境，提高设施的宜老性。

4．差异化原则

老年人社区的公共环境设施因地域文化的不同、经济发展进度的快慢和老龄化程度的不同，存在着不同程度的需求。老年人群体也因其自身的不同身体状况与爱好选择对公共设施有着不同偏好。居住区因人口规模、设施服务半径和使用频率等因素的差别，不同设施的配件率也会有所差别。因此，在对居住小区老年公共环境设施的配置应考虑住宅小区的实际需要，结合周边配置情况，布局状况与老年人的自身需要，既适应不同居住区各自的特点和广大居民的需要，又满足老年人群体的差异性需求，使老年公共环境设施以合理的布局形式和完善细致的服务方式，促进人口老化与公共设施人性化协调发展。

（二）公共交通设施设计

1．候车亭设计

候车亭是城市公交系统中的"点"设施，是城市公共汽车停靠的站点和乘客候车、换乘的场所。候车亭的主要功能是在候车过程中，为乘客创造和提供便利舒适的环境，确保人们在等候、上下车时的安全性与便利性。现如今的城市，在呼吁全民绿色出行的今天，轨道交通覆盖范围有限，市民出行大多数依然需要选择公共交通，这也为公共交通系统的进一步完善提出了更高的要求，从而满足不同人群的需求，特别是针对老年人这类日益庞大且特殊的群体，他们在选择出行时，无形之中对公共交通设施提出了人性化和差异化需求。在老龄化的大环境下，公交候车亭应追求以人为本的人性化设计，包括安全性、美观性、舒适性、易识别性、和谐性等，这是公共设施设计发展的一个必要阶段。

2. 主出入口的设计

小区主出入口空间的设计承接着空间组织和交通疏散的功能，包含多个不同的功能区域。入住的老人、外来的老人和参观探望人员在此相对比较集中，比较容易形成充满活力趣味的交往空间。小区主出入口的设计将在很大程度上影响居民包括老年居民对小区空间感知、行为活动的积极性和参与过程中的舒适度和便捷性方面的感受。在以往的设计研究中，很少关注到作为老年群体对小区主入口的重视和需求，更难得结合老年人的特点对其进行有针对性的思考。

（三）公共休息与卫生设施设计

1. 休息座椅设计

休息座椅为人们提供坐与休息的功能，可以缓解人们在户外活动时的疲劳，除此之外，休息座椅通过不同的表现和设置形式，能营造出促进人们情感交流、放松、思考、观赏、聚集等行为的环境场所。老年人作为经常活动在社区内的一部分人群，因缺乏子女的陪伴而变得沉默孤独，将休息设施设计成围坐或组合的形式，可以促进老年人与他人的沟通交流，使其获得精神上的满足。若需更好地满足老人不同类型的聚集交往和休息的需求，应在社区内设置不同程度的开放性和私密性的休息座椅，丰富老年人的户外生活。如设置在游乐场、小区入口、可看到热闹社区街道的休息座椅，会让老人感觉自己在参与社区生活；也可设置背靠建筑物、绿植或利用树荫、花架等空间形成的遮阴处的座椅，为老人提供休息独处的私密性空间。

根据老年人身体机能、心理特点以及行为特征，在针对老年群体的休息座椅设计上，要选择天然环保的材料，椅面以木头、藤制等天然材料为主，避免因椅面因温度的变化过热或过冷，导致老年群体对休息设施利用率不高；结构与尺寸安全合理，根据人体工程学设计出适合老年人生理及心理需求的安全性座椅，最好能在座椅上设计一些扶手和配件支撑老人坐下或起身，以确保老人使用的安全性。另外，老年人大都喜欢散步，但由于体力减弱，常常走走歇歇，因此座椅位置的分布应根据小区规模和老年人数量，在主入口、休闲区、单元门前、交通流量少、安静且具有私密性的环境设置与老年人需求匹配的休息座椅。

2．公共休息廊、亭设计

公共休息廊、休息亭是根据其形式特点被单独划分出来的空间，一般具有供人休息的、交往、观赏、遮阳避雨等使用功能。作为现代公共环境设施的一种，它起到划分、连接和美化室外空间的作用。廊与亭的区别在与廊是线形设置的长向设施，以行走为主，坐和观只是附属功能。亭是点性设置的静态设施，以人和观为主，行走为附属功能。廊和亭被广泛用于城市广场、商业街、景区、公园、建筑组群之中。休息廊、休息亭在居住区的设置也比较常见，同样作为公共休息设施，休息廊及休息亭因有遮阳和避雨的功能，使老年人的户外活动不受天气和季节影响，他们喜爱在这里下棋、聊天、晒太阳等，这里也随之成为社区内老年人活动较集中的场所。相比户外休息座椅，休息廊、休息亭仿佛更受生活规律的老年群体的欢迎。

3．公共卫生间设计

公共卫生间作为城市公共建筑的一部分，一般被设置在城市广场、街道、车站、景区、居住区等场所。近年来，人们对公共卫生间的设计要求不仅仅停留在满足出行时的生理需求，也越来越注重使用的舒适感。社区中公共环境设施的配置中，公共卫生间是为人们提供服务不可缺少的卫生设施。它的设计除了体现卫生、方便、经济、实用、环保等原则外，还应尽可能与周围的环境景观相协调，对于特殊的使用者，如老年人、残疾人、孕妇等，则还应加入安全性的考虑，包括地面的防滑、避免尖锐的转角及无障碍设计的要求等。在现有的居住社区内，随着退休老人数量的不断增加，并且老年人作为生活规律性强、出行频率大的特殊人群，使他们逐渐成为社区公共卫生间的不可忽视的使用者。

二、老年公寓公共环境设计

（一）总体规划与设计

1. 注重地域性设计

在老年公寓公共环境设计中，应注重老年公寓的地域性设计。地域性主要指自然环境、人文环境与社会环境的地域性。自然环境主要指降雨、气温、地形地貌、植被等因素，这些因素直接影响着老年公寓公共环境的面貌与特色。如在北方主要是四季分明的落叶树种为主，冬季树叶全部脱落，枝干成为人们观赏的对象，而在南方夏季较长需要高大、遮阴效果较好的常绿树种。

人文环境主要指文化环境、风土人情、传统观念、建造技术等。人文环境主要影响公共环境是否被当地人接受，是否符合当地人的生活习惯。社会环境主要指当地的经济水平、制度政策等。社会环境主要影响公共环境的社会地位与价值。在做老年公寓公共环境设计时，我们应该先了解当地的地域性，设计一个符合当地气候环境、社会环境与文化背景的老年公寓。

2. 基地选址

老年人生活节奏比较慢，喜欢安静的生活，与年轻人的生活不一样，因此老年公寓的选址不宜设在繁华的都市内，应远离繁忙的公路。宜设在城郊交界处，但交通不闭塞，环境良好，空气清新，周围配套设施齐全，有商店、邮局、银行、教堂、公共汽车站等，最好临近公园或风景区。老年公寓基地选址应注意事项：

第一，尊重上位规划：老年公寓选址时应充分解读上层次的总体规划与分区规划，延续与继承城市的文脉。

第二，地形平坦：老年人由于身体各机能衰退，腿脚不灵便。因此，在老年公寓选址时不应选择地形高差较大的区域，宜选择地形平坦的区域，减少台阶与斜坡，方便老年人行走。

第三，周围环境：周围不宜临近工厂与学校，老年人需要安静、无污染的环境。最好视野开阔，不宜高楼耸立，视线拥堵。周围绿化较好，最好临近公园。

第四，配套设施：老年人行走不便，应配备齐全的配套设施，并且方便老年人到达，一般老年人的最大步行半径为 0.8km，应注意设施的分布距离与位置，最好不用穿越马路。

第五，地块面积：在调研的老年公寓中发现，目前我国老年公寓面积较小，老年人室外公共环境不够。老年公寓地块面积不宜太小，小则 6.67 万 m^2 ~ 13.3 万 m^2，大则 33.3 万 m^2 ~ 53.3 万 m^2。

第六，区域选择：老年公寓不宜设在市中心，但也不能离市中心太远，一般距市中心约 10 ~ 15km，离城郊 3 ~ 5km 为宜。市中心土地价格高，环境嘈杂，离市中心太远，虽然环境幽静，空气良好，但是将老年人与社会隔离，亲友探亲、逛街购物不便。

3．设计原则

（1）符合当地规划与建筑设计规范

俗话话说："无规矩不成方圆"。任何设计都必须符合当地的设计规范，否则将是一张白纸。老年公寓不管是总体的规划还是建筑的设计都必须满足当地的规划要求与建筑设计规范。从规划上，首先应尊重上位规划，老年公寓的选址、入口的选择、交通流线都应与总体城市规划相协调、统一，并满足相应的设计规范。在建筑设计上，老年公寓建筑的分布、层数、日照、通风应满足当地建筑设计规范的要求，一般建筑日照在冬至日不少于 2h。此外服务设施齐全，空气质量良好，地形不宜过于复杂。

（2）安全性与无障碍设计原则

安全性是任何设计必须遵守的第一条原则，在老年公寓公共环境中首要考虑的第一重要因素。老年公寓的建筑设计与公共环境设计应满足国家相应防火、防灾规范，设计安全出口、配备紧急灭火装置，室外环境设计消防通道，保障消防车辆顺利通行，并配备安全监控设备，稳定公寓治安，保证老年人最基本的人身财产安全。深圳市颐康院康复会在室内设计了烟报系统，既保证了室内空气质量也防止了火灾隐患。

无障碍设计主要指无障碍性、易于识别性、可接近性与可交往性。无障碍性指环境中无障碍物与危险物。老年人属于残障人士的一部分，他们身体某项功能在某种程度上已经丧失或者正在衰退。他们可能无法正常使用正常人可以使用的东西，因此我们在做环境设计时应从老年人的特殊需求出发，弥补老年人生理的衰弱。

（3）灵活多样性原则

在老年公寓内，由于年龄、文化程度、宗教信仰、性格、喜好、职业的不同，因此在设计老年公寓公共环境时应满足不同人物的需求。有的老人喜欢热闹、有的老人喜欢安静、有的老人喜欢跳舞、有的老年人喜欢下棋，因此应设计多种类型空间，满足老年人对不同空间的需求。

4. 活动空间的设计

（1）活动类型

老年人活动内容多种多样，每个人所参与的活动也不尽相同。老年人的室外活动主要有：健身操、太极拳、气功、钓鱼、练剑、慢跑、羽毛球、门球、下棋、戏曲弹唱、聊天、遛宠物、书画、演讲等，这些活动概括起来可分为运动健身型、休闲娱乐型与康复医疗型活动。老年人活动类型较多，在设计之类场所时应注重活动类型的总结与分类，满足不同活动类型的发生。

（2）存在问题

第一，由于老年人兴趣、爱好与性格不同。因此，在老年公寓室外活动空间设计时比较复杂，应满足不同老年人的需求。空间的层次大致可分为开放空间、半开放空间与私密空间，目前老年公寓存在的问题是只设计开放空间与私密空间，缺少过渡空间。

第二，空间缺少舒适性。从调研的老年公寓看，很多老年公寓不能从老年人的特殊需求出发。有的空间具有高差，没有设计无障碍通道与扶手，行动不便的老年人无法使用。有的空间设计座椅，但是材质冰冷不适合老年人的使用。

（3）健身活动空间的设计

健身活动空间分为专用活动空间与一般健身活动空间。专业活动应根据国家规范设计专业活动场，这类运动场宜集中分布，不宜过于分散。在规划上，该类场地不宜设在建筑周围，以免影响老年人的生活。在健身活动场地周围设计坐凳或廊架等休息设施，供老年人放置物品与休息使用，北京汇晨老年公寓健身活动场周围的休息区，在门球场的周围设计休息廊架，并种植紫藤，满足了老年人的需求，较为人性化。一般健身活动空间宜分散布置，可临近建筑，方便不愿远走或者不能远走的老年人就近使用，也可在健身步道两侧适当布置健身器材，老年人慢跑后可使用。铺装应防滑，材质不宜过硬，宜采用软质材料铺装，如安全塑胶垫。

（4）康复医疗空间的设计

老年人大部分患有不同程度的疾病，如中风、老年痴呆。在康复医疗空间设计时应创造宁静的环境缓解老年人疾病。可将传统中医理论引入康复医疗空间设计中，传统中医讲究的是阴阳平衡、天人合一。人体各项功能、新陈代谢处于平衡状态，人才是健康的，当这种平衡被打破时，人就会生病。人与自然也是如此，只有人与自然处于平衡状态时，整个生态系统才会良性循环，否则就会生态失衡，发生灾害。阴阳理论在老年公寓公共环境设计时，主要表现在空间的大小与功能、色彩的冷暖、植物的应用等方面设计。安静区相对活动区属阴，反之属阳；开敞空间相对私密空间属阳，反之属阴；喜光植物相对耐阴植物属阳，反之属阴；当一个阴盛阳衰的人，宜经常去开敞的活动场地，与人沟通、交流，参与大规模的团体活动，通过环境的变化达到阴阳平衡。一个阴盛阳虚的人宜经常待在阳光地带，将座位放置在阳光充足的地方，久而久之即可阴阳平衡，反之亦然。总之，中医理论是通过环境的阴阳使人体阴阳平衡。

（二）入口的选择与设计

1. 存在问题

入口是老年公寓对外展示形象与宣传的第一平台，入口设计的好坏直接影响了老年人对公寓的印象与判断，因此设计一个好的入口景观能提升老年公寓的形象与档次。入口的设计主要是大门入口与建筑入口的设计，从调研的老年公寓看，目前老年公寓存在以下问题：

（1）设计单调，缺少特色

从调研的老年公寓看，目前我国的很多老年公寓入口设计粗糙简单。缺少特色。千篇一律为门卫室与伸缩门，只注重功能，而忽视了其景观效果，应结合绿化，选择分叉点较高的树种与较矮的灌木，让人们感觉触手可及，平易近人。

（2）注重交通功能，忽视交往活动功能

建筑入口不仅是人们进出的空间，而且还是一个公共交往活动的空间，属于室内外混合空间的一部分，多数老年公寓忽视了其交往活动的功能。

2. 设计方法

（1）老年公寓入口的设计应遵循安全性、易识别性和通达性原则

老年公寓入口位置的选择，应选择次干道，不宜选择车辆较多、声音嘈杂的主干道上。入口应与道路保持一定的距离，增强入口的可视度。易识别性主要指入口处应设计清晰明显的标识牌与照明，文字、字母与符号应与背景形成对比，突出文字与标识，且没有反光。通达性主要指保证车辆与人行的畅通，不受阻碍。

（2）结合植物造景，营造舒适、宜人、开放的入口景观

在入口处，应种植小乔木、低矮的灌木与花卉，保证入口环境的自然、

生态。如果入口处有花坛，可种植多年生花卉植物或彩色小灌木，不宜种植高大落叶乔木或有毒带刺植物，以免落叶对入口卫生造成影响与安全隐患。在老年公寓入口内设计座位，否则将被外来人员侵占。

（3）建筑路口的设计

建筑入口造型要别致，易识别，入口处设计树池座椅，不愿远离建筑与不方便远离建筑的老年人可就近参与活动。北京汇晨老年公寓入口处的景观设计，老年人可在建筑入口与他人交流、聊天，开展小团体活动等，符合老年人的需求。

第五章 养老产业的发展研究

第一节 养老产业的模式分析

一、养老产业的"四位一体"模式构想

（一）"四位一体"模式的组织架构与管理模式特点

四位一体模式具有模块可拆分、合并，灵活多变的特点，当其单独作为一个独立的组织（如命名为养老服务中心）运行时可以采用如下的组织架构：

该养老服务中心下设有：综合办，基础养老部，文化养老部，医疗养老部，培训派遣部等部门。综合办处理综合协调、部门组织，物业管理，人事聘用，计财管理，对外联络，拓展业务，宣传接待，采购等工作；基础养老部承担日间照料，膳食提供，基础护理，日常给药，饮食起居、清洁卫生、健康管理，定时巡视，信息收集等服务；文化养老部承担老年大学管理、师资聘任，学员管理，课程设置，设施资源管理、活动中心会员招募，活动项目设置管理，活动场地运营，活动安全保障等服务；医疗养老部承担入住及照料老人的定期体检，老慢病防治，突发疾病处理，健康养生知识培训（对内对外），普通病症防治，预防保健，医护人员培训实习，临终关怀，老年人健康与老年病护理研究等责任；培训派遣部承担家政人员培训，为老服务特色人才培训，劳务派遣等工作。

经营模式：作为机构的"四位一体"模式应在初期尽量走公办民营的道路，尽量争取更多的优惠政策和补助资金，随着经营发展慢慢走上正轨，应逐渐"断奶"，转变模式成为市场化经营的独立法人。

人员聘用：应该采取主要人员固定任职，其他人员采取合同制、聘任制的制度，将主要管理层确定不变，保持机构的稳定性，同时可以增强活力，提高员工的积极性。

支持多种缴费方式：收纳老人应采取多种制度相结合，第一，会员制度。每年交一定金额的会费，可以享受机构中所有的收费及免费服务；第二，押金制度：预交一定金额的押金，在享受各个模块的服务时逐步扣除；第三，股份制制度：在建院初期对机构的投资规划做出突出贡献的人，可以股份制来养老；第四，劳务抵扣制度：在机构内的工作人员或有意愿照顾其他老人，在机构里承担大学、活动中心等工作的可以抵扣服务费用；第五，月、季度、年付制度：可以按照一次性支付金额的多少享有一定优惠。

未来经营方针：将采取模式机构化，模式嵌入化（嵌入社区和现有机构）的方向，以此最大限度地开发同时采取全国连锁机构的方式，进行统一管理、统一配置、统一服务内容、统一收费标准，对老人开展专业化、多样化、亲情化的高质量、高标准的服务工作。开拓占领市场，或者与其他养老机构形成合办，为异地养老，交流养老做好准备。

如启动资金不足，可以利用现有社区医院、卫生所、牙科诊所为载体，逐步建立起"四位一体"模式。现有很多前述机构规模不大，功能过于基础，覆盖面较小，资源得不到充分利用。却有着与社区街道联系紧密，深入百姓身边的优点。建设本模式时，如果不能一次性拿地、投资建设独立机构，也可以考虑这种方式，实现公办民营或共同经营，将身边的医疗资源、社区资源、人员资源逐渐整合，建立起"四位一体"的综合模式。

或可以选择在大中型综合医院中植入养老模块，大中型医院医疗条件好，占地面积大，运营能力强、资金实力雄厚。应取之于民、用之于民，积极建立养老部门和老年病防治部门，为提供为老助老服务大开方便之门。

（二）"四位一体"模式的营销宣传

针对"四位一体"模式开展的宣传，应区别于传统养老机构的宣传方式，重点放在综合性社区和一站式服务方面，宣传医养结合，幸福生活的理念。针对精神疗养模块可以重点宣传老年大学，通过免费公共课和短期培训班等方式扩大影响。

先期可考虑兼职师资，主要面向当地和周边地区，长期滚动开办此类课程和班级，主要内容可以传授老年人乐于接受的知识和力所能及的技能，比如：健身运动类培训班、（如太极拳剑扇、健身舞蹈、养生气功等）棋牌技巧培训班、文史类培训班、手机计算机类培训班、养花养鸟技巧培训班、书法绘画培训班、合唱团、腰鼓队、模特队等，并视各种办班的受欢迎程度，及时更新调整办班的科目和内容，逐渐将受欢迎的短期班开办为多年制学校。尽可能保证入住和日间照料的所有老年人都有相应内容可以学习。针对其他三个模块可以采取传统媒体、新兴媒体、体验接触相结合的方式。

传统媒体宣传：可邀请地方媒体在电视、报纸和当地老年报刊上做一些新闻、专题报道等，全面、集中地对"四位一体"模式的一站式服务理念及机构内的硬件设施与软环境服务，和针对老年人的特色医养结合的新理念及老人在机构内的生活情况做一下宣传介绍，使得社会大众和潜在需求群体对机构的特色有新的、深刻的认识，引导社会大众对老年人的未来高质量的生活、疗养、医疗、精神需求的关注，消解社会大众对传统模式养老院接受程度普遍偏低和认识的误区，提升"四位一体"模式老年人及其子女亲友们的吸引力。同时新媒体方面可以通过建立网站、进入论坛社区、qq、微博、微信平台等，及时将信息送到人们手边，增强亲和力。

新媒体宣传：最好拥有自己的宣传网页，同时与地方高人气、官方论坛合作推广，以文字、图片、视频等多媒体结合的方式进行宣传，通过展示老人们幸福的生活，学习的成果等方式给人与传统养老院相比耳目一新的感受。宣传的重点是"四位一体"模式的一站式服务，是全力建设老年人生活乐园、精神家园的战略构想，让模式中"六老"理念有实事实感的依托。Qq、微博、微信等新平台的入驻，可以主要宣传健康生活小贴士、定时微博微信提醒喝水、运动等方式，使健康生活、一站式养老模式的概念及早深入人心，深入年轻一代的生活理念，为生活质量助力，开拓未来市场。

接触体验式宣传：还可根据实际与社区、街道合办开展义诊、活动，邀请老人们来参观，进行体验式入住，一方面可以让更多的老年人了解"四位一体"模式的方便和舒适，可以从周边的地区邀请一些文化素养高、对新事物接受快、在群团中威望较高的老人免费试住一段时间。或从机构中派遣一些优秀护理师上门提供试用服务，让他们享受到"四位一体"模式带来的全面的服务，入住后愉快的气氛，感受科学合理而丰富的生活。另一方面可以通过这些老人的体验了解服务中还有什么不合适的地方，及时改进，做行业中的翘楚。体验期结束后，老人感受很好，一定会迫不及待地与他们的邻居、好友分享"四位一体"模式的舒适与高质量的生活。这样一来，通过口口相传，可将采用"四位一体"模式的机构打造成为亲民、舒适、方便、可信的形象。

（三）"四位一体"模式建筑设计原则

养老机构的建筑设计应遵循如下原则：一是注重安全，保护隐私，减少建筑内外以及装饰、家具的棱角，坡度等；二是要有无障碍和易操作的特点，操作全程有指示，带有一键操作、低位按键最为适宜；三是应设计足够的室内和室外公共空间，以保证老人的活动与交流；四是要注重个性化，给予老年人一些DIY的权利；五是要尽可能多地悬挂提示、指示牌，保障安全的同时方便老年人去想去的地方；六是要设计老人专用的可调节的声光系统，即使老年人视觉听觉弱化也可自由活动；七是要根据当地室内外建筑风格来进行设计，减少老年人入住时对环境的不适应。

建筑内的设施尽量自动化、人性化，如自动冲洗的坐便、电动轮椅、洗涤烘干一体机等，以减少工作人员数量和基础工作量，同时保证老人的健康和安全。在细节方面体现人性化、如电梯门、房门可以是不同楼层不同颜色，各类用具以颜色做标记区分使用者或者功能，房门口的老人姓名门牌为易于区分可在在统一之中又有允许安排自己的特色。在建筑内应多采用鲜艳明快的颜色，不要有过重的医疗感和封闭感，可以引入一些免打扰设施和能唤起老人温馨记忆的装饰，平复老人情绪；设计住宿区的时候要多考虑现今老人的情况，恰当利用空间做好收纳、使用、低位控制等功能，根据老人的情况按比例增加设计单人间，注重室内采光；而公共区域建设中要设计好功能区域，既能使各种功能得到充分发挥，又能够叠加利用好空间，将公共区域设置成为多功能，多用途，舒适度一流的市内外环境。

二、医养护一体化养老产业融资模式

（一）医养护一体化养老产业的发展

1. 医养护一体化养老产业的产生

医养护一体化，即老龄化社会背景下，集医疗、养生、养老护理为一体，整合了老年产品和服务，推进医养结合，覆盖老年群体和抚恤群体生命周期的完整社会保障系统及产业发展模式。

老龄化社会愈来愈临近，城乡贫困化群体未富先老，以及由于自然灾害、战争、工伤、严重疾病导致失能、半失能人群的治疗和护理等问题困扰着千家万户，成为严重的社会公共问题。

由于当前医疗机构和养老机构各自独立，系统分割，养老院不方便就医，医院里又不能养老，医疗和养老的分离，既加剧了医患矛盾，又使失能人群的护理缺位，形成扶老、扶贫、扶弱的社会机制缺失，影响我国全面建成小康社会目标的实现。

2. 医养护一体化养老产业的发展前景

近年来，随着我国人口老龄化趋势的加剧，养老产业成为社会关注的热点，在当前传统产业发展不断下行的趋势下，被认为是最有发展潜力的新经济增长点。截至 2015 年底，我国 65 岁以上老年人占总人口比例已达 10.5%。这已经超过了国际社会的老龄化标准；预计到 2050 年我国老年人口将达到 4 亿人，并将长期保持 4 亿人的规模。同时，由于我国出生率的持续下降以及民众预期寿命的持续上升，我国老龄化趋势还将进一步加快。如果这 4 亿人（还不包括因灾害、疾病、战争、工伤而造成的大量失能人群），按当前平均年扶养费用（人民币月 3000 元 × 12 月 =36000 元）计算，将达到 14 万亿人民币。养老扶贫扶弱产业将可能超过房地产业而成为中国的第一大产业。这既是我国新型产业成长的巨大空间和机遇，又是我国社会救助机制的巨大缺失。养老产业机遇与挑战同时并存，必须未雨绸缪，切实应对。

3. 医养护一体化养老产业的市场化

目前，我国主要的养老模式按经办主体分为三种：一是居家养老，二是机构养老，三是社区养老。据调查，这三种养老模式占比分别为96%、3%、1%。这说明，目前我国养老产业市场化程度不足5%，推进我国养老产业的市场化还有很大的成长空间。当前有一种社区居家养老形式，有一定的市场性，但仍以居家自给自足为主要特点。它在社区组织下，有少量的购买服务行为。因此，养老产业的市场化，主要是摆脱政府包办，摆脱对家庭的完全依赖，走向产业化、社会化、专业化的过程。

（二）医养护一体化养老产业的融资模式

预期养老产业在未来十年之内将成为我国最大产业，将会有巨量的资金、不同的商业模式和众多的志愿者进入到这个领域。这标志着我国将迈入发达国家产业结构之列。从现实来看，发展我国医养护一体化养老产业主要有以下几种融资模式。

1. 公办公营模式

在我国，公办公营的养老机构一般指政府民政局系统主办的公有制的老年公寓和社会福利中心等机构，基础设施由政府投资兴建，职员由政府按事业单位人员聘用制度管理。主要是政府出面保障"三无"人员、"五保户""军烈属"和经济极端困难老人等弱势群体的政府机构，其基建和经营资金全额财政支出。一般来讲，这类机构行政性管理的特色突出，专业化管理的成分较少，容易产生包办包管、高耗低效的弊端。

2. 公办民营模式

公办民营是对各级政府和公有制单位原有的已经办成的公有制性质的养老机构，需要按照市场经济发展的客观要求进行改制、改组和创新，更快地与行政部门脱钩，交由民间组织或社会力量去管理和运作，实现多种经济成分并存，多种管理和服务运营模式交汇，目的是盘活现有养老机构的存量。

3. 工建民营模式

公建民营则是指政府在新建养老服务机构时，作为投资主体的各级政府要摒弃过去公办公营的旧体制，按照管办分离的发展思路，由政府出资进行基本建设，招标社会组织或服务团体去经办和管理运作，政府则按照法律、法规和标准规范负起行政管理和监督的责任，目的是扩展公有养老机构的增量。这种模式的发展与当地经济发展水平较高和财政承受能力较强紧密相关。

4．民办公助模式

相对于养老产业的公办公营模式，民办公助模式的投资主体是民间或社会力量，政府只是在保障民间投资有利可图的引导下，给予适当的资助，用少量的财政资金引导众多的民间资本投入养老服务产业的基建领域和经营领域，起到类似于政府招商引资和财政贴息的效果，即政府出点小钱联系民营资本经办业绩给予不同标准的补助，却起到调动大量民间资本投资积极性的效果。在目前养老产业盈利率不是较高，或是地方政府财力不强的地区，政府通过民办公助的形式可以影响、促进、管控和监督民营养老机构的经营行为和发展方向。

5．民建民营模式

随着我国国民经济的快速发展，中产阶级群体日益扩大，有相当一部分老年群体对养老产业高档服务产生了相当强的需求。他们并不满足于一般扶贫济困式的养老，而是要求高档医疗、高级养生、高品质护理，甚至包括候鸟式养老，公馆式养老，风景点养老，国内和国际旅游式养老等。此外，在经济波动和经济下行期间，许多热门产业投资甚至包括国际资本投入都变成了冷门。它们急于寻找新的避险项目，对于政府鼓励的养老产业项目就会产生很大的投资兴趣。这一领域针对高档养老消费群体，完全由市场供求规律随行就市起作用。但是政府在养老产业的民建民营模式领域有责任加强审核和指导，消除监管空白，防范养老产业投资风险波及蔓延的负面效应。

（三）推进医养护一体化养老产业发展的政策建议

1．大力推进养老产业的市场化改革

过去，公路建设曾经是公共产品建设，路况长期得不到改善，一旦实行了"贷款修路、收费还贷"的市场化改革，就搞活了公路市场，我国公路获得了超前的发展。高等教育曾经是国民经济发展的瓶颈，长期停滞不前，一旦实行了收费教育和社会力量办学，我国高等教育就获得了空前的大发展，成为国民经济增长的有力加速器。所以，有必要坚定实施养老事业的市场化改革，调动社会资本和社会力量的投资积极性。

2．政府切实放低民营资本进入门槛

当前国民经济增速持续下行，商业零售业实体门店经营状况急剧恶化，民营资本多方突围，遇到"四门"现象（没门、玻璃门、弹簧门、旋转门），民间资本存在巨大准入隐形壁垒。李克强同志呼吁要抓紧建立行业准入负面清单制度，破除民间投资进入电力、电信、交通、油气、市政公用、养老、教育等领域的不合理限制和隐性壁垒，特别把养老投资和教育投资摆在同等重要地位。所以，养老产业招商引资的壁垒不破，养老产业的大发展将是一句空话，医养护一体化的普及就只是一场梦。

3．政府督促养老机构尽快获得医疗资质

新旧养老机构必须迅速充实医师职称和护理职称的专业人才，配备与老年疾病相关的诊断设备、医疗器械及药品，从而使其获得医疗机构身份和资质认证，合法纳入医保定点单位，取得医养护一体化的资质，从而突破养老产业大发展的制度瓶颈。

综上所述，医养护一体化是养老产业发展的新模式，而目前养老产业大发展的瓶颈是市场化改革较慢所致。只有坚定养老产业市场化改革的决心，攻坚克难，在融资政策上调动"五龙（五种模式）戏水"的积极性，才能真正迎来我国养老产业大发展的新局面。

三、保险资金进入养老产业的模式分析

（一）中国保险资金进入养老产业的可行性

1．保险资金进入养老产业可以实现行业双赢

第一，投资养老产业是保险资金提高收益水平的新渠道。虽然保险总资产不断增加，但是我国保险投资渠道还是比较单一，集中于银行存款和购买

优质债券等传统投资渠道上。2010 年，我国保险全行业累计实现投资收益 2014.59 亿元，收益率 4.84%，计算得出投资总额约为 41624 万亿，而银行存款实现收益 385.97 亿元，收益贡献度 19.16%，收益率 3.19%；债券投资实现收益 943.04 亿元，收益贡献度 46.81%，收益率 4.45%，计算得出投资总额约为 33294 亿元，占总投资额的 80%。我们还可以看出，传统两大投资的收益率都低于平均收益率。另一方面，以不动产为主的养老产业有着广阔的发展空间，其收益也是长期稳定的。我国正在面对快速的人口老龄化和人口结构的变革，因此，养老产业发展前景比较乐观。保险资金投资养老产业可以提高行业总体收益水平，同时为我国保险投资打开新的投资渠道。

第二，保险资金的注入可以打破养老产业发展的瓶颈。我国的养老产业发展已经遇到瓶颈，从数量到质量上都存在着比较大的问题。数量上，我国养老机构尤其是优质养老机构数量明显不足，养老社区建设也十分缓慢，社区配套服务设施不完善、不健全，养老产业服务人员数量不足。质量上，我国养老机构普遍设施较差，社区养老服务适应性差，养老服务人员缺乏专业技术，商业养老保险产品目的偏差，长期护理保险相对滞后。造成这一现象的原因有许多，但是资金短缺是基础性原因。没有优质的、大型的公司制企业资金的注入，单单依靠政府和中小型民营企业去发展中国养老产业是远远不够的。

第三，资金运转的匹配度决定两行业的双赢。从国外经验来看，养老产业资金链有以下特点：资金需求大，尤其是高质量养老社区建设，需要大量的资金；资金回报期长，一个成熟、优质的养老社区的回收期通常在 20～30 年；需要长时间的资金支持，无论是最初的建设，还是后期的经营、维护，养老产业是一个需要资金长期支持的行业。从保险资金的组成上看，保险资金中约有 80% 以上为寿险资金，寿险资金的特点就是持有期长，寿险资金中约 48% 可以作为 20 年以上的长期投资资金，25% 可以作为 5～20 年的中长期投资资金，这不仅符合养老产业回报期长的特点，而且可以给养老产业建设提供长期稳定的资金，充分显示两行业资金运转匹配度较高。

此外，保险业作为负债经营行业，必须要求负债偿还——保险金的给付，与投资收益周期的匹配，既保证稳定的偿还能力，又不丧失负债资金的收益，这在公司管理学中称之为最佳现金余额管理。财产险公司有的收入与支出相隔时间较短，比较容易匹配。寿险公司保费收入与支出，都是长时间的、复杂的，不仅要考虑货币的时间价值，还要考虑金融市场的稳定程度。寿险资金需要一个长期与稳定的投资渠道，来实现自身资产与负债的匹配度，养老产业无疑为它提供了有效途径。

2. 商业保险资金进入养老产业的充分性

第一，相关法律法规的出台，为保险资金进入养老产业打开通道。从养老产业的产品分析，养老产业产品包括以下几大类：与养老有关的商业保险产品，保险公司已有的包括商业养老金、长期护理保险等；与养老有关的养老机构设施，这是投资的关键部分，也是最需要资金进入的部分；与养老有关的社区服务，除居住外的所有与养老有关的基础设施，包括医疗救助、心理救助、生活救助等；与养老有关的其他服务，如老年旅游、老年大学等。可见，养老产业大部分或说是主要部分应归属不动产行业，居住与辅助居住基础设施的建立是养老产业占比最大、需要资金最多的一部分。此外，养老产业中基础设施建设部分属于国家基础建设范畴，这一点是不容易忽视的，"养老"本身就存在国家责任成分，养老产业中自然有服务于社会事业的国家基础设施建设成分存在。

我国《保险法》与保险相关条例对保险资金投资不动产是有着发展和沿革的。中国现阶段对保险投资不动产有明确的定义"保险公司投资不动产的账面余额不超过上季末总资产的10%；不动产相关金融产品的账面余额不超过上季末总资产的3%，两项合计不高于本公司上季末总资产的10%"。同样，相关法律法规也对保险资金投资国家基础性建设有着明确规定"保险公司投资基础建设等债权投资计划的账面余额不超过上季末总资产的10%"。

我国保险法律法规对保险公司投资渠道规定的不断放宽为保险公司投资提供了法律上的依据。同时，保险法律法规对投资比例的明确界定也符合我国保险市场乃至整个金融市场发展的国情。世界上保险行业成熟的国家都允许该国保险资金投资不动产行业，而投资的比例多集中在 10%～20%。由于保险行业是典型的负债经营行业，而且负债经营比例较高，因此要求有稳定的投资收益。

第二，日益增长的保险资金可以弥补养老产业建设的经济缺口。2010年，我国保费收入达到 1.47 万亿元，同比增长 33%。其中，财产险保费收入 3894 亿元，同比增长 35%；人身险保费收入突破万亿，达到 1.08 万亿元，同比增长 31%。保险行业预计实现利润总额 607 亿元。保险总资产达到 5 万亿元。截至 2010 年底，我国保险资金运用余额达到 4.6 万亿元。

在世界发达国家，作为金融三大支柱产业的保险业是商业投资资金重要的组成部分。在我国，保险公司的起步是比较晚的，进入 20 世纪 90 年代初，我国才打破保险市场的垄断经营，初步完成保险市场竞争体系。进入 20 世纪，保险市场不断壮大。国家控股保险公司、大型中资股份制保险公司、外资保险公司共同竞争的形式已基本确立。

保费收入的增加，公司规模、行业规模的不断扩大使得我国保险业的整体竞争力也不断扩大。根据上述数字显示：从 2001 年到 2010 年十年间，我国保险业总资产逐年递增，扩大近 11 倍，保险总资产已达到 5 万亿元，保险资金运用余额达到 4.6 万亿元。按照投资不动产占总资产比率 10% 的规定，我国保险业投资不动产至少可以达到 5000 亿元，此外，商业保险资金投资国家基础性建设资金上限也可以达到 5000 亿元。可见，保险资金有着比较充分、可观的投资总额。据统计，我国现在有养老机构 4 万多个，床位 299.3 万张，床位 50 多万张，床位缺口所需的投资大约为 2000～3000 亿元。如果包括养老机构中的其余配套设施、护理人员、老年人消费等延伸领域，整个中国养老市场的商机大约在 3～4 万亿。对于正在需求资金的中国养老产业来说，保险业所积累的商业保险资金是一笔巨大的"财富"。

第三，丰富的投资及业务经验是保险资金进入养老产业的行业优势。

首先，保险公司有着比较丰富的投资经验。保险投资是保险公司不可缺少的组成部分，金融系统的负债经营性质要求金融企业必须充分利用由负债业务所获得的资金获得稳定的收益。目前，我国保险行业资金集中度已达90%以上，9家保险资产管理公司管理着全行业80%以上的资产，超过70%的保险公司设立了独立的资产管理部门，作为"第三方投资理财顾问"的资产管理公司，其目的都是为了保险公司实现更高的投资收益。保险公司也在此基础之上有了更多的投资经验、更准确的投资信息，这就形成了未来投资养老产业的投资经验。

其次，保险公司有着丰富的产品经验。在我国的金融产品中，商业养老保险产品主要就是由保险公司提供的，比如：国寿福满一生两全保险、泰康世纪长乐终身寿险、平安智富人生终身寿险等等。保险公司在对商业养老产品费率、收益率的把握上是比较科学、充分的，因此，针对养老产业中商业养老部分由保险公司提供是无可厚非的。此外，保险公司是提供长期护理保险的专业金融机构，而长期护理保险也是养老产业中不可缺少的一部分。现在，我国比较成熟的长期护理保险产品有国寿康馨长期护理保险、昆仑健康360长期护理保险。

（二）中国商业保险资金进入养老产业的运营模式

2009年5月，新《保险法》首次提出保险资金可以投资不动产。2010年8月，《保险资金运用管理暂行办法》首次对《保险法》中不动产的投资比例做了明确规定，保险公司投资不动产比例不得超过总资产的10%。针对新规定的出台，许多保险公司开始试水，2010年3月，泰康全资子公司泰康之家投资有限公司成立，注册资本金22亿元，抢先成为保险业首家养老社区投资实体，进入不动产投资行列。太平保险集团投资上海及深圳太平金融大厦两大项目，其中的上海太平金融大厦投资金额22亿元，建筑面积超过11万平方米，已经于2011年2月份竣工使用。截止到2011年12月，平安信托在房地产方面的投资已达219亿元。2010年10月，人保集团投资购买原首都时代广场作为总部大楼投资也接近40个亿。

2011 年初，保险资金投资于养老产业在业内被广泛考虑，在 2011 年 1 月 10 日的《中国保险报》上详细的盘点了新《保险法》实施以后，我国保险公司在投资不动产上的动作。其中，泰康保险公司在养老产业上的投资引起很大关注，泰康全资子公司泰康之家在北京昌平购置 2000 亩地，用于建设保监会批准的首个养老社区投资试点项目，这是一次保险行业进入养老产业开始。许多保险公司开始运转投资养老产业，2010 年 4 月 16 日，蔡甸区人民政府与合众人寿保险股份有限公司在北京正式签订合众人寿健康社区项目投资建设协议，合众人寿健康社区项目正式落户后官湖畔。项目区位于湖北省武汉市蔡甸区大集街堡家咀区域，总投资规模约 100 亿元人民币，总建筑面积 160 万平方米左右，建设集健康养生、养老服务、临床医疗、学术科研、医学教育为一体的健康产业服务基地。中国人寿保险公司也计划在河北廊坊筹建养老社区，项目总投资为 1000 亿元。

保险公司投资养老产业已经悄然开始运作，但是从投资模式上看是比较趋同和单一的，目前保险公司投资养老产业主要集中在大型地产模式。其实，保险资金进入养老产业的模式不应该单单集中在大型养老社区的建立，针对我国养老现状可以尝试县（区）级养老服务机构建设，在产品开发上也应当加大力度，利用所建设的养老产业为公司的养老产品服务，下文将从不动产投资模式、社区服务投资模式、产品投资模式三方面进入养老产业可以选择的模式。

第二节 养老产业的创新应用

一、养老产业金融创新发展

（一）养老金融创新发展的理论解读

1. 养老金融创新发展的理论探索

初期的研究主要集中在探讨养老基金与资本市场之间的关系。研究结论表明养老基金的规模巨大、稳定性强以及追求长期稳定投资收益的特点，都将对资本市场的结构、效率以及稳定性产生重要的影响。

近期的研究中，有学者对养老金融的概念和功能进行了定位，并对养老金融的体系构建和监管体制进行了初步探讨。对养老金融的关注不再局限在传统的养老金资金运作领域，而是逐步拓展到养老产业的金融支持、养老金融的产品和服务。

2. 养老金融创新发展的背景分析

《中国老龄事业发展报告（2013）》指出，2012 年 60 岁以上老年人口达到 1.94 亿，人口老龄化水平是 14.3%。一方面，中国老龄化是未富先老型的；另一方面，中国独特的倒金字塔型家庭结构，使得长期以来形成的传统家庭养老方式面临严峻挑战。这一背景决定了中国必须要走社会化养老的道路，因而养老产业迎来了广阔的发展空间。养老产业的发展必须有足够的资金支持，因此离不开金融的创新支持。

2013 年，黄益平等的研究结果显示，养老金缺口是中国政府在财政上面临的最大风险。养老金总负债在 GDP 中的占比达到 62% ~ 97%，并且会随着养老金支出的增加而增加，有可能会超过国有资产总额。人口老龄化将导致养老金缺口进一步呈现扩大的趋势，而现行的养老保险制度正在使财政的健康发展受到侵害。在政府财政体制存在缺陷，难以支持养老保障体系建设的前提下，养老金融创新发展的弥补作用意义重大。

随着人口结构的变化，储蓄率和投资率逐步下降，经济增长模式由投资和出口驱动向消费拉动转变。在经济增长模式转变过程中，消费不足已成为制约社会转型和经济可持续发展的重要因素。世界银行的研究结论表明：绝大多数中国居民储蓄受养老金发放等多种不确定因素的影响。养老金长期积累的特征，与资本市场需要长期战略投资者的现实状况完全契合。通过改革养老金制度，将养老金转化成持久稳固的社会投资，不仅可以防止养老金消极管理导致的贬值，还可以促进资本市场和国民经济的长期发展。

（二）养老金融创新发展的国际经验借鉴

1. 养老金与资本市场的良性改动

从美国养老金发展的经验来看，养老金与资本市场的良性互动是其突出的特点。一方面，养老金为资本市场的发展提供了长期稳定的资金来源；另一方面，养老金自身通过资本市场的投资运营也获得了较高的收益率。而优惠的税收政策和放松的投资监管是养老金获得发展的主要动力。

（1）优惠的税收政策

从美国 401（K）计划可以看出，优惠的税收政策是其得到迅速发展的关键因素。EET 模式受到西方发达国家的普遍采用，即对缴费和投资收益免税，但对领取征税。该种税收优惠政策调动了雇主和雇员的参与积极性，使得 401（K）富有广泛的吸引力。同时，为了防止税收流失和政策滥用，对雇主和雇员的缴费上限、适格员工、赋益性、非歧视原则进行了明确的规定，并对提前取款、借款、困难取款、不取款等规定了具体的惩罚措施。

（2）放松的投资监管

全球养老金投资呈现的趋势表明，投资监管模式已逐渐从严格限量监管模式向"审慎人"监管模式进行转变。养老金投资范围不断扩大，不仅投资于传统的权益类以及固定收益类产品，还扩大到房地产、基础设施建设类项目等另类投资。具体而言，自 1995 年至 2011 年，股票类投资的比例从 49% 下降到 41%，债券类投资的比例从 40% 下降到 37%，其他类投资的比例从 5% 上升到 20%，现金类投资的比例则从 6% 下降到 2%。在养老金资产配置上，只有其他类资产配置占比呈上升趋势。

2. 养老产业发展过程中的金融支持

（1）多方共赢的住房反向抵押贷款

住房反向抵押贷款最早起源于荷兰，但在美国、加拿大、日本等发展得更为成熟。住房反向抵押贷款不仅解决了人口老龄化带来的养老难题，同时还为银行提供了多种获得收益的方式。该模式之所以得到顺利推行，并且已经成为老年人未来养老的重要方式之一，与国外特殊的国情紧密相连。一方面，国外有着完善的贷款、担保、评估等机构，以及完善的信用系统；另一方面，发达国家的房价相对而言比较合理。

（2）房地产投资信托基金受到机构投资者的青睐

1960年，房地产投资信托基金产生于美国。由于商业地产可以带来租金收益和房产增值等长期稳定的收益，并且分红比例一般不低于收益的90%，因而受到养老金等长期机构投资者的欢迎。因此，美国保险机构主要是通过投资房地产投资信托基金的方式持有养老地产。

（3）政府主导下的长期护理保险

20世纪70年代，长期护理保险产生于美国，随后被法、德、英、爱尔兰等欧洲国家和南非采用。长期护理保险可以分散和转移国家基本养老保险面临的压力，对促进养老产业的发展起到了至关重要的作用。长期护理保险在实际运作过程中主要有两种模式：一是以德国、日本为代表，将长期护理保险纳入社会保障体系的模式；二是以美国为代表，由商业保险公司开发长期护理保险产品的模式。

3．以需求为导向的养老金融产品与服务

发达国家强调中老年人、中高收入者以及有稳定工作人群对养老金融产品的需求，其发行的产品具有长期性、安全性、流动性、收益性等特征。通过不断的实践探索，美国共同基金实现了由"产品导向"向"需求导向"的转化，有效解决了不能满足需求的难题。通过研究发现，对于大多数国家的养老基金管理机构而言，大都会提供多种产品满足不同风险收益偏好者的需求。通过不同产品的比较分析，个人自主选择权得到了充分的尊重。

（三）养老金融创新发展的应对策略

大多数发达国家都拥有相对完善的社会保障体系与资本市场，而成熟的养老金融正是依托于这些完善的体系。不仅如此，不同的养老观念、经济发展阶段，以及人口老龄化水平的差异，都意味着不能对国外的发展经验进行照搬。

1. 理顺基本养老保险基金的管理体制

对目前的基本养老保险制度而言，管理体制的理顺需要两个前提条件：一是基础养老金实现全国统筹；二是个人账户的做实。基础养老金的统筹层次低，经济原因是地区发展差异大；管理原因是财政所实行的分灶吃饭体制。十八届三中全会《中共中央关于全面深化改革若干重大问题的决定》明确提出了实现基础养老金全国统筹。将统筹基金与个人账户彻底分开，逐步做实个人账户，是进行投资的前提条件；而个人账户的做实，需要各级政府明确责任，弥补历史债务。

（1）管理主体：全国统筹是前提

受制于基础养老金统筹层次较低的事实，投资管理主体的确立是一个分阶段完善的过程。只有在实现全国统筹的前提下，才能将分散的养老保险基金委托给更专业的机构进行投资。

（2）投资渠道：分类投资是关键

养老金性质的不同，对风险偏好、投资周期、投资原则以及具体的投资领域，都有不同的要求。社会统筹基金面临现收现付的压力，对流动性要求高；而个人账户基金是长期性的资金，可以投资于风险和收益相对较高的资产。因此，对于社会统筹基金和个人账户基金，应该实施分类投资的方式。郑秉文（2012）认为，个人账户基金应该委托给全国社保基金理事会进行投资运营，社会统筹基金应该委托给新建的投资机构进行投资运营。

（3）管理模式：探索集中型管理模式

养老金管理模式可以分为三种，分别是集中型、相对集中型和分散型。集中型管理模式能够提升管理的透明度，也有利于加强监管，比较适合中国国情。新加坡和挪威养老金集中型管理取得了比较好的回报，值得我们学习和借鉴。

（4）监督与风险控制：基于风险的监督

基于风险的监督在横向上强调建立全面风险管理体系，在纵向上强调做实三道防线。在第一道防线上，通过职责分工和标准操作程序的适当划分，实现了各岗位、各部门之间的复核、监督和制约。在第二道防线上，风险管理部门进行全面的事前、事中、事后的风险监督与合规检查。在第三道防线上，对内部控制的健全性、执行的有效性和系统安全进行监督。

2. 养老产业发展过程中的金融创新

理性的消费需求尚未被完全唤起，市场环境尚不成熟，再加上养老产业回收周期长、盈利能力低的特性，减缓了资本进入养老产业的步伐。

第一，住房反向抵押贷款试点中前行。由于和传统观念不一致，再加上房价未来走势不明确，以及住房产权70年到期归属等问题的限制，住房反向抵押贷款受到人们的普遍质疑。

一方面，需要明确住房反向抵押贷款是为了满足多样化、多层次的养老需求，提供的一种市场化运作的自主选择权。主要针对的是独自居住、缺乏儿女照顾、生活贫困、没有稳定生活经济来源，但是有产权住房的老年人。另一方面，住房反向抵押贷款是把一系列金融产品组合在一起，在具体操作层面，不但要求专业性高，还需要体现各地房地产市场的特点。在具体推进过程中，既需要各地先行先试积累经验，制定一套完善的操作和监控系统，也需要从国家层面进行系统、细致的制度设计。政府出台相关法律法规和财政税收政策对该产品的推出也至关重要。

第二，房地产投资信托基金需要法律和税收的支持。2008年12月13日，国务院《关于当前金融促进经济发展的若干意见》明确提出"开展房地产信托投资基金试点"。虽然在中国发展房地产投资信托基金已形成共识，但是要想成为养老基金的推荐投资产品，还有很长的路要走。受到房地产和资本市场法律制度的限制，房地产投资信托基金要想在中国得到进一步的发展，离不开对相关法律法规的调整。同时，由于税收优惠政策的缺失，很大程度上削弱了房地产投资信托基金的竞争力。

第三，建立长期护理社会保险的时机不成熟。孙洁（2012）认为虽然长期护理保险是一种具有社会保障功能的商业保险产品，但现阶段不具备建立长期护理社会保险的时机，应当鼓励商业保险公司积极发展长期护理保险，将长期护理保险纳入企业员工福利范畴。

3．养老金融产品和服务的创新

第一，养老金保值增值的产品创新。Bodie（1990）发现在资产证券化、金融衍生品、零息债券、期权及远期合同等金融创新中，养老金起到了关键性的推动作用。近年来的改革是让个人承担更多的责任，并给予个人更多的投资选择权，从而创新出一类特别针对养老需求的基金，即生命周期基金、生活方式基金和 FOF 等。

1962 年，日本开始实施的"税制适格养老金制度"值得我们学习和借鉴。这种税制采用养老金信托方式，成为日本养老金信托发展的里程碑。中国 2013 年下发的 23 号和 24 号文增加了企业年金的投资范围，包括商业银行理财产品、信托产品、基础设施债权投资计划、特定资产管理计划、股指期货等，为企业年金的保值增值带来了巨大的发展空间。

国际经验表明，养老金等机构投资者配置在另类投资上的比例大概在 10% 左右。2013 年，韬睿惠悦咨询公司联合《金融时报》发布的研究结果表明，对一百强另类资产管理公司而言，所管理的资产中养老金资产占比达到 36%。对于中国养老金而言，也加大了对另类投资的关注。

要根据养老金的不同性质，选择相应的创新产品。对于基础养老金，其投资更偏重流动性。对于个人账户基金，由于是个人财产，做实后投资选择权的归属将是未来的争论焦点。对于企业年金和社保基金，更加重视基金投资的多元化和市场化。

第二，养老理财产品和服务的创新。根据国际上成熟的理念，养老理财应该做到"长期限"和"低门槛"，但是目前银行推出的产品在门槛、风险、期限和收益上与现有产品差别不大，缺乏创新。除了需要加强养老理财产品创新之外，还可以在健康管理、财产保障、法律顾问等方面进行服务创新。

虽然保单与实物挂钩的养老保险还处于早期推广阶段，但是实现了从单一的保单保障向有形保障与无形保障相结合的转变，是养老保险体系的有益补充。在养老保险产品与养老社区进行对接的基础上，可以在养老社区内进一步延伸保险的优势，包括责任保险、长期护理保险和医疗保险等。

信托有一些不可替代的功能，比如破产隔离机制、受益人保护机制。除此之外，还可以发展财产传承服务、遗嘱信托服务和反向抵押贷款业务等。目前信托产品主要是金融信托，不处理房产、土地等资源，应进一步改革养老信托产品，扩大投资领域。

虽然基金公司在投资上更具专业性，但是在品牌影响力和渠道营销上却处于不利的地位。如果持续在养老理财市场上进行短视行为的规模扩张，有可能陷入"同质化"的恶性循环。需要注重产品设计的针对性和有效性，进行实质性的金融创新，开发养老理财需求的细分市场。

二、养老产业融资模式的创新 —— 以河北省为例

（一）河北养老产业融资模式创新的影响因素

1. 政府政策法规与战略选择

省政府高度重视养老工作，老龄政策法规建设进一步加强，制定下发了《关于进一步加强老龄工作的通知》《关于加快发展养老服务业的意见》，出台了《河北省老年人优待办法》，为养老产业发展提供了强有力的政策支持。但是规范化和标准化并未随着市场的运行得以建立。在诸如享受政策优惠的企业应该具备什么样的条件、养老产业行业的管理依据等问题上不具备统一的规范和标准，这就导致了市场的混乱，进而加剧了产业融资的困难。此外，政府对养老产业融资创新管制严厉程度会影响创新行为。如果政府管制严格，则养老产业要推进融资模式创新难度大；反之，融资模式创新难度小。地方政府的经济实力也是影响融资创新的重要因素，一般而言，地方经济发展快，财政实力雄厚，不仅具有更强的经济实力投入到养老产业中去，而且养老机构在融资模式创新过程中由于地方政府信誉高，可以更好地获得外部资金的支持，从而降低了融资模式创新的难度。

2. 投资者对养老产业认识

养老系列产品需求的急剧上升，养老服务市场迅速生热，养老服务设施

的日趋紧张，都显示了养老产业市场的广阔发展空间。但是，河北省养老市场的发展前景没有被投资者充分认识到，同样的认识误区也存在于老龄产品的设计研发和生产销售方面。老龄人节俭的习惯是许多投资者在决策时考虑的一个重要因素，因为与之伴随的是老龄人群对价格的过于敏感和由此导致的老龄产品价格的普遍偏低。鉴于这种风险，许多投资者不敢贸然投资。即使投资，拿到资金的企业也难以提供适合河北省养老产业当前发展阶段的老龄产品和服务，难以满足河北省老龄市场的真正需求。养老产业这个新兴的投资领域不能够被充分地了解和深刻认识，资金和服务的提供者顾虑较多，因此，河北省养老产业的商机也难以被充分认识，进而影响了养老产业融资模式的创新。

3．养老产业本身的特殊性

养老产业本身的特殊性也对养老产业融资模式的创新产生影响。第一，养老产业处于产业发展的早期阶段影响养老产业融资模式的创新。在养老产业发展的早期阶段，在市场上存在的养老机构大部分规模都是中小型的，这些中小型的养老机构面临着高竞争性的产业环境，这两点决定了养老产业的投融资有很高的风险。第二，养老产业的微利性和福利性影响着养老产业融资模式的创新。很多养老产业投资项目周期长，回收慢，政策和市场不能有效地弥补养老产业带来的社会效益，这就使得养老产业融资模式很难对企业具有吸引力。第三，老龄市场自身的具体特征影响养老产业融资模式的创新。老龄市场的交易主体在需求、收入、消费行为、消费倾向上的特点决定了投资的不确定性，面对在身心上千差万别的老年人，养老机构在成本运行和创造收益这一矛盾下，仅仅依靠其自身也是很难实现养老服务的高规格化和标准化。养老产业具有的高风险性和不确定性对融资模式创新是个较大的挑战。

（二）河北养老产业融资模式的创新分析

1．政府法律法规、政策规划的创新

诸多法律空白和来自各方面的风险是开展河北省养老产业融资模式创新会面临的问题。为了完善河北省养老产业融资模式的相关法律、降低河北省养老产业融资模式中面临的风险，政府必须完善与创新养老产业发展导向、投融资政策取向、行业规范与管理等相关的政策法规，激励投资主体的投资行为，使各参与主体能够大胆介入。同时加强投资收益回报的立法，以减少投资方的风险，保障各投资方的利益。制定单项的政府在养老产业融资方面的法律或行政法规是减少投资方风险的一种必要选择。借鉴国外经验，根据养老产业的特点创设新的融资形式，及时适应河北省养老产业融资的需要。

支持养老产业的政策不仅体现在能够减少养老产业资金支出的土地优惠、税收优惠和相关费用减免等直接性融资政策上，而且体现在财政贴息、信用担保等间接性融资政策上，间接性融资政策能够促进资金通过商业银行、政策性银行、国内外专项基金、国际金融机构等渠道流向养老机构。河北省应结合目前养老产业融资现状，建立健全河北省养老产业的相关政策，进一步完善养老产业的法律和法规，通过多种政策并举激励金融机构积极地参与到河北省养老产业的投融资活动中来。

2．改变投资者认知，提升养老产业对资金的吸引力

由于河北省养老产业尚不成熟，同时也缺乏政策的有力支持和引导，投资者在很大程度上对发展养老产业的预见性不够，忽略了老年人口蕴藏的巨大消费潜力，对开发相关产品与服务缺乏主动性和积极性。此外，社会的有限资本大多被回报快、效益大的项目和行业所吸引，使得养老产业的发展面临资金紧缺的困境，难以使其形成规模效益。鉴于此，各级政府和养老机构应该利用媒体的力量，加强舆论引导和宣传，使得投资者认识到养老产业巨大的投资价值和良好的发展前景。政府应积极做好养老产业发展规划，通过投资大型养老基础设施项目和媒体舆论引导等引起投资者的关注，改变投资者的认知，使投资者感受到政府对养老产业发展的重视。养老机构通过电视、报纸、网络等媒介广泛宣传新型养老产品和服务，提升投资者在养老产品研发和销售方面的投资意愿，改变投资者对养老产业微利性和高风险性的错误认知，吸引社会资金投资于养老产业。

3. 拓展融资渠道，积极探索养老产业产品创新

（1）养老产业信托融资模式创新

信托是建立在信任基础之上的一种财产管理制度。信托投资公司不仅可以在货币和资本市场开展各种金融业务，还可以直接投资于产业。灵活性和具备较大的创新空间是信托投资的特点。信托公司的产品设计应该紧紧依据河北省养老产业中企业和项目的特点，信托公司的服务可以通过贷款、股权投资、资产证券化等金融工具和手段提供给河北省养老产业中的企业或项目。养老产业信托计划发行必将随着河北省养老产业政策的出台和实施越来越具有吸引力。河北省养老产业信托融资模式创新可以通过以下途径进行。第一，河北省养老产业内的企业委托信托公司发行债权型收益权证募集资金，然后通过项目贷款把资金注入企业，然后收取利息以实现信托投资的收益。第二，信托公司发起养老产业信托投资基金，为河北省养老产业内的企业或项目提供股权融资，通过股权管理获取投资收益。第三，信托公司使用自有资金开展融资租赁业务，帮助养老产业内的企业购置大型设备，以减少成本，解决资金。无论采取以上的哪一种方式，信托投资公司都是具有核心的作用。

（2）养老产业项目融资模式创新

项目融资是指贷款人向特定的工程项目提供贷款协议融资，对于该项目所产生的现金流量享有偿债请求权，并以该项目资产作为附属担保的融资方式。这种融资模式可以在老年活动中心、老年公寓的建设等项目中引进。这将是解决养老产业融资瓶颈的一个大胆创新和重要突破口。

BT（建设——移交）模式、融资租赁、PFI（私人融资活动）模式和PPP（公共部门与私人企业合作）模式等项目融资方式都是与河北省养老产业的项目特点和河北省项目融资的方式相符合的。河北省私营养老机构的基础设施项目建设融资可以采用BT融资和融资租赁模式。河北省养老产业服务项目的建设可以采用PFI模式，这种服务项目由政府发起、由财团进行项目建设。政府采用PFI的目的在于获得有效的服务，而并非旨在最终的基础设施和公共服务设施的所有权。在PFI模式下，公共部门在合同期限内因使用承包商

提供的设施而向其付款，在合同结束时，有关资产的所有权或留给私人部分承包商，或交回公共部门，取决于原合同规定。项目融资方式的选择要科学合理，也可以根据情况综合利用。

三、民办养老产业发展对策 —— 以山西省为例

（一）加大政策扶持力度，保障政策落实到位

特别强调政策的推行与落实，就是为了惠及更多真正需要帮助的机构和组织。可以从以下几个方面着手：一是资金扶持。大部分营利性民办养老机构运营艰难，处在持平和亏损的状态，迫切需要政府给予资金上的支持和援助，可以通过一次性的床位补贴和建设运营补贴等形式帮助机构运作起来，共同加强民办养老机构的建设。二是保障用地。简化手续办理流程，保证土地的安置落实。同时土地租赁或购买给予更大的支持力度。三是降低经营成本。在水、电、气、热上给予优惠政策，都实行统一的居民价格。

（二）明确机构市场定位，推动医养融合发展

首先应该在市场竞争中明确自己的定位和职责所在。根据全方位的需求，丰富服务形式，避免单一化。应该照顾到失能等不能自理和年龄偏大的老人行动不便的特殊需求。他们更愿意在养老机构获得专人的照顾，尤其是在有身体状况突发的情况下，有护工 24 小时的监护照料。医养结合的出现到目前的备受关注，也是实际考虑到老年群体自身的特殊需求。

2016 年，山西省太原市等 4 座城市成为首批医养结合模式试点。"医养结合"新模式的推广，成为应对当前问题的重要途径。山西省主要运用的"医中有养""养中有医""居家医养""医养结合综合体"等模式，试行效果显著，极大地推动了民办养老产业的多元化进程。太原市推行的医养结合的新养老模式的试点成功，也为其他省市的探索提供借鉴。鉴于老年人口的不断增长，建立多位一体的联动模式，推动医养融合发展势在必行。

（三）加强人才队伍建设，实施岗前专业培训

管理服务和医护服务是突出特色发展的关键举措。管理人员和医护人员

队伍建设的壮大，和专业水平的高水准是民办养老产业的人才保障。相关劳动就业部门应该组织培训计划，对从事养老机构服务的护理人员以及将来愿意从事此项工作的人员进行包括护理、保健、心理、职业道德等多方位的培训。有关部门要组织职业鉴定考试，并对考试通过的人颁发职业资格证书。在实际的工作中要求一律持证件上岗。建立"服务积分"制度，旨在通过日常的服务获取积分，每到达一定的阶段，获取相应的回报，用于日后自身的养老需求，提高管理和医护人员的待遇和工作积极性，有助于可持续发展。

（四）转变传统养老观念，提高社会认可程度

通过贴心周到的服务理念和行为来转变老一辈人的消费观念。虽然养儿防老的观念在他们的思想里根深蒂固，但是舒适的优雅的养老环境仍会令人向往。一是加强机构管理，提升服务能力。从全方位的角度来完善和保障服务需求。调查显示，百分之四十的老年人希望改善伙食，丰富饭菜种类，可以通过自助餐等形式由老年人自由选择饭食。同时希望增加各类软食，利于他们咀嚼和消化。百分之五十七的老人希望多组织文化娱乐活动，身体条件较好的老人可以组织参加春游等活动，到附近的公园或者森林公园去郊游一番。行动不便的老人希望可以组织简单的老年健身操等活动，增强锻炼。还希望可以有文化演出、书法绘画等形式的活动。百分之十二的老年人希望机构能够降低收费标准，减轻他们的养老费用支出。百分之九的老人希望通过专业培训提高他们的工作效率和水平。二是提供特色和差异好、化服务。突出每个机构的自身特色和服务宗旨。根据需求进行市场细分，整合资源，建设成专一化的机构类型。比如新建或者转变成只接纳能够自理的老年人，正阳做的目的就是方便管理和统一服务，对于社会上的资源可以实现整合再利用到每个受众者身上。要走不同特色经营的发展路线，以区别于公办养老机构，凸显自身的特色优势。

养老机构应该扩大宣传力度，针对特定的公园、社区进行宣传。让他们重新认识养老机构不仅仅是能够解决基本的衣食住的养老需求，同时机构组织的日常活动、省内外旅游等丰富的文化娱乐生活可以充实他们的老年生活。

更加重要的一方面是，随着医养融合的推进，老年人"看病难、就业难"的问题也会有所改善，这也是最直接关系到老年人自身利益的重要因素。

（五）明确政府监管主体，实现产业规范管理

建立规范化的管理规章制度，更重要保障其落实到位。因此凸显出政府的执行力必不可少。首先做到明确监督管理的主体，对分别负责登记、审批等部门的分工，明确各部门的管理职责所在，形成多部门联动的监管机制，争取做到监督管理做到日常化、规范化、制度化。

一是建立行业协会。机构与机构之见，机构与企业之间都缺乏有效的沟通平台，处在自我摸索和运营的阶段，没有形成合力，没能有效地整合各类资源来促进自身的发展，实现双赢的目的。建议组织行业协会，拥有固定的场所和网络宣传渠道，了解目前产业间的发展态势。二是完善商业保险和医疗保险。可以由政府和社会力量共同来承担。同时建议机构主体购买"养老机构财产保险"，可以由指定部门加强督促养老机构参保；建议保险公司增加"老年人意外伤害险"并促使老人购买。保障机构和老人在遇到突发状况后，可以获得相应的赔偿，使财产损失达到最小化。

（六）发展老年相关产品，鼓励主体积极参与

大力发展民办养老产业，除了政府的政策措施，还需要企业不断地创新，研发新产品，在同质化的市场下形成强有力的竞争力。以服务于老年群体为主要目标的诉求，就要不断形成产品创新、管理创新的新局面。研发产品时要注重产品的功能性、实用性、保健性和易操作性。管理创新在于根据老年人这一年龄阶段的多层次的需求，提供便捷的、优质的全方位的服务。营销创新在于针对老年人对现代的手机、网络等通信技术不是很熟悉，可以利用传统的传播方式例如电视、报纸等传统媒介进行广告宣传，宣传内容要以简单、易懂、真实为原则，让老人容易识别、接受和理解，最终实现购买，促进消费需求。

山西省可以依托一批国内和行业内领先的科研机构、制药企业的先进技术和理念。如科研机构有山西医科大学及其附属医院、山西省医药与生命科

学研究院以及制药企业目前有亚宝药业、天生制药有限公司、太行药业股份有限公司、正元盛邦制药有限公司等。除此之外，依托新的"互联网＋"技术，利用多平台，更好地为老年人提供服务。

还需要调动社会力量的主动参与，吸引民间资本的注入，鼓励投资主体的多元化，促进全面发展。吸引社会群体的资金支持，可以是社会公益项目的募集、捐款等形式。根据我省不同地区的收入水平，对市场进行细分。动员社会力量通过有偿或无偿的形式提供网络技术、课程培训、学习讲座等多个领域的支持。

第三节 养老产业化现状

一、我国养老服务产业发展现状

（一）发展规模小，产业化程度较低

尽管我国培育并发展养老服务市场已经 20 多年，但是养老服务产业总体水平落后，发展仍处于初级阶段。在当前国内市场中，养老服务作为营销概念屡见不鲜，但作为专门经营和提供养老服务的企业数量却很少，养老服务也只是作为一般性的企业辅助业务或衍生业务来生产经营，而且多数还为小规模投资经营，并未真正形成产业模式，没有形成完整的产业链，产业化整体发展程度较低，致使产业市场占有率低市场竞争力弱。

（二）产业结构单一，产品种类单调

相对于国外养老服务产业，我国的养老服务产业模式发展相对单一。目前能称为养老服务产业的主要是两部分，一是与居家养老配套的家政服务，我国目前仅有家政服务公司这样的机构，对居家养老的老年人采取家庭护理以及简单的生活照顾，但这类公司充其量就是一个服务中介的性质，他们所提供的服务项目水平低、内容范围窄、服务价格不合理，更不能为老年人提供个性化、特殊性、专业性的服务。

二是传统的养老院机构养老。从某种程度上讲，为了扩大服务产业规模，满足养老需求，政府和企业只是单纯地依靠创办养老机构，并简单的套用养老院、敬老院等运营管理模式来加速养老服务产业发展，大多数养老服务机构对老年人也只停留在以医、食为主的同一模式统一标准的服务照顾上，不能为机构养老的老年人提供个性化、多样化、特殊性的服务项目。

（三）收费价格过高，社会接受度低

从收费价格上看，养老机构的收费价格标准普遍偏高，超过了大多数老人的接受能力。截止到年底，以北京市为例，公办养老机构的平均价格为元月，但这仅仅是床位费，对于额外照顾服务或特殊护理的还需要按规定另外交纳费用，算下来基本上每月至少需要元月，而一些社会办养老机构收费高达元月有的甚至月收费过万元。据统计，年北京退休人员月平均养老金仅有元，所以单凭老年人每月退休金也是勉强支付公办养老机构，而对于社会办养老院高昂的价格费用是根本支付不起的。

（四）社会投资不足，供需失衡严重

社会资本投资养老服务产业是为了追求效益，但是养老服务产业投入成本大、回收周期长，行业风险高，而随着物价水平、工人工资的不断上涨，企业短时间内收益不显著，所以很多企业望而却步，这直接影响养老服务产业的总体投资规模和投入力度，但是社会养老需求却在日益增长，社会投资的不足导致产业发展供给不足，进而无法及时满足老年服务需求，造成供需矛盾严重失衡。

从机构养老总量供需上看，据全国老龄办统计数字显示，截止到2011年底，我国养老机构只有4.09万个，床位数仅有351万张，而我国60岁及以上的老年人已高达1.85亿，也就是说全国每千名老人占养老床位不到19张，即使按照国家养老服务发展有关规划，到2015年底，中国每千名老年人拥有养老床位数将达到30张，这仍与发达国家平均每千名老人占有养老床位数约70张的水平差距很大。

而从各地民政局的数据了解到，北京市的养老机构共有401家，60岁以

上的老年人口约为 248 万，床位总数仅仅只有 6.9 万张，每百名老人的平均床位为 2.8 张，床位缺口是 5.5 万张 12。上海共有养老机构 631 家，床位总量达到 10.2 万张，但床位数仅占到老年人口的 3%。此外，成都养老床位缺口 3.7 万张，武汉养老床位缺口至少 2.6 万张，广州养老床位缺口 2.2 万张，郑州养老床位缺口 1.5 万张。

从居家养老服务内容供需方面上看，通过与被调查者的访谈，我们了解到居家养老服务产业所提供的服务内容依旧比较简单，专业化程度也不高，主要还是以家政服务为主，所提供专业的社区生活照料、康复护理、精神慰藉等服务的还很不到位。

（五）产业效益偏低

很多企业和养老机构获利甚微，甚至入不敷出。以家政服务公司为例，创办家政公司的前期投资资金较大，之后要建立人才队伍，营运管理成本也比较高，而家政公司的收益只是赚取可观的中介费用，所以家政公司想在短时间内获取高额效益几乎是不可能的。再以养老机构为例，入住传统养老机构的老年人收费要达到每人每月 4000 元～ 6000 元才能维持养老机构的正常运营，而根据现在大部分养老机构的平均 3000 ～ 3500 元的收费标准，养老机构要在短时间内盈利将十分困难。

而对于那些投资高收费高品质高的高级养老公寓而言，如北京的太阳城，从 2003 年至今，太阳城养老公寓加上民政部门给予的有限床位补贴和运营补贴，能够基本实现盈利，但投资 4 亿多元建设的养老服务配套设施，如超市、文化教育中心、娱乐中心、物业管理中心等，至今依然亏损。再如保利地产位于北京首个养老产业项目西山林语·和熹会养老公寓已于 2012 年年底开始运营，运营一年多的时间，因市场接受度以及收费控制，只有 11 位老人入住，入住率不到 50%，目前尚处于亏损状态。

（六）服务质量较差

服务质量差不仅表现在养老设施硬件方面，也表现在服务体系软件方面。

首先，从养老设施硬件上说，机构养老缺乏考虑老年人在生活、医疗、康复、文化等方面的舒适、安全和便利，如万科幸福汇的养老公寓未安装无障碍硬件配套设施，再如入住北京太阳城养老机构的一位退休教师说"公寓管理不严格，任何人可以随时进出，对老年人的身心安全埋下了隐患"。

其次，从养老服务体系软件上说，一方面，产业服务人员多是下岗人员和外来人员，他们只能凭经验做一些简单的日常护理和家政服务，对老年人身体护理、心理疏导、精神关爱不到位，如入住寸草春晖养老院的老年人反映机构对房间打扫不及时，对老年人的服务照顾和心理关爱缺乏耐心，这是因为他们没有学过专业护理知识、没有接受过相关技能培训，而且有些基本素质差的服务人员还打骂、虐待老人。另一方面，作为服务人员的提供者，有的企业不仅没有对服务人员进行高质高效的专业培训，而且缺乏对员工的严格管理和监控，甚至还放任员工的不符合服务规定的行为，这都严重影响了养老服务产业的服务质量。

二、县城养老产业发展的现状及建议 —— 以饶河县为例

（一）养老产业发展现状

1. 基础设施建设概况

饶河县目前只有两家公办养老机构，一家是位于县城郊区的饶河县养老服务中心，建筑面积 2072 平方米，一家是位于离县城 100 千米左右的西丰镇敬老院，建筑面积 800 平方米，两家养老机构均配有医务室、棋牌室等基本的医疗设施以及休闲娱乐设施。

2. 养老产业发展以及供需情况

截至 2015 年 12 月末饶河县域人口 14174 人，其中 60 岁以上老年人 1.871 人，占 13.2%，但目前饶河县只有两家公立养老机构，只有 160 个床位，供养了 160 位老人，供需比差距较大，目前还没有正规注册的私立养老机构。

3. 当前饶河县养老产业发展的趋势及特点

欧洲的养老模式是倾向于把老年人相对集中到一个公寓中，融合了城市意味、社区功能和生态目标，异地养老、跨国发展养老产业在欧洲渐成潮流。

在美国，主要以家居养老为主，真正进入机构养老的只有老年人的五分之一，大部分跨区域、跨国养老。我县目前还是以家庭养老为主，目前的"421"家庭模式给家庭养老带来巨大压力，社会养老必将成为趋势。

4．养老产业政策扶持力度

2010 年 8 月，黑龙江省养老服务行业协会正式成立，2014 年 9 月出台了《黑龙江省政府关于加快发展养老服务业的实施意见》，2014 年 10 月 20 日，黑龙江省政府制定下发 34 项措施支持民办养老产业的发展，但饶河县是一个国家级贫困县，县财政财力有限，而且饶河县目前没有注册的民办养老机构，政府支持力度不大。

（二）饶河县养老产业发展中存在的问题

1．养老机构单一

饶河县目前还没有社会组织筹办的和民办的养老机构，政府办的养老机构由政府全额拨款，管理、服务人员相对较多，相对规范，因此养老院人数爆满，公办的养老机构目前存在的问题：一是由于管理人员多，成本高，大多出现亏损情况；二是数量少，供不应求，排队入住困难，需等待 1～3 年，而且收的老人大多是五保户、优抚对象，正常家庭有养老需求的老人基本没法满足。老年人大多愿意在社区就近养老，方便就医、方便子女看望。

2．政府制度与政策支持力度加大，但政策落实不到位

目前享受到国家规定免征所得税、营业税和车船使用税，以及水、电、气、暖等鼓励性的优惠政策的只有公办的两家养老机构。而且县内财力有限，支持力度有限，政策落实不到位。

3．服务人员普遍缺乏专业素质

目前饶河县的养老服务人员大多是临时雇用人员，缺乏专业的养老服务产业人才，如医生、护士、营养师、康复师等专业人员，尚不能适应社会不同收入群体的不同养老需求；同时缺乏对现有养老服务人员职业道德、业务能力进行培训。

4．融资渠道不畅

目前饶河县资金需求大、资金筹集渠道单一；金融机构对养老金融产品和服务缺乏针对性；养老金融产品设计存在制度障碍等诸多问题。

（三）促进饶河县养老产业健康发展的政策建议

1．拓展养老产业链条，提升养老产业的整体竞争力

养老产业具有产业链长、涉及领域广等特点，对上下游行业具有明显的带动效应，要着眼市场前景性需求设计产业链，着眼未来产业布局设计产业链，确保产业链符合当前和未来养老产业发展的规律和预期。饶河县冬季漫长寒冷，老年人户外活动较少，加上饮食多盐的特征，心血管疾病较普遍，失能、半失能老人增多，养老产业对医疗保健业的需求和拉动作用将越来越强。因此，发展养老产业要积极延伸打造医疗保健服务，进行链条衔接，使之与养老产业进行互补结合。特别是要将托管托养、家政服务、养老房产，养老信息服务业，以及老年教育、老年旅游、休闲娱乐、金融咨询等服务与养老产业结合在一起，拉长和拓展养老产业链条，提升养老产业的整体竞争实力，有力地促进我县养老产业的持续健康发展。

2．整合资源，建立完善养老产业市场化操作模式

为养老产业发展搭建综合平台，形成养老产业集群发展的整体态势。在社会主义市场经济的背景下，必须研究养老产业的市场化问题，提升养老产业的生存空间和生存能力。具体而言，就是要按照政企分开、政事分开、政社分开、营利性与非营利性分开的原则，充分发挥市场在养老服务业资源配置中的基础性作用，转变政府职能，培育发展多元化养老服务方式、服务业态和运行模式，繁荣养老服务市场。要招商引资，引入社会资本进行养老产业领域；要整合资源，为养老产业发展提供重要支撑，形成资源的整合放大效应；要培育养老产业的骨干企业载体，形成养老产业集群发展的整体态势；要建立完善养老产业市场化操作模式，为养老产业发展搭建综合平台，提供信息、中介、科技等方面的支撑和服务。

3．创新养老模式

创新养老模式，为老年人提供更优质的养老产品，形成养老产业的倍增效应。随着老龄时代的到来，原有的家居养老模式，特别是我国家庭人口结构的变化，已经不适应当前形势需要了。为此，世界各地都在积极探索和创新养老产业的发展模式，以适应不同地域、不同生活习惯等养老群体的现实需求，谋求更多的市场空间和盈利空间，养老产业发展要紧密结合老年人需求实际，结合市场需求实际进行创新，通过模式创新优化养老产业的市场适应性，培育和孵化养老产业，为老年人提供更优质的养老产品，使养老产业始终循着正确、健康的路径发展，从而形成养老产业的倍增效应。如以房养老、旅游养老、候鸟式等养老产品的推广。

4．加大政府投入和扶持力度，释放更多的政策拓展空间

养老产业的发展离不开政府的引导，泛市场化的模式并不适合国情省情，政府不能完全依靠市场的调节来推进养老产业的发展，单一的市场化，不规范的市场会增加产业投资的盲目性和科学引领的缺失性，不利于这一产业的持续健康发展。因此，各级政府对养老产业发展不能撒手不管，完全交由市场，而是要强化责任意识，积极引导养老产业走上一条科学、规范、健康、有序的发展之路。政府要积极发挥服务引领作用，做好政策解读、产业发展研判、提供信息服务和支撑、产业风险评估、行业监管等工作，为养老产业规避市场风险提供重要参考，确保养老产业走上规范、健康发展的良性轨道。

5．充分发挥金融机构优势服务养老金融

金融支持养老产业的首要任务就是融资，只有率先解决资金的瓶颈问题才能促成养老产业的规模效益，其次应该注重老年产品的巨大消费市场，设计出独具特色的老年金融产品，具体内容如下：

第一，"倒按揭"模式又称以房养老，是指房屋产权拥有者，把自有产权的房子抵押给银行、保险公司等金融机构，后者在综合评估借款人年龄、期望余命、房产现值以及预计房主去世时房产的价值等因素后，以年金的形式每月给房主一笔固定的钱。一方面，该模式为养老者提供了经济保障，另

一方面，它也为金融机构带来了盈利业务，从而可以吸收资金进入。

第二，综合融资平台模式通过保险公司、信托业积极参与，建立多渠道融资平台。对于房地产、医疗保健和其他需要长期大量投资的行业要发挥不同金融机构优势，构建多种投资模式。

第三，开发老年旅游保险产品保险公司应抓住人口老龄化的机遇，充分重视老年保险消费市场，及老年人的特殊需求，为老年人量身打造更多的保险产品，弥补市场的空白。

第六章 智慧养老战略的实施

第一节 智慧养老概述

一、从智慧城市到智慧养老：以人为本的技术革新

（一）智慧城市的内涵和特征

智慧城市，英文为 Smart City，是随着全球城市化进程的加快、经济水平的提高及科技力量的发展而形成的城市建设、管理与运行的新策略和新方法。在当前全球经济高速发展的时代，城市人口的迅速膨胀、城市资源的日益紧缺、城市环境的不断恶化及城市经济的持续繁荣共同催生了智慧化城市变革和城市管理的新方式。欧盟委员会在《欧盟智慧城市》的报告中从智慧经济、智慧流动、智慧环境、智慧人群、智慧居住和智慧管理这六大维度对智慧城市进行了定义。IBM 公司于 2009 年 8 月发布了《智慧城市白皮书》，认为智慧城市的核心是建立一个由新工具、新技术支持的，涵盖政府、市民和商业组织的新城市生态系统。

智慧城市理念的提出，其实质是为了提高城市管理效率、方便人民日常生活、充分利用各方资源，以形成和谐、可持续发展的城市运行环境。要真正实现智慧城市的愿景，需要以智能化、网络化的信息技术为基础，充分利用物联网、云计算等最前沿的技术手段，以创新城市发展模式，改善城市发展状况，优化城市配置资源。

智慧城市的核心特征主要体现在其信息和技术发展的广度和深度上。从广度上看，一是信息感知网络覆盖的广泛性。智慧城市的信息感知网络应能够覆盖城市的时间、空间等各个维度，能够收集不同属性、形式、密度的信息。二是信息智能处理的海量性。智慧城市需要拥有对海量信息的处理能力，并对相应信息进行判断分析，据此做出准确的智能决策。从深度上看，主要

指各种网络体系和资源体系的深度互联、协同共享。智慧城市拥有发达的信息网络和信息资源，这就要求所有平台打破壁垒分割，形成有效的深度连接，实现信息资源的一体化和立体化，不再出现"信息孤岛"。

（二）老龄化背景下城市养老服务的发展趋势

第一，城市老龄问题具有复杂性。据 2010 年全国人口普查数据，我国 60 岁以上老年人口为 1.77 亿，占总人口的 13.26%；65 岁以上老年人口为 1.19 亿，占总人口的 8.87%（国务院人口普查办公室等，2012），我国已跨入老龄社会。随着我国城市化进程的加快，越来越多的老年人选择在城市养老，目前已有近 60% 的老年人定居城市。老年人口密度的增加势必会对城市养老问题带来更大的压力，进一步增加城市老龄问题的复杂性。

第二，生活在城市的老年人须应对各种风险。城市生活在带给老年人方便、舒适的晚年生活的同时，也大大增加了老年风险发生的概率。城市空气污染严重，易诱发老年人呼吸系统疾病、心脑血管疾病等生理性疾病。城市交通工具密集，对老年人出行会产生很大隐患。另外，居住在城市的老年人一般是独居生活，发生紧急情况时呼救和寻求帮助困难，更增加了各种风险发生的严重性。

第三，城市养老服务需求呈现多样化。除了老年人普遍面对的经济保障需求外，城市老年人大多数还有着生活照护和精神慰藉的需求。目前我国城市老年人的养老服务依然主要依靠传统的家庭、机构和社区三个方面的支持。城市家庭规模要比农村小，一般情况下，老年人的子女由于工作、生活等方面的压力，无法为老年父母提供全面的养老服务，家庭养老的效用也就无法真正发挥。机构和社区养老服务的提供也由于专业人才缺乏、传统意识束缚、资金短缺等问题而受到种种限制。满足城市老年人的养老需求更需要从完善服务体系、拓展服务手段等方面进行探索。

第四，城市养老资源具有聚集性。相比农村以居家养老为主的养老方式，城市的养老服务的硬件设施和养老资源都更加多样和全面，资源区位也更加集中，有利于进行养老资源的整合利用。城市的居住区域以生活社区为单位，每个社区一般配置有基层社区医院，社区养老、托老机构等养老资源，形成了一定的资源集合优势。

第五，城市养老服务智能化具有可能性。自从提出了智慧城市的发展理念，我国很多城市都开始积极发展城市智能管理网络技术，实现城市各项服务功能的技术化与信息化，这也为城市养老服务的智能化提供了实现的客观条件。目前我国的城市尤其是大中型城市，基本实现了网络化全覆盖，具备开展实施智能化养老的基础条件。因此，探索充分利用城市信息技术发展的有利条件，构建以信息化、网络化、技术化为特征的新型城市养老服务的发展道路，是缓解目前城市养老服务问题的必然途径，也是实现智慧城市目标的重要一环。

（三）养老服务的实现层次与发展战略

养老服务的实现按照由低到高的层次可划分为安老、养老与享老，分别以实现老有所依、老有所养、老有所乐为发展战略。基于老年人群的不同经济状况，对老年人的养老服务实现目标进行分层，可更有针对性地开展养老服务工作。

养老服务的"安老"战略主要满足老年人"老有所依"的需求。老年人，尤其是失独老人、空巢老人，往往需要化解养老风险，解决资金不足、自身权益缺失等问题。而这些问题的解决已经超出了家庭能力范围，只能依靠政府。因此，在安老问题上，很大程度上需要政府承担起责任。我国人口老龄化正进入快速发展期，老龄化、高龄化、空巢化进一步加剧。实现养老服务制度的人员全覆盖，特别是重视失地、失独和贫困老年人的养老服务问题，满足"安老"的基本需求，是我国养老服务体系建设的基本要求。

养老服务的"养老"战略主要满足老年人"老有所养"的需求。从传统上而言，赡养的责任主要是由家庭来承担，子女有照料和赡养老人的义务。然而随着经济社会的不断发展与进步，家庭的养老功能有所弱化，养老责任也逐渐由家庭单方面负担转向家庭、政府和社会共同承担。目前，政府购买的养老服务，主要包括居家养老信息呼叫服务、居家养老上门服务和入住养老机构服务。各养老服务中心也要大力推进服务队伍的建设，打造一支职业道德好、业务水平高、服务质量优的护理队伍，以满足大多数老年人的养老需求。

养老服务的"享老"战略主要满足老年人"老有所乐"的需求。"养老"和"安老"是老年人的基本需求，而"享老"则更多的是涉及老年人的生活态度和生活目标，是更高层次的需求。老年人所拥有的财富、自由和智慧都是其他生命阶段所不可比拟的，老年人更有权利和能力去追求幸福、享受生活，老年人的生活应该是健康、快乐而充满活力的。这是养老的质量问题。为满足有条件的老年人更高层次的养老需求，政府应积极鼓励市场力量参与到养老事业的建设中来，提供更加多样化的养老服务。

目前我国基本养老保险制度已建立并逐步发展、完善，对城市老年人养老服务的"安老"和"养老"发展战略也正在逐步实现。随着我国经济、科技水平的不断发展，学习先进的养老服务理念与方法，满足更高层次的养老服务需求，已成为我国城市养老服务体系发展的新目标、新任务，也是追求"享老"发展战略的必要手段。智慧养老理念的提出，符合我国养老服务发展战略的实现目标——在巩固养老服务"老有所依""老有所养"成果的基础上，进一步为实现"老有所乐"的发展目标而努力。

（四）智慧养老：养老服务的信息化发展

智慧养老是随着养老服务相关技术的发展而兴起的新兴理念，是智慧城市的重要实践形式。智慧养老最早由英国生命信托基金提出，也被称为"全智能老年系统"，即打破固有的时间和空间束缚，为老年人提供高质量、高享受的养老服务。智慧养老模式的原理是利用物联网、智能云计算等技术，实现各类传感器终端和计算机网络的无缝连接。如通过便捷呼叫器、心电监测仪等设备实时监测老年人的血压、心率、血氧等生理指标状况，并将所监测到的数据直接传递到所属医疗服务中心，一旦出现异常，智能系统将立即启动远程医疗程序，满足老年人的医疗服务需求。同时，智慧养老的理念还体现在老年人的日常生活中。如当老年人自行烧饭但一时忘记炉灶上的热锅时，厨房里的自动传感器会发出警报，超过一定时限无人响应则会自动关闭燃气，防止事故发生。另外，对残障老年人可安装 GPS 全球定位系统，若发生走失等状况可迅速查明其下落。这些都会在智慧养老理念的践行过程中逐渐变成现实。

目前，我国多地正在积极开发基于信息化和技术化的城市智能养老服务系统。2010 年 11 月，南京市鼓楼区开始试点利用物联网技术的智慧养老方案。南京养老服务物联网络系统覆盖紧急呼叫、社区家政、远程医疗等内容，通过固网智能视频终端与家中主要电器及各种感应监测器件无线连接，实现远程监控。这套养老服务物联系统对老年人，特别是对空巢独居老年人发挥了重要作用，切实减轻了老年家庭的养老压力，也满足了老年人的实际养老服务需求。

二、智慧养老平台的辨析与构建

（一）"智慧养老"和"平台"的概念

伴随"智慧城市"理念的兴起，"智慧养老"成为"智慧城市"落地实践的典型领域之一。英国生命信托基金以网络技术为手段设计出"全智能老年系统"，为老龄人群提供可以超越时间、连接空间的养老服务，这是接近"智慧养老"概念的早期设计方案。在中国，"数字化养老"成为"智慧养老"的雏形，在此基础上业界陆续发展出了"信息化养老""科技养老""网络化养老""智能养老"等理念和应用，2013 年后学界逐步用"智慧养老"覆盖和替代了上述概念。如今"智慧养老"被普遍认为是一种依托智慧城市建立的养老服务体系。吴玉霞、沃宁璐认为"智慧养老"是一个技术业务化的过程，通过各种新兴的信息技术的应用增强养老服务的业务能力，以面向老龄人群的物联传感系统和信息平台作为实时性、便捷高效的养老服务的技术支点。郑世宝也强调"智慧养老"的最终目的是实现功能综合的、服务全方位的、线上线下协调补充的、医疗和养老相结合的养老服务。归根结底，"智慧养老"是通过技术变革升级的服务模式，而非信息技术本身。

就"平台"的概念而言，不同的学科领域的视角差异导致存在多种不同的理解。计算机领域强调"平台"的技术性，例如对基础软件平台认识为：由操作系统、中间件、数据库、安全产品以及办公套件等组成的通用软件集合。通信领域则从"功能——结构"的视角观察信息传播中的"平台"，认为"平台"是建立在通用介质基础上的交换空间，其作用是依托业务规则保障海量端点之间的信息交互。管理学从战略和创新的视角研究"平台"的构建和治理，在不同的管理模式和背景情境下产生了不同的平台概念，例如在制造业的集群环境中，"产品平台"定义了模块系统和公共结构，通过对外的规范接口使外围制造商围绕核心企业开发和供应不同类型的产品。经济学家从市场空间的角度解释"平台"概念，认为"平台空间"是促成双方或多方市场交易的场所，尤其电子商务平台将地方空间和流动空间结合在一起，以其为中心的商业模式聚合了相互依赖的需求方群体和供给方群体，平台在这一中介过程中创造了新的价值。

（二）智慧养老平台的研究和表述

自 2012 年以来，学界陆续开展对智慧养老和智慧养老平台的研究。张丽雅、宋晓阳统计我国已建有养老服务信息平台的地级市（含地、州、直辖市的区县）共 72 个。睢党臣、彭庆超认为信息平台是养老服务管理系统得以市场化运营的中枢核心，于潇、孙悦提出建设养老服务信息平台可以将智能设备和线下服务圈有机结合，以支撑养老服务模式的创新实践。潘峰、宋峰认为信息平台是养老服务系统的一个部分，席恒等设计的失能老人长期照护综合性服务平台涵盖了感知层、网络层和应用层三层体系，成为一个完整的信息化业务系统，陈莉等为智慧社区构建设计的养老服务平台具有全程记录、服务评估、收费查询、统计分析、深度开发、多媒体培训等功能，是一个典型的业务系统的技术实现架构。梁阳旭、董绍岩则设计了一个国家级的养老信息化共享云平台，试图将全国各社区养老机构和服务商以及各级民政部门接入该平台，协调统一不同养老服务之间的资源和数据，实现各个信息系统内外部业务应用之间的互联互通。固然学界对智慧养老平台以及与之相关的概念、术语存在不同的表述方式和研究侧重，但这些研究和实践大体可以划分为两类：一类是面向信息整合的，以技术为特征的平台；另一类是面向业务运营的，以市场为特征的平台。

（三）技术平台和市场平台的关系

智慧养老平台既不能脱离技术，又不能脱离市场，技术平台和市场平台是相互关联和互为接应的。国务院对"互联网＋"行动的指导意见，以及其他的相关政策指出，"互联网＋养老"服务的发展既要依托云计算、大数据、人工智能等技术建设和运行智慧养老领域的公共信息技术平台，也不能忽视基于互联网的服务中介市场平台，无论是居家养老服务还是社区和机构的养老服务，都需要社会第三方依托平台提供多种多样的服务。华中生等指出平台服务模式是养老服务模式的主要创新方向，从服务资源组织的角度提出了同时基于信息平台和物理平台的养老服务运营模式，信息物理的融合可以发挥各自的长处，克服各自的弱点，借助环境的改善和技术的进步实现养老服务资源的高效组织与集成，形成开放、共享、协作、共赢，可持续发展的生态系统。

智慧养老技术平台面向信息整合，支撑海量终端的连接管理和异构环境的数据融合，是运行市场平台的奠基石；智慧养老市场平台面向业务运营，支持多边市场的网络效应和产品服务的整合供给，是建设技术平台的出发点。智慧养老技术平台打造了市场平台的能力，智慧养老市场平台变现了技术平台的价值，两者密不可分，合二为一成其为智慧养老平台。

（四）技术平台的特征

面向信息整合的技术平台是智慧养老信息数据资源和信息应用系统相互衔接、承上启下的信息服务枢纽，应具备物联感知汇聚的能力、数据共享交换的能力、数据挖掘分析的能力。智慧养老信息数据来源广泛且异构化严重，技术平台不但需要接入物联传感终端和其他信息源，更要支持数据的存储、计算和分析，跨领域的数据融合才能更好地提升数据信息的价值，支撑业务应用的需求。

1. 物联感知汇聚

智慧养老技术平台应采集、传输、汇聚各种类型的物联感知数据，并将其经过处理后作为信息生产的中间结果或最终结果传输或交换至第三方业务系统或最终用户终端。技术平台应全面有效地汇聚前端传感器或传感器网络采集的数据，对涉老基础数据、业务数据，以及老龄个体和群体健康数据进行全面深入的感测、传输、存储和处理，并与地理信息系统紧密结合形成全面的，依托于空间、以时间为序的实时性、泛在性、智能化的老龄信息感知网络。技术平台应具有充分的灵活性和可管理性，使系统能够适应各种应用环境及业务场景，支持不同类型的、不同交互方式的应用终端，包括手机终端、车载终端、无线 POS 终端、计量型终端等通用型和专业型终端，应能够支持不同级别处理能力的终端，如基于单片机处理器或基于 ARM 处理器的智能终端等。

2. 数据共享交换

智慧养老技术平台应实现跨行政区域、跨行业领域、跨业务范围的超大规模数据共享与数据交换服务，技术平台应具有多重结构和分级层次，并与外界系统在不同结构部分和不同层级中交叉关联，形成纵向管理机制和横向共享策略。纵向管理机制指与各行政区划和行政级别对应的归口管理，以保障系统数据的准确性、完整性和权威性；横向共享策略指同一行政级别或业务区域内的部门和机构，秉承"协商共享、业务优先、技术推动、制度保障"的原则开展信息共享交换。共享交换的数据不仅来源于技术平台自身接入的物联感知数据，也来源于独立于平台之外的业务系统或数据中心，因此技术平台应具备标准化接口，允许符合标准规范的第三方应用系统接入，并通过标准化和开放性保证平台用户的多种业务选择。

3. 数据分析挖掘

智慧养老技术平台应支持面向大数据环境的信息存储、计算、挖掘和分析服务。技术平台应具备良好兼容性的存储模式和处理能力，包括结构化数据、半结构化数据，甚至难以结构化的一部分视频、图像和音频信息；技术平台还应分层处置数据，其层次应至少包括ODS（操作型数据存储）、DW（数据仓库）、DM（数据集市）三层，各个不同的数据层次分别储存特定的数据，用以实现数据分类并应对不同的调用需求。这些数据的性质不同、种类繁多，技术平台应具备全面的数据计算能力，支持对系统内任意类型数据进行计算和审计，数据计算能力应至少具备但不限于分布式计算、流计算和批量计算，未来亦应适时整合内存计算、量子计算等新的模式。技术平台积存海量数据，通过挖掘和分析，将其转化为具有更高价值层面的信息，平台应采用多种分析处理方式，如多维分析、挖掘分析、指标体系构建与对照分析、监测预警等，支撑信息和数据的直观呈现。

三、智慧养老的地方实践与对策

智慧养老是以信息技术创新养老服务，一些经济较发达的地区是智慧养老建设的先行者。杭州市自2011年开展智慧养老建设以来，已初步在各城区建立了智慧养老服务平台。以下对杭州市的智慧养老建设进行详细阐述，以期为智慧养老的普及和推广提供经验借鉴。

（一）杭州市智慧养老的建设与实践

杭州作为浙江省的省会，一直以来是浙江省政治、经济、文化、科教、交通、传媒、通信和金融中心。根据杭州市2014年统计年鉴，杭州市60岁以上老年人口比已经达到19.3%，而作为老城区的上城区，老年人口比则达到了26.2%，即便是老年人口比最低的滨江高新区也达到了13.2%。由此可知，杭州市的老龄化程度非常严重，其老年人口比远高于国际通用的10%的标准。严重的老龄化给杭州的发展带来了沉重的压力。为促进杭州的转型发展，杭州市政府提出以信息经济与智慧经济为战略目标推动城市发展，而"智慧养老"则是智慧经济中的一项重要内容，也是满足庞大老龄人口"老有所依、老有所养、老有所乐"的有效出路。

自杭州市、区两级政府启动智慧养老建设以来，累计安装"呼叫器"或派发"关爱手机"13万台，其通过移动互联网与社会养老服务提供商相连，为老年人提供安防急救、主动关怀、亲情通话和生活服务等智慧养老服务。2015 年底，杭州市还发放了终端设备 2 万余台。智慧养老项目惠及 70 岁以上的孤寡、独居、空巢老人，80 岁以上的高龄老人以及政府购买服务对象。由此可知，杭州推行的智慧养老具有普惠型的特点，其基本实现了智慧养老中紧急呼救的功能，能有效保障高龄空巢老人以及失能、半失智老人的生命安全。在智慧养老平台的架构上，也预留了很多接口，包括同步居民健康档案的数据接口、第三方支付平台接口，等等，为智慧养老的进一步转型升级提供了技术支撑。未来，杭州市政府还将整合城区的养老信息服务平台，最终实现信息发布、老年人养老服务申请受理、公办养老机构公开轮询、数据监管和信息资源整合等功能。

（二）杭州智慧养老建设的经验

杭州市智慧养老经过四年的发展，已经初步建立起智慧养老的信息平台，具备了智慧养老的一些基本功能。虽然智慧养老的推广和服务对象的进一步扩大，以及智慧养老提供更具个性化智能化的养老服务还有很长的路要走，但是杭州市、区政府在智慧养老建设中还是为其他省市积累了大量非常宝贵的经验。

1. 智慧养老建设中的政府责任

在杭州市智慧养老建设中，从制度设计、项目招标到后期运作，政府都参与其中。杭州民政局、财政局联合制定了杭州市智慧养老服务平台呼叫中心及配套服务项目公开招标的指导意见，对智慧养老的普惠对象，平台应提供的服务以及呼叫服务信息中心和信息模块的总体功能都给出了具体的要求，从而使得政府可以在统一的标准化规范下购买社会组织服务，对培育养老服务社会组织具有重要意义。

2. 智慧养老广覆盖，分步实施

杭州市智慧养老惠及空巢、独居、高龄及失能、半失能、半失智老人，其中涵盖的紧急救助功能能够有效保障这一部分老人的生命安全。广覆盖是真正以民为本，使得这个群体的老人"老有所依"。另外全面建设智慧养老服务的投入很大，会给财政带来巨大的压力。而智慧养老的覆盖和建设分步实施，则可以缓解一次性投入给财政带来的压力。分步实施还能保障智慧养老建设过程中动态地调整规划，使得智慧养老建设更高效。从服务内容分步实施角度来说，智慧养老服务信息平台只是一个基础框架，在老年人口需求信息统计完备的情况下，以动态发展的视角逐步完善养老服务内容，才能真正实现智慧养老从生活照料到医疗保障再到精神慰藉的一体化建设。

（三）推进智慧养老建设的对策

1. 提升老人信息技术水平和智慧养老产品的可操控性

智慧养老系统以宽带计算机网络为基础，融合移动通信技术、传感器技术、全球定位技术以及多媒体技术，统一构建信息传输、交互、共享的信息服务平台。因此，提高老人信息化水平是推进智慧养老建设的当务之急。此外，现阶段老年人口整体教育程度偏低，使得老人在接受和使用高科技产品的时候遇到困难。政府要加大力度宣传智慧养老产品，全方面介绍智慧养老的重要作用，并组织有兴趣的老人开展信息技术的学习，使得老人从内心真正接受智慧养老产品。同时，由于老人学习能力下降，这就要求智慧养老产品的操作要方便、快捷。相关厂家在设计产品的时候，要充分考虑老人的现实情况，如视力下降、动手能力较差等，使得产品易于操作。

2. 制定智慧养老标准体系及相关法律法规

虽然杭州开展了一系列智慧养老试点建设工作并取得了积极成效，但杭州各个地区建设方案和建设内容均不一致，也使得杭州市各个地区提供的智慧养老服务内容各异。由于缺乏统一的规划和标准体系，各个地区的养老基础数据库建设难以实现信息共享，也无法实现整个市区内医疗资源、人力资源等方面的优化配置和共享。随着老龄化的逐步加剧，智慧养老是养老产业发展的必然选择。要全方面促进智慧养老产业的发展，就要制定和完善智慧养老的标准体系，包括硬件标准、系统平台的硬件架构以及提供的接口；提供的服务内容、服务质量、信息管理、信息共享的方式；养老服务机构操作流程等。同时，也必须出台智慧养老相关的法律法规，如行业规范、质量监督、评估、问责制度，智慧养老行业的优惠政策等。另外，智慧养老平台会采集老年人口的一些隐私信息，因此信息安全方面的法规制定也是保障智慧养老推介的一个重要方面。

3．以信息技术为引擎，推动养老服务产业升级

养老服务产业作为具有战略意义的新型产业，对促进社会可持续发展和实现民生幸福具有重要作用。杭州市目前正在加强各领域信息经济的发展，着力建设物联网中心、云计算大数据产业中心、数字内容中心等六大中心。智慧养老作为信息经济的一部分，其本身汇聚了信息产业的高技术性、高附加值的特点，智慧养老产业从标准化到产业化，无疑会形成一个巨大的产业链，并延伸到其他相关的电子产品及家居建材行业，从而提升整个养老服务产业的价值，推动养老服务产业升级和信息经济的发展。同时，六大中心的建立也会反过来促进智慧养老的发展，从技术、物流、内容等多方面为智慧养老注入新的活力。但是，目前杭州智慧养老的产业发展还较为缓慢，社会资源的投入和关注还很有限，缺乏具有影响力的养老品牌。因此，政府应该在信息经济发展的过程中，大力支持面向智慧养老信息技术的开发和推广，给予智慧养老企业优惠政策，培育一批创新的智慧养老品牌，从技术、政策、品牌等多个方面推动养老服务产业升级。

4．充实智慧养老服务内容，实现养老精细化

城市社区中的子女与父母大多是分而不离的居住模式，使老人对社区养老服务的社会化需求不断增加。国家新型城镇化规划（2014～2020年）中指出，要"优化社区生活设施布局，健全社区养老服务体系"，实现"社会治理精细化"。对养老服务来说，治理的精细化就是要按需提供多样化、异质性的服务。智慧养老平台的数据采集、信息交互系统无疑给养老精细化的实现带来了可能性。杭州目前推出的智慧养老服务内容还比较单一，相对于感知、互联、协作、智能化养老服务平台，其智能化和信息化程度还比较低。要真正实现养老精细化，一是政府要打通养老服务平台，优化融合城市社会

养老资源,在智慧养老服务平台上开展老年生活照料、安全防护、医疗护理、文化娱乐、信息咨询、老年教育、心理慰藉等服务项目,满足老人个性化多样化的养老需求;二是基层政府要充分利用智慧养老平台所提供的老龄化分布、健康状况等数据,从社会保障到治理实现精细化管理;三是政府要积极培养面向智慧养老服务的专业人才,引导志愿者参与智慧养老的建设和开展,实现养老服务人力资源的精细化管理。

第二节 智慧养老战略的发展对策

一、智慧养老的发展机遇及对策

(一)智慧养老的发展机遇

1. 国家大力提成智慧养老

近年来,关于倡导智慧养老的政策密集出台,2011 年,《社会养老服务体系建设规划(2011 ~ 2015 年)》文件,明确提出"运用现代科技成果,提高服务管理水平。以社区居家老年人服务需求为导向,以社区日间照料中心为依托,按照统筹规划、实用高效的原则,采取便民信息网、热线电话、爱心门铃、健康档案、服务手册、社区呼叫系统、有线电视网络等多种形式,构建社区养老服务信息网络和服务平台,发挥社区综合性信息网络平台的作用,为社区居家老年人提供便捷高效的服务。"《国务院关于加快发展养老服务业的若干意见》《民政部办公厅、发展改革委办公厅关于开展养老服务业综合改革试点工作的通知》对此做了进一步强调和细化。2013 年,全国老龄委专门成立了"全国智能化养老专家委员会",为我国智慧养老服务事业与产业发展把脉导航,2015 年国务院印发《关于积极推进"互联网+"行动的指导意见》,明确提出了"促进智慧健康养老产业发展"的目标任务,这些利好政策与信息,意味着智慧养老已经开始上升到国家战略层面。

2．智慧养老实现多方共赢乃大势所趋

我国老龄化问题复杂而严重，要实现老年人养老服务需求与满意的耦合，需要打破"碎片化"供给模式，智慧化的养老服务信息平台实现了养老服务内容、方式、渠道的整合，实现了多方共赢：

首先，智慧养老提升了老年人生活质量。面对家庭结构的小型化、核心化，以及老年人独居化、空巢化，智慧养老的应用满足了老年人安全保障、健康检测、社会联系、护理康复等多层次需求，让老人得到有尊严、有温情、有科技内涵的服务；智慧养老信息平台实现了服务供给方、服务提供方、老人三者的无缝对接，使老人获得的服务更加低价、高效、优质和便捷。

其次，智慧养老优化了养老资源配置。一方面智慧养老云平台利用先进的技术设备使养老信息能够互联互通，解决了现实中存在的老年服务资源不足、配置不合理、供需不匹配等问题，实现了养老机构、社区、社会等养老资源的有效整合和优化；另一方面通过大数据技术对智慧养老信息管理中心的相关信息数据进行挖掘、分析形成报告，为政府及各级主管部门适时调整相应的养老服务政策，更好地满足现阶段老年人的养老需求提供数据支撑。如通过服务档案的动态管理，家政公司、护理中心、敬老院、各种养老机构等服务提供机构可以通过综合分析老年人的评价、反馈，及时转变发展思路，实现市场精准定位。

最后，智慧养老节省了人力资本。由于我国人口结构急剧转型，智能化、自动化等服务手段的运用一定程度上弥补了人力养老服务资源严重不足的缺陷，特别是对于我国目前2400万高龄老年人，接近4000万失能老年家庭来说，大大节省家人和子女的照料成本，提高了服务效率，一定程度上解决了人工不愿做、人工做不好、甚至人工做不了的为老服务，为求解"未富先老"和"无人养老"（主要指没有人愿意做护理人员）两个困局提供思路和实现方式。

3．信息网络技术发展为智慧养老奠定了基础

一方面，随着"三网融合"和普及的手机上网，老年人开始以各种形式接触网络，越来越多的老年人熟练操作信息平台获得所需服务成为可能。据

中国互联网络信息中心（CNNIC）发布的《第36次中国互联网络发展状况统计报告》指出，近年来网民中高龄群体比例不断上升，并且据调查，"老年人对通过网络获取养老服务需求较大并且热情很高，网络养老服务平台有很大的发展空间，尤其是老年人对网络获取医疗服务的需求最大。"一方面，近年来智慧城市的发展为智慧养老奠定了网络基础。2012年起，我国开始推行"智慧城市"建设，城市智能管理网络技术的探索发展，实现了城市各项服务功能的技术化与信息化，尤其是大中型城市，基本实现了网络化全覆盖，这为智慧养老的发展提供了客观条件。

（二）推进智慧养老发展的对策思考

1. 坚持需求为导向，确保智慧养老供给与需求的动态匹配

养老服务的完善是养老服务资源与养老需求不断优化匹配的动态过程。智慧养老模式的构建要体现以老人需求为中心的理念，不能为智慧化而智慧化。一是做好前期需求调研，帮助解决老人最急需、最棘手、最渴望的各种难题，如日常照料、医疗康复、娱乐、维权、精神抚慰等等各个方面；二是充分了解老年人对新事物的了解程度、使用意愿、价格期望，避免政府投入可观资金搭建平台，出现设施闲置、智慧服务平台未真正发挥作用，从而造成资源浪费；三是中后期对服务满意度进行调查，根据老人评价及使用情况进行分析和调整，使平台的设计更具有针对性和完整性，真真正正的提高养老服务的效率、降低成本，促进老年人与家人、老年人之间的互动，提升老年人对服务的满意度和生活的幸福度。

2. 积极推进智慧养老制度体系建设，加强政策扶持力度

制度碎片化、政策扶持不落地等严重束缚了智慧养老市场的拓展。一是政府部门要创造良好的智慧养老运行的法律环境与政策环境，尽量立法先行，使运行过程有法可依，有规可循，法律法规内容要细化，切实保障政策的可操作；二是加强顶层设计，制定并落实养老服务信息化规划，避免智慧养老建设出现短期效应；三是在智慧养老服务平台的建设和发展过程中建立科学完善、协调统一的行业标准。建筑标准、设施标准、医疗标准、服务标准等

多个层面，但目前针对我国养老服务的国家标准和行业标准只有6项，导致在智慧养老的实践过程中，各养老服务提供者自成一派，服务质量参差不齐，无法对整个智慧养老服务市场进行有效的监管；四是加强政策扶持。政府应加大财政等相关方面的扶持政策，对将信息技术应用到养老服务业的企业、个人或非营利组织，给予税收减免、信贷优惠、政府补贴等方面政策照顾，积极鼓励、引导社会资源进入智慧养老产业。

3. 优化智慧养老平台设计，实现便捷高效

老年人能否接受智慧养老这一新模式，很大程度上取决于是否使用方便、价格相对低廉和值得信赖，因此，必须不断完善和优化智慧养老平台的设计。首先，通过政策引导，鼓励企业结合老年人生理、习惯以及认知因素等群体特征开发出更适合老年人应用的信息科技产品与服务，注重智慧养老服务软件平台的性能稳定与界面友好，操作起来稳定、方便、快捷，让平台兼具"技术高新化"和"操作傻瓜化"；其次，加强软件的日常运行维护，做好后期保障服务，不断提高和完善软件的兼容性、稳定性、安全性，解决好老年人关心的隐私保护问题；同时，智慧养老服务内容注重功能全面，既要包含家政服务、医疗护理、精神慰藉等常规性服务，还要有针对性地提供个性化服务，如针对低龄老人要更加关注精神文化生活方面，比如说舞蹈、棋牌、摄影等。中高龄老人侧重于医疗保健，如开展健康讲座、辅导心理等。通过建立完善的养老信息服务平台，便携式的养老服务终端，完善的养老服务热线、养老服务求助系统和救援系统、养老服务反馈评估系统，让老年人能够充分感受到通过智慧养老平台提供的服务更有助于提高自己晚年的幸福指数，从而得到老人的信赖和认可，提高设备的利用率和普及率。

4. 注重智慧养老宣传，加大优质示范项目的推广力度

目前，针对老年人对智慧养老不认可，有的老人甚至是完全不知道等情况，政府应加大智慧养老的宣传与推广力度：一方面要根据老年人认知特点进行信息技术入户宣传和指导，通过多种方式，营造智慧养老模式的环境氛围。如借助老年人活动中心等非正式团体或通过家属亲朋的宣传间接影响老

年人用户对智慧养老的接受和使用，或通过开办免费培训班等方式，提升其信息素质和上网能力，化解老人因科技恐惧症而带来的智慧养老适应不良；一方面，针对目前已开发出来的一些优质智慧养老项目受益覆盖面窄，并没有得到很有效地利用的情况，主管部门要就各地试点的运行模式、成效、经验等方面进行总结和评判，推出一些成功典型范例，通过新闻媒介给予宣传，为其他地方发展智慧养老提供参考和借鉴。智慧养老模式的建立和完善是一个渐进式发展的过程，前期的宣传推广非常重要。

5．注重人才培养，化解智慧养老人力资源瓶颈

养老的核心始终是人对人的服务，养老服务队伍的专业技能、服务态度、文化素质直接关系到服务品质，以及老人们对智慧养老模式的认可。目前，我国无论是养老管理队伍还是服务队伍，与日益发展的养老服务业和养老产业相比，问题重重，当前，人力资源的短缺已经成为智慧养老模式推广的一大瓶颈。一方面，政府要强化养老服务职业教育，以"产教社政企行融合、教研用教育导一体"的现代养老职业教育理念，积极推行现代学徒制，提升其专业化程度、职业化程度、工作标准化程度；同时充分挖掘中低年龄健康老人的人力资源，建立"服务储蓄账户"，低龄健康老人提供的服务可以折算成服务值存储在服务储蓄账户中，待自己需要服务时可根据服务储蓄账户免费为其提供服务；另一方面，政府应发挥好主导、引领作用，提高养老人员待遇，留住当前我国智慧养老服务中极度缺乏的既懂老年医学、护理心理、营养等方面的专业技能，又懂信息数据分析统计的复合型人才，智慧养老平台的一个明显的优势就体现在通过专业化人才对老年人日常监测数据深度挖掘处理，进而为老年人主动提供服务。但是目前，由于人才的制约，对这些数据进行整合分析工作还远远不够。

二、我国智慧养老的运行困境与解决对策

（一）我国智慧养老的发展现状

智慧养老，就是以信息网络技术为主要支撑，综合运用物联网、大数据

和云计算等新技术，改造传统养老服务的服务方式、管理方法和商业模式，为老年人生活提供更加安全、便捷、健康、舒适的生活服务，是高度现代化、智能化的养老模式。近年来，四川、北京、浙江、山东、江苏、福建、天津等地积极响应政府加快发展养老服务业的要求，在智慧养老方面进行了诸多尝试和探索，积累了有益的经验。

2012 年，成都锦江区成立了"长者通"呼援中心。该中心以家庭为核心，以社区为依托，通过政府的主导，广泛动员社会力量，充分利用社区资源，为居家老年人提供日常生活所需的各种服务。2013 年，北京市"智慧养老"基地落户北新桥街道。智慧养老为辖区内的老人搭建智能化、信息化的综合服务平台，包括家庭服务、紧急求助、医疗保健、安全监控、精神慰藉五大内容。通过社区服务热线的方式，老人足不出户，只需拨通社区服务热线，即可获得购物、送餐、家电维修、洗衣、理发等多项服务。街道还通过多参数生命体征检测仪对老人的血压、血氧、心电、体温等进行综合检测，随时监测老人的健康状况。

随着新技术在养老领域越来越多的应用，"全国智能化养老实验基地"开始在全国推广。该项目是由全国老龄办信息中心推行的以智能化科技集成系统为基础的老龄服务示范项目，大体分为"智能化养生养老园区""智能化老年宜居社区""智能化老龄服务机构"三大类型，具有科技集成、绿色环保、优质高效、整合资源等优势。目的正是探索信息技术应用于养老服务业的新模式，完善我国现有养老服务体系，满足老年人的养老需求。

（二）我国当前智慧养老运行困境及其制约因素

1. 智慧养老的运行困境

智慧养老这一新型养老模式顺应了信息时代的发展要求，然而我国的智慧养老尚处于起步阶段，其进一步发展面临诸多困境。

首先，智慧养老的信息化和智能化程度较低，如在信息数据应用、整合和处理方面，落后的数据处理能力无法充分利用所采集的有效数据信息，不能实现服务对接，难以满足养老需求。

其次，我国当前的养老产业尚未形成较为成熟的集约化的商业模式，缺乏规模经营，智慧养老产业链条各环节连接性不强，养老服务碎片化严重，养老资源未能得到充分利用。

再次，许多智慧养老的相关产品并未考虑老年人的使用能力与生活习惯，未能体现其人性化。例如智慧养老呼叫平台的终端产品（如智能手机），通常老年人使用起来并不熟练，很多老人都会放弃使用终端产品，这不仅造成了资源的浪费，也并没有达到服务老人的最终目标。此外，目前智能养老产品过于单一，不能满足老年人的各项需求，不能充分体现智慧养老多样性。

最后，我国目前智慧养老提供的养老服务多注重于身体健康照护和便利的生活照料，而忽视了老年人的精神需求，老年人缺乏情感交流、人际交往、文化娱乐与知识再教育，精神无法得到慰藉。

2. 智慧养老运行困境的制约性因素分析

（1）制度缺失制约了智慧养老产业的健康发展

当前我国制订的涉及养老服务标准的政策文件不多，已出台的与养老服务相关的规范性文件多为建设性意见，以语言性描述为主，缺乏科学性说明，对养老服务相关实践的指导作用有限。现有的规范性文件缺乏系统性，尚未对智慧养老所涉及的多个层面形成完整的制度体系，未建立起智慧养老实践的标准制度。由于缺乏统一的标准进行规范，导致在智慧养老的实践过程中，众多养老服务提供者在提供相应的养老服务时自成一派，智慧养老的服务质量参差不齐，对其服务不能进行有效的标准判断，并且对整个智慧养老服务市场不能进行有效的监管。随着越来越多的社会资本涌入智慧养老产业，缺乏监管将直接影响到我国养老产业的健康发展。

（2）银色数字鸿沟阻碍智慧养老产品的推广普及

"银色数字鸿沟"是指老年人由于年龄原因缺少对信息技术的了解而形成的一种的数字认知障碍。老年人疏离网络，造成信息的缺失与失衡。究其原因主要有三个方面：一是老年人信息利用能力较低。老年人的身体机能下降，包括认知能力、反应速度、学习能力、记忆力等均有所下降，大部分老年人不愿学习了解新鲜事物，对信息技术利用能力比较低，较少使用互联网。二是硬件设备缺乏。有调查表明，我国大部分老年人并不会主动购置智能手机或者电脑，如配有信息终端设备多数都是子女购买或淘汰的设施，老年人并不主动接入信息网络。缺少符合老年人使用习惯的硬件设备进一步导致老年人远离网络。三是老年人信息需求缺乏。由于信息终端设备和信息利用能力的缺乏，老年人习惯采用传统的方式来获取信息，较少选择由互联网来获取信息，老年人对运用互联网来获取信息的需求远远低于年轻人。银色数字鸿沟极大地妨碍了老年人对智慧养老产品的认识和接受。

（3）信息数据缺乏有效挖掘，智慧养老服务呈现被动性

在智慧养老中，信息服务平台通过对老年人的远程监测，能够获得海量的信息数据，包括对老年人的生活状态、身体机能和心理状态的监测数据。这些数据获取相对容易，但是对这些数据进行整合分析工作，以及有针对性地提供养老服务的工作还远远做得不够。目前我国绝大多数的智慧养老属于呼叫中心的平台模式，主要是老年人借助呼叫器接入智慧养老平台，要求提供相应的服务。智慧养老平台的养老服务功能主要体现在对老年人服务需求的被动响应上，而并非在对日常监测数据深度挖掘处理和实时监控的基础上，分析老年人养老服务需求而主动为老年人提供各项服务。

（4）信息化养老服务人才短缺是智慧养老的人力资源瓶颈

当前我国智慧养老服务中极度缺乏既具有老年人医疗护理、心理健康、营养学等专业知识，又具有信息数据处理的复合型人才。当前从事养老服务的人员大多是非专业性人员，通过智慧养老服务平台提供的养老服务质量无法得到保障。另外，由于社会普遍将养老服务的专业人才视为家政服务人员，使得养老服务的专业人才对自我价值的认同感很低，不愿投入智慧养老服务事业。智慧养老巨大的人才缺口与养老服务专业人才不愿从业的消极心态之间的矛盾，成为制约智慧养老发展的人力资源瓶颈。

（三）推进智慧养老发展的对策建议

1. 积极推进智慧养老制度体系建设，加强政策扶持力度

政府应高度重视智慧养老制度体系建设，推进顶层设计，制订智慧养老的行业标准，建立与之相配套的法律保障机制、服务监督和评估机制。制度化的养老服务标准可分为技术设施和养老服务两个方面。信息技术的基础设施是智慧养老的物质基础，对智慧养老起支柱作用，养老服务质量是智慧养老的重要体现，智慧养老最终目标在于老年人享受到利用信息技术实现的智能化的高品质养老服务。在设施建设方面，政府应制订基础设施建设的指导性意见，避免各自为战导致资源浪费。对于养老服务的制度建设，重在统一养老服务标准，为智慧养老的各个环节提供规范的、可量化的标准。养老服务的供给方按照要求提供相关服务，使老年人获得优质服务。政府还应出台相关财政、税收等方面的扶持政策，积极鼓励、引导社会资源进入智慧养老产业。建立、健全智慧养老产业的监督和评估机制，保障智慧养老产业的健康发展。

2. 加强老年人信息技术教育，消除银色数字鸿沟

开展面向老年人的信息技术教育是跨越银色数字鸿沟的根本途径，是促进智慧养老发展的重要手段。将信息技术教育作为智慧养老的一个环节，政府引导成立专门的老年人信息技术培训班，或者由市场主导成立专门的老年人信息技术教育学校。根据老年人需求确定信息技术教育的目标，并且依据老年人的认知特点确定老年人的学习模式，使老年人能够真正地掌握信息技术，具备使用互联网的基本能力，在学习、使用中提高利用信息技术的能力。相关企业也要开发出更多适应老年人生活特点和使用习惯的便捷化的智慧养老产品，方便老年人使用，提高设备的利用率和普及率，助力智慧养老。

3. 应用养老信息大数据，促进养老资源合理配置

通过智慧养老平台将大量的老年人及相关各项要素的信息收集在一起，将这些海量的、分散的、零碎的信息存储形成一个系统化的数据库，深度挖掘这些数据信息，为智慧养老提供更可靠的解决方案，主动为老年人提供服

务。从数据收集、存储、分析和应用形成智慧养老的大数据生态链，对于智慧养老的发展有着巨大的经济效益和社会价值。例如，信息平台对老年人的身体健康进行实时监控，如果老年人的健康信息数据发现异常，则可以直接联系对接的医疗机构，医疗机构派出医务人员上门对老年人进行健康护理，在紧急情况下，高效及时的救助可以挽救生命。整合政府、社会等多方面养老资源，合理配置，为老年人提供高效便捷的服务。养老信息大数据的深度挖掘可以为智慧养老产业的需求和服务指引明确方向，当社会资本涌入时可以准确地抓住切入点，在智慧养老领域有所作为，从而推动整个养老行业的发展。

4. 加强养老专业人员培养，低龄老人老有所用

建立并完善我国养老服务业人才培养体系，积极拓宽养老服务业人才培养的渠道，加快信息化养老专业管理和服务人才队伍建设。依托高等教育资源开设养老相关专业，进行系统的养老服务人才教育，完善职业教育培训体系，为我国养老服务业的发展培养和输送大批高素质专业的人才。加快养老服务专业人才队伍建设，展现从业者在养老服务中专业化、人性化、现代化的全新面貌，提升养老服务人员的职业形象，提高其社会认同感，培养职业自豪感。逐步提高智慧养老专业从业者的工资福利水平，通过市场化手段吸引更多优秀专业人才投身于智慧养老服务。低龄老人是整个老龄人群中活跃的群体，他们在生活上可以自理，有独立的社交能力。可以通过对低龄老人进行基础的护理照料培训，让低龄老人充实到养老服务中来，与高龄老人之间结成互助组，老年人们彼此互相照顾，在一定程度上缓解智慧养老专业护理人员不足的问题。

智慧养老是我国养老服务行业的一次突破，顺应了信息时代对于新型养老模式的要求。我国智慧养老之路仍处于起步阶段，只要积极推进养老行业制度体系建设、消除银色数字鸿沟、加强养老大数据应用、完善养老服务人才培养体系等措施，我国智慧养老产业将逐步进入快速发展时期，不断满足

老年人对于养老的各项需求，构建"老有所养"的和谐社会。

三、我国智慧养老产业发展的新思路

（一）全面理解智慧养老的内涵

智慧养老利用物联网、云计算、大数据、智能硬件等新一代信息技术产品，结合传感器，能够实现家庭、社区、社会与健康养老资源的有效对接和优化配置，满足老人的物质和精神需求，推动养老产业智慧化升级，实现养老产业可持续健康发展。智慧养老的本质是用人类智慧驱动养老产业发展，智慧养老是未来养老产业的高级形态。

当前，异地养老，以房养老，候鸟养老等新的养老模式不断涌现，但依然以家庭养老、社区养老和机构养老等3种传统的养老模式为主，然而这三大模式都有很大问题。家庭养老存在安全隐患，专人照顾费用过高，子女因忙于工作有心而无力照顾老人、生活圈狭窄等问题。社区养老存在老人消费意识不足，服务提供商在运营初期存在严峻的生存问题。机构养老存在难以实现老人个性化需求，隔断老人和家人的情感纽带的问题。而"智慧养老"运用现代信息科技，克服传统养老模式的困难和问题，以更具智慧的方式整合各类资源，推动传统养老产业的转型升级。

美国学者埃弗雷特·罗杰斯提出的创新扩散理论，是指创新事物在社会系统中扩散呈S曲线。创新扩散分为知晓、劝服、决定、确定4个阶段。每一产品领域都有先驱和早期采用者。之后，逐渐有更多的消费者开始采用该创新产品，于是产品销售达到高峰；当所有消费者都采用该产品时，销售额开始降低。现阶段，智慧养老产业作为养老产业的新生事物，还处于初级阶段，即知晓阶段。主流市场参与企业多、规模小，但政府支持力度逐年增大，根据《行动计划》规定，到2020年，基本形成覆盖全生命周期的智慧健康养老产业体系，建立100个以上智慧健康养老应用示范基地，培育100家以上具有示范引领作用的行业领军企业，打造一批智慧健康养老服务品牌。智慧养老将逐渐由知晓向劝服、决定阶段演进。

（二）智慧养老产业的发展历程与趋势

1. 发展历程

智慧养老由一些养老理念发展而来。美国和加拿大提出在地养老，强调的是老年人不是在专门的养老机构中，而是在家中或社区内养老，老人可以获得独立和幸福的晚年生活。欧盟 2007 年重点资助环境辅助生活项目，强调为老年人建设一个在家、社区和汽车中生活的支持系统。世界卫生组织推行的健康老龄化和积极老龄化理念，则主要强调预防、积极、独立和老有所为的心态、行为和社会支持对老年人健康、幸福和在构建老年友好社会中的作用。而智慧养老的概念进入人们视野，最早由英国生命信托基金提出。按英国生命信托基金的解释，智慧养老即全智能化老年系统，老年人可不受时间和空间的限制，享受到高质量的生活。但是，这时的智慧养老还只停留在智能养老层面。目前在发达国家，智慧养老有较广泛应用，极大地改善了养老服务质量。

国内智慧养老起步相对较晚，最早以"数字化养老"的概念由胡黎明在 2007 年发表的《新型数字化居家式养老社区解决方案》中提出，随后在 2010 年开始运用"信息化养老"的概念，2011 年出现了"科技养老"概念，2012 年又提出了"网络化养老"的概念，进而发展成了"智能养老""智慧养老"。近几年来，特别是 2013 年以后，学术界开始统一使用"智慧养老"来代替上述概念。目前，国内的智慧养老产品还较落后、服务效率低，严重制约了养老专业化水平的提高。

智慧养老发展需要经历 3 个阶段：语音呼叫化、智能化、智慧化。

智慧养老 1.0 版——语音呼叫化：20 世纪 80 年代末，基于电话呼叫的"一键通"依托语音呼叫系统建立社区服务网络，服务中心接听电话了解老人的服务需求后，连接服务商，由加盟企业上门为老年人服务。

智慧养老 2.0 版——智能化：随着互联网和物联网的广泛应用，智能养老得到很大的发展。智能养老根据对老人日常起居生活、医疗保健、外出定位、家庭服务、健康监测等的关注和互动，形成一个综合信息服务平台和分类子平台，所有数据集中汇总并分别传递给老年人的子女以及社区。

智慧养老 3.0 版——智慧化：2012 年起，国家开始推进智慧城市试点工作。智慧养老是智慧城市的一个重要应用领域。智慧养老强调运用现代科技术，以智慧的方式整合各类资源满足老人的物质精神需求。

2．智慧养老产业发展趋势

我国智慧养老呈居家智慧养老为主，社区智慧养老为依托，社会智慧养老为补充、医养结合的养老格局。不同的养老模式对智慧养老的需求和应用场景有很大不同。

（1）居家智慧养老和社区智慧养老融合，向个性化发展

通过智慧养老的建设，社区智慧养老＝居家智慧养老＋个性化上门服务。老人足不出户，就可身处"虚拟养老院"之中，从而实现社区养老和居家养老的融合发展。社区智慧养老在区域上可分为公共和家居两个范围，无论哪个范围，都是在老人平时的生活半径中，可为老人提供更细致、互动、人性化的养老服务，让老年人老有所养、老有所依、老有所乐。

通过智能穿戴设备和智能家居系统，社区收集老人健康数据，实现养老信息的实时监测管理。根据大数据平台建立远程医疗系统，平台工作人员实时监测老人身体各项特征数据，及时联系医护人员并给出医疗意见。建立私人订制服务平台，为老人提供个性化的上门服务。

（2）社会智慧养老专业化发展

许多新技术正在广泛涌现，技术可以帮助老年人随着年龄增长而保持主动和独立；也有助于协助护理者照顾老年人从事诸如照顾日常保健需要和其他日常生活等活动。随着人们生活水平的不断提高和对美好生活的向往，人们将越发需要通过技术满足专业化的养老需求。社会智慧养老借助自身优势，有效地拓展医疗资源，促进社会智慧养老专业化发展。养老院、养老公寓等社会机构对软硬件进行信息化改造，建立定位预警、环境监测等系统使护理更加智慧化，通过可视化技术实现远程探视，使家属方便了解老人日常护理

情况，通过建立专业的医疗团队、拓展长期持续的医疗资源，使老人养老更安心。

（三）推动智慧养老产业发展的政策建议

新事物总是曲折向前发展的。发展智慧养老产业是大势所趋，亟须化解智慧养老产业现存的矛盾，在经济新常态下应把握养老产业的客观发展规律，促进养老行业的供给侧结构改革，从而满足老年人日益增长的物质文化需求。

1. 加强顶层设计，建立健全智慧养老配套体系

政府需要在体制机制改革、标准制定、平台构建等领域做好顶层设计。明确提出智慧养老产业的政策，2017 年 2 月才首次被提出，所以还需要政府出台后续的一系列配套政策。智慧养老还处于产业发展的早期阶段，抵抗风险能力较脆弱，政府应加大财政等相关方面的扶持政策，对智慧养老的参与者给予税收、信贷优、补贴等相关政策扶持，积极鼓励、引导社会资源进入智慧养老产业。建设现代化的全国性养老信息决策大数据平台，实现数据加工处理、动态指标分析、个性化推送，为智慧养老产业健康发展打下坚实基础。可考虑把智慧养老产品、智慧养老机构或合作医疗机构纳入医保体系中，让更多老人有"获得感"。

2. 加强技术研发，为智慧养老的发展做好技术支撑

科技是第一生产力，没有科技推动，养老产业就无法实现跨越式发展。多学科方法应用于智慧养老是智慧养老与生俱来的基因，但这无形中也增加了智慧养老产业技术创新的难度。应加强科研机构、高校和企业的研发与原型测试，开发具有自主知识产权的核心产品。因为智慧养老产业是服务业，要丰富服务广度和深度，加强终端检测和售后服务，真正让老人用得安心，用得放心。

3. 拓宽投融资渠道，为智慧养老发展营造良好环境

养老产业高投入、高风险、低效益、回报周期长等特点，不利于社会资本进入养老产业。现在，养老设施大多靠政府的财政支出，市场化运营的养老机构还很少。拓宽智慧养老投融资渠道，是智慧养老发展的"血脉"。放宽社会资本准入条件，采取公办民营、政府购买或补助等多种方式，引进合规的企业或社会资本参与到智慧养老的建设中，创造多层次的智慧养老供给平台和产品，更好地满足老年人群多样化、个性化的养老需求。

4. 加强面向老人的新技术培训

虽然现在上网老人不断增多，但相对上网总人口来说还占少数。智慧养老产品科技含量较高，可考虑对愿意应用智慧养老产品的潜在用户加强培训，不必过多介绍理性知识，应着重介绍应用层面的相关知识，例如手机、电脑、智能家居等智慧终端的知识，从而提高老人晚年生活质量。一些老人对新技术可能会有抵触情绪，可通过子女或社区工作人员增强老人接触智慧养老的意愿，营造以智慧方式养老的氛围。

第三节 智慧养老院的推广

一、基于助老服务机器人的智慧养老院系统

进入 21 世纪以来，由于我国执行的独生子女政策产生了一对夫妇需要赡养 4 位老人的家庭养老问题，老年人的护理不仅需要大量的资金还需要大量的人力，利用智能机器人技术，开发具有一定的护理能力的智能机器人帮助老人生活起居成为了解决我国养老问题的良策。随着机器人技术的发展，人们已经愈来愈亲身地感受到机器人深入生产、生活和社会的坚实步伐。一方面，随着各个国家老龄化越来越严重，更多的老人需要照顾，社会保障和服务的需求也更加紧迫，老龄化的家庭结构必然使更多的年青家庭压力增大，而且生活节奏的加快和工作的压力，也使得年轻人没有更多时间陪伴自己的孩子，随之酝酿而生的将是广大的家庭服务机器人市场。另一方面，服务机器人将更加广泛地代替人从事各种生产作业，使人类从繁重的、重复单调的、有害健康和危险的生产作业中解放出来。

（一）智慧养老院的总体结构

通过智能机器人与服务平台给养老院老人提供更舒心、便捷的养老服务，系统总体结构包括一网、一平台、三核心技术、六大应用系统：

第一，一网，指物联网，在养老院中建立物联网基础设施，采集养老院的基本数据信息，如视频信息、温湿度信息、人员地理位置信息等，为信息系统的建设提供强大的基础数据支撑。

第二，一平台，指养老院基础设施与服务的智慧化支撑平台，完成基于多设备接入的智能服务支撑平台，建设智慧养老院数据中心，提供智能养老服务。

第三，三大核心技术，即机器人自定位与地图创建技术、机器人视觉识别的智能人机交互技术和多网络、多设备智能融合接入技术。通过核心技术攻关，攻克智能机器人领域自定位导航与智能交互的技术瓶颈，整合养老院多智能设备资源，实现智慧养老院的智能服务功能。

第四，六大系统，指机器人服务系统、环境监测系统、智能视频分析系统、网络展播系统、老人健康管理系统、老人定位与呼叫系统六大应用系统。

（二）智慧养老院中的关键技术

1. 家居助手

老年人随着年龄的增加，需要能顺利的控制各种家电、灯光和音响。智能机器人作为家电控制的助手，能有效帮助老人完成对家电等的控制，同时还省去了老人寻找众多家电遥控器的烦恼。本系统中，老人通过语音、图片识别和界面按钮控制三种方式控制机器人依次完成对两个智能家居设备的开启或关闭。关键在于机器人自主定位、导航、自主避障、语音合成、发音表达清晰程度等方面的能力。

2. 吃药提醒

对于定期服用不同药的老人，吃错药和忘记定时吃药是两个比较突出的问题。助老组比赛设定此项目，使用智能机器人协助老人解决这两方面的问题。本系统通过智能机器人的物体识别能力，定时能力提醒老人吃药，并确保老人吃药安全。关键在于机器人自主定位、导航、门开关判定、物体识别、语音合成、发音表达清晰程度等方面的能力。

3. 定时健康检查

老人身体需要定期的体检，助老机器人则可以完成老人提醒体检和正常的例行身体检查。关键在于机器人自主定位、导航、门开关判定、血氧脉搏检测、语音合成、发音表达清晰程度等方面的能力。

4. 物品小管家

智能机器人用来解决老年人找不到物品的苦恼。关键在于机器人自主定位、导航、物体识别、语音合成、发音表达清晰程度等方面的能力。

机器人走进人类日常生活，将人类从或繁重，或危险，或单调的日常劳动中解放出来是人们长期追求的梦想。目前的机器人主要适合于在大型车间等结构化生产环境下从事规范、重复和高精度的操作，难以适应人类的日常生活环境和任务要求。因此，研究机器人与人之间的行为交互是实现"机器人走进人类日常生活"的关键课题。

机器人与人的行为交互应体现自主性、安全性和友好性等几个重要特征。自主性避免机器人对服务对象的过分依赖，可以根据比较抽象的任务要求，结合环境变化自动设计和调整任务序列；安全性是指通过机器人的感知和运动规划能力，保证交互过程中人的安全和机器人自身的安全；友好性则体现了人作为服务对象对机器人系统提出的更高要求，即通过自然的，更接近与人与人之间交流的交流方式来实现人机对话。

基于多模态数据识别的人机交互技术是针对养老院环境下，利用老人的语音、姿势和表情信息识别老人的需求和情感状态，提供更符合老人习惯的人机交互界面。基于多模态数据识别技术的人机交互技术的主要过程分为五个部分：

第一，多模态信号检测。检测出多模态信号，语音信号通过机器人的音频输入设备获得，老人的姿势与表情数据通过机器人自身所携带的摄像头获得，语音数据进行语音识别，判断老人对机器人操作的指令信号。由于助老服务机器人的服务对象固定，因此可以使用基于学习的算法对特定对象的发音信息进行强化学习，获得更高的识别率。机器人的视觉摄像头获取服务老人的表情和姿势视频，通过视频中的人脸和手势来判断老人的情绪状态。

第二，多模态数据的特征提取。对于老人的语音数据，进行特征提取，主要是在频域进行相关的特征提取操作；对于老人的表情和手势图像，获取人脸的形状信息作为特征，使用主动形状模型获得人脸和手势的标定点位置。

第三，相似性度量模型。在提取了语音、手势和人脸表情特征后，建立特征之间的相似性度量模型，分析特征空间对于识别的重要性与影响，根据不同的特征建立符合实际情况的相似性度量模型。

第四，模式分类算法。利用现有的分类算法对获取到了算法进行分类，完成简单的老人语音的识别功能，在此基础上，进行老人的手势和表情识别，获得老人的感情状态，进而提供机器人更明确的服务对象信息。

第五，智能交互框架。智能交互框架主要完成机器人在理解了老人的表达后，通过语音合成技术对老人进行反馈，当检测到老人的表情痛苦和或者不舒服后，立即通过呼叫中心联系管理人员进行处理。

二、智慧养老：没有围墙的养老院

智慧养老是以老年人为服务对象，以社区为依托，以养老服务机构为支撑，将物联网、云计算等先进技术和养老服务设施建设、养老服务内容相结合，所构建的信息化、智能化的社会化养老服务体系。

从现在起到 2020 年，是全面建设"两型"社会的关键时期，是进一步推进养老服务业快速发展的重要阶段，也是全面加强养老服务信息化、智能化、标准化建设的重要机遇期。党中央国务院对发展养老服务业高度重视，近日国务院制定出台了《加快发展养老服务业的若干意见》，明确指出，我国是老年人口最多的国家，达到近 2 亿人，老龄化发展迅速。加快发展养老服务业，既能弘扬中华民族敬老优良传统、满足老年人多层次需求、提高生活质量，又能补上服务业发展"短板"、释放有效需求、催生上千万就业岗位。要在政府"保基本、兜底线"的基础上，锐意改革创新，发挥市场活力，推动社会力量成为发展养老服务业的"主角"，到2020年全面建成以居家为基础、社区为依托、机构为支撑的覆盖城乡的多样化养老服务体系，把服务亿万老年人的"夕阳红"事业打造成蓬勃发展的朝阳产业，使之成为调结构、惠民生、促升级的重要力量。

（一）整合社会服务资源

智慧养老服务体系根据应用目的和实施主体的不同，可分为三个层面：第一个层面，政府部门开展行业管理工作的信息化，构建行业管理信息化平台；第二个层面，专业养老服务机构采用信息化应用和智能化设备开展养老服务，采用"公建民营、民建公助"方式构建的公共服务平台；第三个层面，促进老年人健康、改善老年人生活的各类信息化应用及智能终端，以政府购买服务进行推动的市场化运营推广的智能养老应用。

首先，社会化养老服务综合管理系统是以互联网技术为核心，在现有数字化办公设备的基础上，借助专业软件建立覆盖全市、统筹城乡、高效互动的养老服务体系管理系统，创新养老服务体系化管理模式，以"数字老龄"努力提升全市养老服务体系建设及管理水平，是解决政府老龄主管部门日益繁杂的工作职能和日益复杂的工作环境的有效解决办法。该平台可帮助政府主管部门实现对社会化养老服务及专业机构进行有效的行政管理和监督，本着"在管理中提升服务、在服务中加强管理"的原则，实现"管理规范化、决策科学化、业务流程化和数据标准化"的目标。

社会化养老综合管理平台包含了有关养老业务管理内容，实现了对各个养老机构及相关业务基础数据的自动实时采集和分层分类汇总，汇聚并保存到数据中心，形成科学严谨的动态管理体系。同时，政府主管部门可使用该系统完成工作实务的处理。该系统也是业务决策平台，主管部门可针对辖区的养老业务信息进行统一分析和监管，包括对各项专业数据的查询、汇总、统计、分析、考核、审批，平台提供综合性的查询统计的功能，系统配置多种统计与考核报表，领导可以根据数据进行决策。通过实施该项目，可实现老龄工作领域的基础数据集中化、业务处理网络化、统计决策科学化、流程监管智能化和养老服务管理信息化。

其次,社区居家养老服务呼叫网络平台是以社区居家养老信息化平台建设为抓手、以政府购买服务为推手、以培育社会组织为支撑,以老年人需求为导向,整合社会各类服务资源,为老人提供包括"紧急救援、家政服务、日常照顾、康复护理、家电维修、精神慰藉、法律维权、休闲娱乐"等综合性的服务项目,建立信息化、智能化、多层次的居家养老服务信息管理及呼叫网络体系,构建一个没有围墙的养老院。

要建设一个平台、构建两个体系。建设居家养老服务信息管理及呼叫网络平台,构建"市、区、街、居"四级居家养老服务管理体系和"24小时呼叫救助服务体系"。再通过把先进的通信信息技术和居家养老服务设施、居家养老服务机构建设相结合,保证能为老年人提供实实在在的服务内容,形成一个基础性的居家养老保障体系。

之后引入专业服务机构组建各级居家养老服务中心。服务中心采用市场化的管理及服务机制,建立健全管理制度、制定服务规范和服务范围,承接政府购买服务,协助政府指导各街道(乡镇)居家养老服务的开展。通过以点带面、以信息平台带动上门服务的思路,派出居家养老护理员为老年人提供专业化的养老服务。最后,在保障基本性养老服务的基础上,针对老年人多元化、个性化的需求,可通过社区居家养老服务呼叫网络平台,深度整合对应的社会专业机构加入服务体系予以逐步满足。

(二)云上的养老院

养老院管理系统是帮助养老机构对日常业务运营和内部事务进行信息化管理的软件,可以有效地详细的记录该机构收住和服务老年人的情况。该系统采用云平台方式建设,辖区内各养老机构无须额外投入,只需通过主管部门配发的软件使用账号和密码即可远程使用。

通过该软件的使用,一方面可以有效地提高养老院的信息化管理及护理服务水平;另一方面可以方便地将各个养老院的基本情况、收住和服务老年人的情况通过接口程序和网络，自动上报到民政机构养老信息管理系统中，形成完整、连续、详细的数据报表，有效地提高了政府主管部门的业务指导、监管能力，提高了床位补贴发放的效率的同时，也可通过老龄工作门户网站很好的宣传养老机构，发布相关信息，方便了老年人及家属。

老年移动健康管理系统（医养协作信息化养老项目）是利用3G及物联网技术，通过在养老服务机构及社区养老服务网点配置远程健康检测设备，远程采集老人"血压、血糖、血氧、心电、尿常规"等生理数据，上传至健康云平台，由医疗卫生机构为养老服务机构及相关老年人提供专业的健康促进及医疗服务，构建一个基于本地化服务的医养协作模式。创新养老服务的内容、形式和提供方式，提升养老服务信息化应用水平，提高老年福祉，推动医养协调发展。

第七章 养老保险的制度改革

第一节 养老保险的现状与发展

一、城市养老保险的现状分析

（一）我国城市养老保险存在的主要问题

1. 城市养老保险覆盖范围扩大难度大

覆盖范围仍然比较狭窄，是当前我国城镇企业职工养老保险不可回避的现实问题，并且很难进一步扩大其参保覆盖范围。尽管劳动和社会保障部于2001年发布了《关于完善城镇职工基本养老保险政策有关问题的通知》《通知》明确将基本养老保险覆盖范围扩大到了城镇个体工商户、灵活就业人员以及农民合同制职工，但在实际的操作中，"扩面"工作取得的收效却微乎其微。截至2010年底，在全国2.5707亿基本养老保险的参保人员中，非企业职工仅有2073万人，只占参保总人数的8.06%。对于正处于发展阶段的制度来说，暂时未实现全覆盖或许并不是大问题，看其能否顺利扩大覆盖面才是关键。然而从当前实际情况来看，进一步扩大城镇企业职工养老保险的覆盖范围已经变得越来越困难。

目前，民营企业、城镇个体工商户以及灵活就业人员是扩大城镇企业职工养老保险覆盖面的重点，而影响扩大养老保险参保覆盖范围的政策因素主要有以下三点：第一，个体工商户及灵活就业人员的收入普遍偏低，而基本养老保险缴费基数与缴费比率则偏高。第二，养老保险的保险关系转移接续难度大。第三，新兴行业归属困难。

2. 养老保险基金面临财务风险

养老保险制度是国家稳定的调节器，养老保险基金则是国民的"养命钱"。然而，由于不断加快的人口老龄化趋势、养老保险制度转型带来的转制成本、退休年龄规定不能适应当前国情要求以及养老保险基金的投资管理不善等诸多原因，我国的养老保险基金正面临着严重的财务风险。尽管当前全世界的养老保险制度都面临着养老保险的财务危机，但是由于我国特殊的历史根源以及目前的现实条件，我国养老保险基金的这一财务危机较其他国家而言则显得尤为严重。

其一，人口老龄化趋势。养老保险制度中的赡养比例问题和基金支付压力问题是人口老龄化趋势带来的两个主要问题。相比于其他国家，我国的人口老龄化问题呈现出两个特点：第一，人口老龄化增长速度过快。由于我国人均预期寿命的不断延长和一直以来推行的计划生育政策，我国的人口老龄化趋势非常迅速。据调查显示，在所有的发展中国家中我国的老龄化速度是最快的；第二，相对于发达国家而言，我国却是在人均收入水平最低的条件下进入老龄化社会的。由此可见，基于我国国情和养老保险特殊的制度建制背景，人口老龄化使我国的养老保险事业面临比其他国家更为严峻的挑战。

其二，养老保险转制成本。养老保险转制成本是根据特定的养老保险转轨目标，必须解决的那部分已经显性化了的隐性债务。而隐性债务是指在现收现付制度下养老保险参保人所积累的全部养老金权益，即该养老金计划对职工和养老金领取者所做的津贴承诺。在我国基本养老保险制度从现收现付制向部分积累制过渡的过程中，国家并没有通过相应的行政手段来解决隐性债务问题并建构新的制度，而是继续沿用现收现付制的传统做法，相关职能部门通过从社会统筹账户向个人账户透支的方式来弥补基金缺口，这就导致最终大量个人账户"空账"的运行，从而使得部分隐性债务显性化，形成了转制成本。从长期来看，如果不尽快解决转制成本问题，那么不仅会诱发养老保险基金的财务危机，甚至还有可能会诱发我国社会保障体系的全面危机并严重阻碍我国的经济发展和社会安定。

3.企业年金发展相对滞后

作为多层次养老保险体系的重要组成部分，企业年金是在国家政策指导下，企业和职工在依法参加基本养老保险的基础上，自愿建立的补充养老保险制度。企业年金有利于完善国家的社会保障体系，也是应对人口老龄化的一种合适方案。随着国民经济的持续快速发展，市场经济体制的日臻完善，我国已经具备了发展企业年金的条件，而伴随着不断加快的人口老龄化进程，我国发展企业年金的必要性也凸显出来。从目前发展情况来看，企业年金的开展虽然取得了一定的成绩，但是相对于我国养老保险基金需求和城市就业人口而言，还没有形成相当规模的基金积累和参与人数，行业、地区之间分布不均衡矛盾仍然存在，多数集中在大中型企业和沿海地区。我国的宏观大环境是企业年金没能获得较大发展的最主要原因：如我国市场竞争环境缺少公平，国有大中型垄断企业在市场竞争中存在绝对优势，其优势远远超过了其他企业通过建立企业年金可实现的竞争力提升空间，这就大大削弱了很多企业建立企业年金的积极性。

其一，税收优惠政策缺乏。我国企业年金具有非强制性，这就决定了企业可以根据自身实际情况决定是否建立企业年金，而企业之所以放弃即期福利而选择建立企业年金这种远期福利的一个重要因素是：企业可以通过国家的税收优惠政策，以同样的成本更好地改善员工的福利。因此可以说，税优优惠政策的制定是推进企业年金发展最重要的政策支持。另外，目前已有的税收政策很少涉及投资和待遇领取，大多只是停留在缴费阶段的税收规定。而从缴费主体上看，对个人缴费却没有相关规定，仅局限于企业缴费执行税收优惠政策，并非完整意义上的税收优惠政策。由于地区一级的税优政策不是很不完整，加之税优政策的规定没有完全明确统一，从而导致企业年金制度在我国没有得到很好的发展。

其二，城镇企业职工养老保险还未统一。当前，我国还没有实现全部覆盖的城镇企业职工养老保险，大量的灵活就业人员和个体工商户还游离在基本养老保险制度之外，更加难以顾及农村进城务工人员的养老问题，导致企业成本负担的不确定性进一步增加，从而影响到企业对于企业年金的选择。

（二）发展我国城市养老保险的对策

1. 进一步调节养老保险模式，实现养老保险制度平衡

我们通过对养老保险制度较为完善的西方发达国家以及我国国内部分地区的养老保险模式的对比研究得出了一个结论，那就是上述国家的任何一种养老保险制度都是一种代际保障，即由正在工作的这代人去负担已经退休的那代人的养老保险费用。在全球老龄化浪潮的席卷下，以及我国国内日益增长的人口老龄化压力下，将现有的现收现付的养老保险模式逐步改为部分积累制就是一种必然趋势了。按照国际标准，我国目前已经可以被称为老龄化国家，由于我国的人口基数大，在相当长的一段时间内老年人口必然以一种极快的速度增长，有预测显示，我国在 2035 年时老年人口绝对数量将会达到 2.7 亿。随着老年人口的不断增加，在我国的养老保险范畴已经覆盖了大部分的老年人的情况下，必然会使得享受养老金待遇的老年人迅速增加，但是在 2000 年以后我国的经济发展速度已经逐渐放缓，使得养老金的筹集困难重重。

2. 建立多层次型的全方位养老保险制度

"多层次型"的养老保险模式是指针对不同的社会保障目标采取不同的社会保障手段，给予人们个人需要的满足，综合运用各种社会保障手段而形成的养老保险制度。正如前面所讨论的关于瑞典的例子，其养老保险制度是一种全民保险模式，政府在其中承担了绝大部分的责任，资金来源绝大部分由政府拨付，这种模式在经济高速发展的时候能够使得人民享受经济发展的成果，可是一旦国家的经济发展速度减缓就会出现养老保险基金难以为继的情况。况且在当前世界人口老龄化以及经济危机的影响下，瑞典的社会保障制度不得不进行改革，建立一种多层次的社会保障制度。美国的国家养老保险制度就是一种成熟的多层次型的模式典范，这种模式在当前的经济社会环境下表现了良好的适应能力，许多国家纷纷效仿美国改革其养老保险制度。与瑞典和美国不同，新加坡实行的是一种以个人缴费为主的养老保险模式，这种制度受到国家经济的影响程度很大，一旦国家发生如通货膨胀等的经济

问题时就会显示出其不足之处，新加坡政府也看到了该模式的不足之处，正在积极采取各种措施改进。

二、农村社会养老保险的现状分析

（一）农村社会养老保险存在的主要问题

1. 人口老龄化进程加快，农村养老形势不容乐观

第五次全国人口普查有关数据显示，我国人口年龄结构发生了较大变化。0～14岁人口占总人口的比重为22.89%，比1990年下降了4.8个百分点；65岁及以上人口占总人口的比重为6.96%，比1990年上升了1.39个百分点。按照人口老龄化的国际衡量标准，65周岁及以上人口占总人口的比重达到7%，就进入老龄化社会。人口年龄结构的变化反映出，改革开放以来，随着经济社会的迅速发展，人民生活水平的巨大改善和医疗卫生保健事业的发展，特别是生育水平的下降，人口老龄化进程正在逐步加快，并且我国很快将步入老龄化社会。尽管农村的情况与城镇不同，但是由于农村人口无论是绝对数还是相对数都十分庞大，所以，农村老年人口的规模也不容忽视。据第四次全国人口普查有关数据，1990年，在全国农村人口中，65周岁及以上人口占农村人口的比重达5.63%，到1995年这一比重又增加到6.68%（1995年全国1%人口抽样调查资料），净增1.05个百分点。由于农村社会养老保险的滞后，农村社会养老保险既面临农村原有老年人的养老问题(存量问题)，又面临新增老年人的养老问题（增量问题），而城镇的社会养老保险面临更多的是增量问题。同时，由于农村人口基数庞大（据第五次全国人口普查有关数据，居住在农村的人口为80739万人，占总人口的比重达63.91%），所以农村养老形式更不容乐观。

2. 传统的农村家庭养老功能正在逐步弱化

首先，农村家庭规模的逐步小型化使农村家庭养老的作用越来越小。据第五次全国人口普查有关数据，我国31个省、自治区、直辖市共有家庭户34837万户，家庭户人口为119839万人，平均每个家庭户的人口为3.44人，

比 1990 年人口普查的 3.96 人减少了 0.52 人，家庭规模呈现出继续缩小的趋势。同样，农村家庭规模小型化的趋势也越来越明显。据 1990 年第四次全国人口普查有关数据，农村家庭户平均人口为 4.18 人，到 1995 年降低到 3.70 人（1995 年全国 1% 人口抽样调查资料）。其次，城市化以及农村劳动力转移对农村家庭养老有消极影响。伴随工业化和城市化，农村劳动力向非农地区转移是不可避免的。农村劳动力转移在一定程度上降低了农村家庭的养老功能。

一般来说，农村劳动力转移带来了农村老年人与子女生活上的分离，这种分离若时间较长，父母与子女的感情纽带会变得松弛，由此带来的是子女孝道的下降。同时，由于流出的都是青壮年劳动力，农村老年人的家庭经济支持与生活照料将面临困境。最后，现代社会的家庭观和老年价值观会不断冲击传统的家庭观和老年价值观。在日益发达的市场经济条件下，商品、货币观念以及价值规律等对传统家庭和伦理道德的冲击日趋强烈，人们对小家庭的偏好和对大家庭的淡漠成了事物发展的必然结果，依赖传统的伦理道德观念来维持农村家庭养老已显得力不从心。

3. 农村社会养老保险社会化程度低，保障功能差

我国现行的养老保险制度主要是针对城镇国有企业职工和部分合作企业、合资企业、乡镇企业、私营企业、城镇个体劳动者，而对广大农民基本上没有建立养老保险制度，农村的养老保险问题主要依附于家庭，在经济条件较好的地区，养老保险的统筹层次也仅达到村级。由于社会化程度低，农村养老的共济功能十分有限。这种状况不适应市场经济条件下农村经济体制改革的需要，不能对全体劳动者提供基本生活保障，同时也限制了劳动力在不同部门间的合理流动，并且不利于缩小城乡差别和落实计划生育这一基本国策。另外，在养老保险的基金管理方面，基金的保值增值困难重重。同时，养老基金全部放在县级机构管理运营，有许多弊端，潜存着较大的风险，挪用养老保险基金的事例时有发生。再加上通货膨胀的影响，农民的养老得不到有效的保障。

（二）改革和完善农村社会养老保险制度的措施

1．加强对建立农村社会养老保险必要性的认识

建立农村社会养老保险制度，是促进我国农村改革、发展、稳定的一项重要政策，也是保障农民利益、解除农民后顾之忧的重要措施。建立农村社会养老保险制度对于深化农村改革、缩小城乡差别、保护农民利益、落实计划生育基本国策、促进农村经济发展和社会稳定有着重大意义。各级政府要充分认识到在社会主义市场经济体制建设中，农村家庭养老功能的弱化，以及我国农村人口老龄化趋势的加快，是建立农村社会养老保险制度的迫切要求。要充分认识到培养农民的保险意识，加强农保队伍的建设，对建立农村社会养老保险制度的重要作用。

2．理顺农村社会养老保险的管理机制

农村社会养老保险在建设中出现了许多困难和问题，但是深层次的问题还是管理体制。农村社会养老保险管理体制改革的目标是：建立与社会主义市场经济和养老基金筹资模式相适应的管理体制；政、事、财分开的制衡机制；内部监督、审计部门监督和社会监督相结合的监督体系。中央、省、地三级政府主管部门保留行政机构，负责政策制定、建章立法、组织推动和行政监督；县、乡两级负责保费的收缴、个人账户管理、养老金发放等具体事宜，不承担基金管理职能；中央、省两级设立专门的基金管理机构，其性质为金融企业法人或具有金融职能的事业法人，承担基金管理人的职能，从而保证农村养老基金的保值增值。

3．逐步扩展农村社会养老保险的实施范围

我国农村从沿海到内地、从山区到平原差别很大，甚至在县与县之间、乡与乡之间也很不平衡。因此，建立农村社会养老保险，要因地制宜，从实际出发，分类指导，并且充分尊重农民的意愿。

沿海地区和大中城市郊区，经济发展较快，农民收入水平较高，基层组织比较健全，应积极开展，尽快扩大养老保险覆盖面，通过加强管理，率先建立社会养老保险制度。在中等发达地区应逐步推进，优先搞好乡镇企业职

工、村管理干部以及独生子女父母等有固定收入人员和特殊对象的养老保险。在边远地区要根据各县、乡（镇）的经济状况，确定哪些县、乡（镇）开展养老保险。在不具备条件的贫困地区，主要搞好社会救济和社会福利工作，社会养老保险待条件成熟时逐步开展。

4. 重视家庭保障在农村养老保险中的作用

城镇职工的社会养老保险也分为基本社会养老保险、企业补充养老保险和个人储蓄性养老保险。可见，城镇职工老有所养问题单纯地依靠社会养老保险是远远不够的，必须有企业补充养老保险和个人储蓄性养老保险作为必要的补充。农村养老保险问题更是如此。由于农村社会养老保险的特殊性，其覆盖面有限，对家庭养老的需求更为迫切。家庭养老不仅有利于老年人的身心健康和满足老年人的心理需求，使家庭在体贴、照顾、温暖、服务老年人等方面继续发挥作用，而且使农村老年人在经济上得到家庭和社会两方面的支持，使老年人安度晚年有一个稳定的经济基础。参照城镇职工养老保险，政府可以从制度建设上鼓励农村家庭养老，例如给予税收政策的优惠和适当的收入补贴。

5. 建立城乡统一的社会养老保险体系

由于农村经济发展的不平衡，农民参保能力有强有弱，一些经济比较薄弱的村、乡（镇）没有能力承担农民参保费用，而一些依靠农业生产获得收入的农民，由于经营规模有限、农产品价格低廉以及农业生产的不稳定性，也没有能力承担养老保险应缴的费用。但是，也有一些经济实力比较强的村、乡（镇），农民收入水平提高很快，农村集体和农民个人完全有能力承担农民参保费用。

在这些地方城乡之间的界限已十分模糊，农民享有的福利保障甚至高于城镇居民。像广东珠江三角洲地区，许多农民并不想成为城镇居民，相反是城镇居民非常想成为农民。例如，广东省南海区目前正在进行国家"城乡统筹就业"工作的试点，根据对南海区农村劳动力状况的调查，估计在2003年将彻底打破城镇和农村的界限，取消城乡劳动力在就业和社会保险等方面的差异，使农民也能像城里人一样，享有就业统筹安排和退休保障。按照农村社会养老保险实施的原则，农村社会养老保险是条件成熟一个发展一个，依照广东省南海区的经验，可以考虑在条件成熟的、并且经过一段时间发展的地区，通过相应的制度安排，逐步过渡并最终实现城乡统一的社会养老保险制度。

第二节 养老保险的制度改革与创新

一、深化中国养老保险制度顶层设计

（一）立足于整个养老保险制度体系的定型、稳定与可持续发展

现行制度安排是顶层设计的基础，不可能完全推倒重来，而是需要突出普惠性、公平性、互济性与可持续性，促使整个养老保险制度体系经过优化之后走向定型、稳定与可持续发展。一方面，各项制度均需要优化，但关键还在于职工基本养老保险制度的优化，而优化这一制度的核心又在于尽快实现基础养老金全国统筹。另一方面，需要合理定位提供经济保障的养老保险的功能与水平，同时推动提供服务保障的养老服务与老年医疗保障、护理保险等的发展，促使整个老年保障体系走向结构合理、相互协调、功能完备，以便在更好地保障老年人基本生活的同时，减轻目前养老保险制度所承受的超负荷压力，促使人们对养老保险制度的期望回归理性。

（二）明确深化改革与优化制度安排的基本原则

第一，坚持平稳过渡原则。即以现行制度安排为基础，在全面优化的过程中重塑制度安排。在明确优化目标的同时，能够一步到位的制度调整不宜再采取拖泥带水式的试点方式，而是需要快速推进，对于无法一步到位的则要制定相应的过渡方案，确保整个制度体系平稳、有序地走向定型、稳定与可持续发展的新阶段。

第二，坚持权利与义务相结合。享受养老金待遇必须以承担相应的缴费

义务为条件，这是社会养老保险制度普遍奉行的一般规则，也是我国《社会保险法》的明确规定，必须得到贯彻落实。同时，基于工业化进程与职工队伍的持续壮大，在制度体系构架中应当确立以职工基本养老保险为主体，同步推进机关事业单位养老保险改革和完善农民养老保险制度。

第三，坚持责任分担相对均衡与保障福利可持续增长相结合。坚持责任分担和互助共济是实现养老保险制度可持续发展的支撑条件。因此，应当均衡用人单位、政府与参保者个人的责任分担，同时提升互助共济性，在共同分担责任的条件下逐步提高养老金水平，以提升公平性和保障可持续性为制度优化的总取向。

第四，坚持维护同一代人养老权益相对公平原则。应当吸取以往企业养老制度改革中因未能对"老人"与"新人"区别对待而导致矛盾激化、制度失衡的深刻教训，贯彻落实"老人老办法、新人新办法、中人有过渡办法"的基本思路，维护同一代人的相对公平和代与代之间的相对公平，让"新人"站在同一起点上，让"老人"的差距逐步缩小。

第五，坚持制度全覆盖与参保率逐渐推进相结合的原则。应当摒弃以追求 GDP 增长的冲动来推进养老保险制度参保面的迅速扩张，而是必须以制度优化并定型为前提条件，有序扩大制度覆盖面，稳步提升参保率，到2020年实现90%以上的适龄人口均参加基本养老保险的目标。

（三）明确基本养老保险制度体系的建设目标

总目标：到2020年，建成由城镇职工基本养老保险、公职人员基本养老保险与农民基本养老保险组成的法定养老保险制度体系，辅之以补充养老保险，覆盖90%以上的城乡适龄参保人口，为每个退休者提供相对公平、水平适度的养老金，同时适度积累养老保险战略储备基金与个人账户基金，实现制度可持续发展，以免除城乡居民老年经济来源的后顾之忧，确保老年人的生活质量。

分目标包括：一是体系建设目标，形成"一体、两翼、多层次"的养老保险体系，即以职工基本养老保险为主体，以公职人员基本养老保险与农民基本养老保险为两翼，以企业年金、职业年金等为补充层次，实现协同推进。二是覆盖面目标：适龄老年人，人人享有基本养老金；适龄参保者，总参保率达到 90% 以上，其中：2020 年城镇参保率达到 95%，农村参保率达到 85%。三是替代率目标：职工与公职人员的基本养老保险（第一层次）替代率设定为 45% 左右，企业年金与职业年金（第二层次）替代率设定为 10% ~ 25% 左右；两个层次养老金合计替代率达到 55% ~ 70%。四是基金积累规模目标：应当统筹考虑战略储备基金与个人账户基金积累规模，如果偏重战略储备基金积累就应当减少个人账户基金积累，如果偏重个人账户基金积累则应当控制战略储备基金规模，养老保险基金积累总量可以确定为相当于同期 GDP 的 10% ~ 20%，这样既能够保证满足未来养老金支付高峰期的资金需要，又不会承担过大的投资压力，更可以避免因可能发生的金融危机而导致惨重损失。

（四）在明确制度优化目标的前提下，兼顾现实，制定相应的过渡方案

主要包括：

一是制定职工基本养老保险统一缴费率的过渡性方案。允许缴费率偏低的地区用 3 年左右的时间逐步过渡到统一费率。如广东、浙江等省因现行实际缴费率偏低，可以允许在 2015 ~ 2017 年间每年提高相应的比率，同时允许利用现有基金积累用以弥补，到 2018 年时实现全国统一费率。

二是制定机关事业单位养老保险制度改革方案中的"中人"过渡方案。在保障老年人和临近退休的老年人采取原有退休制度、新入职人员和近年内参加工作的职员一步到位地进入新制度的同时，对在机关事业单位工作 5 年以上的"中人"制定从退休制度过渡到社会养老保险制度的方案，包括明确服务年限的养老金权益替代系数，同步构建相应的职业年金。

三是制定农民养老保险从试点方案走向定型发展的过渡性方案。主要是明确已经领取养老金和临近领取养老金的老年人继续采取现行办法，但对 40 或 45 岁以上的中年人则要强制参保，并适用新的养老金计发办法，以逐步

将福利型的养老制度真正转化为权利义务相结合的保险型养老制度，并依靠参保缴费来逐步提高养老金待遇。

四是中央与地方的财政责任分担，亦在明确固定比例的同时，允许负担加重较多的省份有三年左右的过渡期。即在新制度实行后继续保持原有的补贴额度或者逐年下降，到 2018 年实现完全按照法定的固定比例分担责任。

（五）加快全国统筹，优化职工养老保险制度

从目前调查到的情况来看，全国仅有北京、上海、天津、重庆、陕西、青海、西藏等 7 省实现了基本养老保险基金省级统收统支；绝大多数省区还停留在建立省级、地市级调剂金阶段，个别省还未建立省级调剂金制度。因此，全国职工基本养老保险基金总体上依然分散在市、县一级，地区分割统筹的格局并没有根本性变化，直接后果就是法定的国家统一制度安排在一定程度上已沦为地方性制度。

地区分割的弊端在于：一是造成不同地区的养老保险实际缴费负担畸重畸轻，损害了制度公平与市场竞争的公平。以 2011 年为例，根据对调研数据的测算，广东省企业实际缴费率仅为 5.9%，而甘肃省的实际缴费率竟然高达 24.5%，即使扣除因补缴或复缴以及参保群体工资水平高或低于平均工资水平造成的误差，两者之间相差仍应在 3 倍以上。二是导致了不同地区养老保险基金收支余缺分化，危及制度的可持续发展。从主管部门提供的数据来看，广东省职工基本养老保险基金累计结余从 2008 年的 1621 亿元增长到 2012 年的 3636.6 亿元；而黑龙江、辽宁的年度收支缺口却分别达到了 183 亿元、156 亿元。全国对该制度的财政补贴从 2008 年的 1437 亿元增长到 2012 年的 2648 亿元。这种基金收支余缺分化的畸形现象，动摇了这一制度的可持续性。三是直接放大了现行制度的问题。包括：虚高的名义缴费率（20%+8%）无法降低，地区收支缺口被无形放大，个人账户空账运行，基金积累贬值，运行成本居高不下，进而又动摇了公众对制度的信心。因此，要从根本上矫治这些疾瘤，只有加快实现全国统筹。

全国统筹的目标，是依法将已在一定程度上沦为地方性制度的职工基本

养老保险制度真正恢复为国家统一制度安排，并以此为契机，全面优化这一制度的结构及责任分担机制等，提高制度的吸引力与激励性，促使其早日实现定型、稳定与可持续发展。具体而言，职工基本养老保险基础养老金全国统筹与制度优化的基本方案如下：

1. 以基础养老金全国统收统支为核心，实现制度统一化

包括：统一社会统筹与个人账户的结构与规模、统一缴费基数计算口径、统一缴费率、统一征缴收入、统一待遇支付、统一个人账户收益回报率、统一制度运行规范与监管、统一经办机制与信息系统。明确中央政府为责任本位并实行全额预算管理，明确划分中央与省级政府的财政责任分担比例与监管责任，设置具有独立法人地位的国家养老保险总局，全面负责经办养老保险日常业务与基金管理工作。

2. 统一缴费率，稳定财政补贴比例，均衡各方负担

根据近年来职工基本养老保险基金收支状态，综合考虑覆盖面的扩大与全国统筹后的基金使用效率，可以将总缴费率确定为20%，其中，单位缴费率为12%，个人缴费率为8%；政府财政补贴责任以固定补贴年度养老金支出总额的15%左右为宜，最高不超过20%。这样，不仅解决了地区之间缴费负担不公的问题，还均衡了用人单位与个人养老负担，并使政府财政补贴责任得以明晰，避免地方政府遭受养老金支付高峰的压力与冲击。

二、养老保险制度改革与政府预算管理

（一）预算管理的"碎片化"使制度结构的碎片化整合难以推进

养老保险制度结构的"碎片化"与政府预算的"碎片化"相互呼应，并纵横交错形成较为复杂的制度格局。"碎片化"状态的形成与渐进式的经济转轨路径紧密相关，有着不可逾越的发展脉络及历史进程。自下而上、先易后难、分类分层的改革模式使中国养老保险制度和政府预算改革均缺少了整体设计和统筹规划。从发展现状来看，"碎片化"突出表现在以下三个方面：

1. 城镇养老保险的"双轨制"

所谓"双轨制"是指城镇职工由于在职期间工作身份不同而享有不同的养老金制度，即行政事业单位职工的养老金由中央及地方财政支付，待遇水平与退休前工资挂钩；而企业职工或自由职业者享有与缴费挂钩的社会养老保险待遇。近十年来"双轨制"所产生的养老待遇差正呈现逐步扩大的发展趋势。2005 年～2011 年企业职工基本养老保险替代率一直在 50% 以下，2011 年已经降到 42.9%。而政府通过发展企业年金，来弥补"双轨制"养老待遇差的制度安排，也由于相关政策的不配套以及企业缴费能力等原因而发展缓慢。截至 2011 年底，企业年金基金累计结存只有 3570 亿元，覆盖人数仅为 1577 万人，只占到了城镇企业职工基本养老保险参保人数的 5.6%。与此同时，由国家和地方财政负担的行政事业单位养老金替代率水平却一直维持在 80% 左右，甚至达到 100%，高出企业职工 30 ～ 50 个百分点，"双轨制"的背后暗含着较为复杂的预算管理关系。城镇企业职工基本养老保险预算被分散在社会保险基金预算、国有资本经营预算、政府性基金预算、公共财政预算等四类预算科目之中，在预算管理上缺乏统一的规划与协调。社会保险基金预算收入由企业或个人的养老保险缴费、财政补贴、基金投资收益和其他预算收入等构成，用于参保的城镇企业职工、个体工商户、灵活就业人员的社会养老保险待遇支出。国有资本经营预算和政府性基金预算的部分预算收入被用于由于国有企业改革所产生的离退休和分流人员的养老保险预算支出；行政事业单位离退休人员的养老金在公共财政预算中列支，资金来源于一般性税收收入，待遇水平由国家财政予以保障，正如，《公务员法》第七十九条规定"公务员退休金所需经费列入财政预算，由国家财政予以保障"。因而，企业和行政事业单位职工基本养老保险在预算管理、预算约束以及待遇调整机制方面的"双轨"，直接导致了两类群体在养老待遇上的巨大差异，"双轨制"所引发的职工对制度公平与社会正义的不满，正成为威胁社会和谐稳定的重要因素之一。

2．城乡养老保险的分割

城乡养老保险制度分割的源头可追溯到建国初期工业化优先发展战略。在改革开放之前，城镇实行国家统收统支的劳动保险制度，而农村在自给自足的小农经济发展状态下，一直延续着土地保障和家庭赡养的养老模式。近三十年来，伴随着农村现代化、工业化、城镇化步伐的加快，土地保障和家庭养老的功能趋于弱化，农村建立社会养老保险制度的需求日趋强烈。因而，在城镇企业职工进行着社会养老保险制度改革的同时，农村也在逐步试点社会养老保险制度改革。以 1992 年和 2009 年两个试点文件（《县级农村养老保险试点基本方案》和《国务院关于开展新型农村社会养老保险试点的指导意见》）为标志，相继探索形成"老农保"和"新农保"两类农村养老保险制度模式，"新农保"规定了政府主导和农民自愿相结合原则，目标是建立个人缴费、集体补助、政府补贴相结合的新型农村养老保险制度。与"老农保"相比，新农保重点解决了农村养老保险中政府财政职能缺位的问题，在中央和地方政府的高度重视下，新农保的全覆盖目标正在有效落实。数据显示，2010 年新型农村养老保险覆盖率为 24%，预计 2015 年完成农村养老保险全覆盖目标。伴随着农村老年人口的增加和老龄化程度的加剧，全覆盖目标下的中央和地方新农保预算支出将快速增长。在 2013 年初，中央财政已下达新农保补助年度预算 610 亿元，以保证农村居民的基础养老金达到中央规定的最低标准，即每人每月 55 元，这个标准与城镇的养老待遇水平和整体的经济水平均存在较大差距。新农保的待遇提高需要中央和地方财政的共同支持，考虑到中央财政的负担能力和现行分税制条件下的政府间预算管理关系，农村与城镇养老保险分割的局面还将在相当长的时期内存在，大部分地区、特别是中西部的农村居民的养老保险待遇也将长期在低位徘徊。

3．地区间养老保险发展水平的不平衡

作为一个发展中大国，地区间的发展差异是一个不争的事实。起始于 20 世纪 80 年代的养老保险制度改革，一直延续的是国务院制订制度框架，然后由各地区因地制宜、试点探索、国家再统筹规范的改革模式路径。多年来，养老保险的"一地一策""一地多策"的情况相当普遍。由于各地区的经济发展水平、人口结构、政府财政负担能力的不同,使社会养老保险在缴费标准、基金管理、待遇给付以及财政补贴标准等方面都存在巨大差异。地区间养老保险发展水平的不均衡不仅使社会养老保险管理成本增加,使劳动者跨区域流动时的未来养老待遇遭受损失,而且使地方政府和企业担负了不公平的养老保险责任,进而影响到市场竞争的公平性和资源配置的效率性。单就社会养老保险制度而言,统筹层次的提高将有利于解决地区间养老保险发展水平的不均衡问题。但是,在省级统筹向全国统筹过渡的过程中,如果现行财政体制与预算机制的调整或完善不能够与之匹配的话,政府财政职能的缺位和越位将会使养老保险的省级统筹乃至全国统筹目标难以真正实现,同时,在现行政府预算管理约束下社会统筹层次的提高,将会使分税制条件下中央和地方政府间的财政关系变得更加复杂,地区间养老保险发展水平的不均衡程度有可能进一步加剧。

综上所述,养老保险制度"碎片化"和政府预算"碎片化"的存在,不仅使建立城乡统一的养老保险发展目标难以达成,使二元经济结构向现代经济结构转变的进程趋缓,而且更为严重的是对制度公正和社会正义提出了严峻挑战。是继续"碎片化"的路径,还是"大一统"的整合,这是当前养老保险制度改革需要做出的战略选择。渐进式的改革路径、二元经济结构和地区间发展不均衡不应该成为"碎片化"持续存在的理由。通过合理的养老保险制度模式选择"大一统"的养老保险制度完全可以跨越经济发展不平衡的鸿沟。而在推进"碎片化"整合的进程中,政府预算管理机制的调整完善尤其不可或缺。

(二)转轨成本预算的缺失使新制度难以运行或持续

中国养老保险制度在从国家财政统收统支的现收现付向部分积累模式的转轨中,由于需要偿还旧制度的养老保险债务,必然会产生巨额的制度转轨成本。理论上讲,在制度转轨设计和运行初期,政府需要对养老保险制度改革的起点和目标进行详尽规划,并安排专项制度和足额预算解决转轨成本,以保证已退休"老人"和处于过渡期的"中人"养老待遇不受损失,从而,使统账结合的新制度得以有效运行。然而,在改革实践中,由于中央和地方财政对于养老保险制度转轨成本预算的长期缺失,直接导致企业社会养老保险制度改革陷入困境,并且使行政事业单位的社会养老保险制度改革试点工作难以推进。

按照渐进式改革路径,城镇改革采取了首先以国有企业改革为核心,然后逐步向政府改革和社会保障制度改革等市场经济的深层次领域转移改革核心的方式。城镇企业职工养老保险制度作为国有企业改革最为重要的配套措施而被提出并实施。在当时的国家财政能力和渐进式改革路径的条件约束下,国有企业将所担负的历史和未来的养老保险责任一并推向了社会养老保险制度,转轨成本也一并被混杂在新制度的社会统筹中支出予以负担。数据显示,1980年~1997年,国有企业的离退休人数以年均10.84%的速率增长,在1997年底全国国有和城镇经济单位离退休人数已经为3259.1万人,退休人员与在职职工的比例为1:4.42。也就是说,如果以1998年初开始全面实施养老保险制度向社会统筹和个人账户相结合的转轨时点来计算,制度"老人"人数为3259.1万人,制度中人为14340.04万人。随着1998年之后的国有企业改革深化所带来的人员分流和提前退休等现象的大量涌现,显性化的转轨成本急剧增加,对统账结合的新制度财政支付能力形成较大的冲击。财政转移支付资金快速增长、个人账户空账规模加速、替代率水平持续下降等问题纷纷浮出水面。数据显示,1997年~2011年中央及地方财政转移支付已达1.2526万亿元,占2011年底社会统筹资金结余的64%。中西部的很多省市社会养老保险待遇支付直接依赖于中央财政的转移支付。个人账户空账规模在2011年底已达2.25万亿元,而2011年一年空账就增加了5000亿。即使是在财政转移力度加大,个人账户规模空账加速的情况下,企业职工基本养老保险的替代率水平依旧呈现持续下降趋势。城镇企业职工社会养老保险制度发展的实践充分表明,转轨成本预算的缺失将给新制度的运行带来沉重负担,拖延的时间越长,其影响越为深重。

第三节 养老保险评价体系的构建

一、可持续社会养老保险的综合评价

（一）问题的提出

社会养老保险是社会保障制度中的重要内容，也是人们最关心的一个社会问题。20 世纪 90 年代末，我国对养老保险进行改革，变现收现付制为社会统筹和个人账户相结合的混合制，使社会养老保险逐步从企业保险向社会保险转轨。改革取得了显著成效，极大地推动了企业制度改革与经济结构调整，但也暴露了一些新的问题，如转轨成本、隐性债务、空账问题和代际利益分配失衡问题等。科学分析我国的养老保险发展状况，及时把握养老保险建设现状和发展水平，有助于养老保险制度的完善和管理效率的提高，实现养老保险的持续发展。目前国内有关养老保险评价指标体系的研究不多，部分研究成果存在欠全面、层次少、角度单一和可操作性差等问题。指标体系综合考虑了养老保险的发展水平、发展速度、运行效率、内部平衡及与国民经济发展的协调关系，可用于全面客观的评价全国养老保险综合发展水平和地方养老保险建设状况。因子分析模糊综合评价法，综合了因子分析和模糊评价的优点，弥补了模糊评价主观赋权和因子分析客观赋权法的缺陷，是一种有效的评价方法。

（二）可持续社会养老保险综合评价指标体系及评价方法

可持续养老保险发展是指既要解决当前已达到退休年龄的老人的养老问题，又要考虑在职一代在未来的养老问题；养老金的筹集必须充分考虑到养老基金承担者的承受能力，即国家、企业单位、家庭、个人四者的承受能力；养老金的发放要兼顾养老金的支付能力，不能靠牺牲养老金的未来支付能力来满足即期支付能力；同时，养老金的筹集和发放还要考虑到未来 30 ~ 50 年内的财务平衡状况。养老保险经办机构的管理水平则是关系到养老保险覆

盖率、基金筹集和发放等制度运行效率的重要因素。从横向看，发展养老保险事业要兼顾经济和社会的可持续发展，不能超越经济社会的发展现状，否则将不利于社会进步。从纵向看，既要保证当代人与后代人的养老问题，又要兼顾当代人内部和当代人与后代人之间的利益分配公平性问题，防止代际冲突。

1. 综合评价指标体系的设计

评价指标体系是反映一定时空内养老保险发展的对象、规模、比例、速度、效益等方面变化情况的一系列统计指标有机结合的整体。养老保险评价指标体系应从全社会的角度出发，综合反映在一定时期处于社会生活安全网内的人数和用于养老保险事业的资金使用情况、机构设置情况、服务水平、管理效率、代际利益平衡及养老保险建设同国民经济发展的协调关系等。因此，养老保险综合评价指标体系分四个层次、三级子系统。四个层次包括目标层、准则层、判别层和指数层。目标层表明评价的总体结果，反映养老保险综合建设和发展水平。准则层包括养老保险人数、机构设置、基金管理和代际平衡四个方面内容，表明养老保险人数、机构设置、基金管理和代际平衡四个子目标的评价结果及发展水平，构成一级子系统。判别层根据不同子系统的内容设置不同的项目，构成二级子系统。三级子系统为指数层，所选指标的代表性、可测量性及数量是影响评价结果准确性的关键所在。指标体系三级子系统总共包括 10 个项目，因此在选择代表性的指标时必须合理取舍，既要考虑指标数据的可得性，又要用尽可能少的指标反映出尽可能多的内容。

（1）养老保险人数

养老保险覆盖人数占总人口比例是衡量一个国家养老保险发展水平和发展速度的最重要因素。养老保险计划覆盖率的高低，反映了养老保险计划的养老保障功能、制度认同率和社会再分配功能的大小。我国目前经济欠发达，养老保险计划主要集中在城镇，农村养老保险暂时还无力顾及，在城镇和农村建立完善的养老保险体系是我国社会保障的战略目标。鉴于此，养老保险人数包含养老保险覆盖率和覆盖率增长速度两个方面内容，共 7 个指标。

（2）养老保险机构设置

机构设置用来评价机构和人员配备是否合理及管理效率的高低。养老保险行政管理机构主要由管理部门和审计部门组成，管理部门负责养老保险政策的制定、执行、组织、保费收缴和管理等工作，而公司缴费、逃费及保费管理中存在的问题由审计机构检查。因此，该子系统下设了机构人员配置和管理效率两级子系统。机构和人员配备的原则是，既要保证养老保险工作的顺利开展和良好运行，又要提高效率，节约成本。而拒缴率、违纪公司数、违纪管理人员数、人均管理成本和管理费收入等指标集中反映了管理效率的高低。

（3）养老保险基金管理

基金管理是养老保险制度的基础，直接影响到养老保险的财务平衡。保证基金收入，合理控制基金支出，才能保证基金的收支平衡。我国现在为职工设置个人账户，并把养老金个人账户和社会统筹账户分开管理，这就使得养老基金的保值增值更为重要。基金管理设置了基金收入、支出、保值增值及财务平衡四项内容，每一项内容下包含不同指标。由于养老基金的特殊性质，目前国家只允许存入银行或购买国家债券。有价债券风险低，投资收益率高，是目前养老基金最主要的投资途径，所以把有价债券增值额占养老金总增值额比重作为衡量养老金保值增值水平的一个重要指标。随着我国资本市场的完善，养老基金将逐步投向证券市场，可用有价债券和证券投资增值额代替有价债券增值额作为衡量养老金保值增值水平的重要指标。

长期动态财务平衡是养老保险制度维持和发展的基础，20 世纪末西方国家掀起的养老保险改革热潮就是缘于养老保险面临严重财务危机。我国养老保险之所以从现收现付制转向统账结合制，也是因为人口老龄化使得养老金面临巨大的支付压力，如果不改革，财务收支就会随着人口结构老化逐步失衡，制度陷入崩溃。因此，人口结构趋向老龄化是导致养老保险转轨的直接原因，所以从基金收支平衡和人口年龄结构平衡两个方面评价养老保险的财务平衡。

（4）养老保险代际平衡

由于转轨成本和空账的困扰，目前国内理论界的注意力大多集中在养老保险财务平衡、转轨成本和空账的解决方案及基金投资管理等问题上，对代际平衡问题少有顾及。但是，代际平衡问题已成为困扰我国养老保险的改革和发展的主要因素。

首先，养老保险代际内部不平衡：第一，农村居民享受不到养老保险计划，只能靠土地养老。而独生子女计划生育政策又大大削弱了家庭养老的保障功能，同时据专家测算，土地的产出收益小于耕种成本，因此当农民年老失去劳动能力后面临的养老风险远大于城镇居民；第二，机关、部属行业和企业三块分割的养老保险统筹模式使得退休职工之间收入差距拉大，在职职工的养老负担各不相同；第三，地区间基金积累分布不均匀，使得省际，甚至是省内不同城市的职工收入和负担差异过大。

其次，养老保险代际间不平衡：养老保险制度转轨带来了巨额的转轨成本，导致个人账户成为空账。据世界银行测算，1998 年中国的转轨成本占到 GDP 的 94%，空账规模在 1999 年超过 1000 亿元。为了解决转轨成本，政府制定了很高的养老保险缴费率，相当于工资总额的 21.8%，而目前，世界各国企业缴纳的基本养老保险费率一般为 10% 左右。过高的缴费率加重了企业和职工的负担，导致代际间利益冲突严重，企业和职工的拒缴和逃费等行为就是代际冲突的反映。

由上可知，目前我国养老保险代际失衡问题十分突出，它不但使养老保险长期财务平衡面临巨大风险，而且动摇了养老保险的制度基础，对可持续养老保险发展具有深远的负面影响。因此，合理分配养老保险代际内和代际间的利益和负担具有重大意义，代际平衡状况是可持续养老保险发展的一项重要内容。

2. 综合评价方法选择

因子分析和模糊综合评价养老保险综合发展水平评价研究属于多指标综合评价问题。根据权重的确定方法，可把多指标综合评价方法分为两类：主观赋权法和客观赋权法。模糊综合评价是主观赋权法,即根据主观经验或专家评判,事先设定好评价指标体系中各项指标的权重,是定性评价方法。因子分析法是客观赋权法,即根据评价指标体系中各项指标的内在联系,运用多元统计分析方法,确定各项指标权重的定量评价方法。在实际应用中,大都使用主观赋权法,因其简单实用,易于理解和操作。但主观赋权法忽视了指标权重与数字特征及指标之间的内在联系,权重更改困难,不能适应事件、环境的新变化,影响了评价结果的客观性和有效性。同时,主观赋权法不能满足应用综合评价法必需的指标之间相互独立、指标之间信息不重叠的要求。因为在综合评价指标体系中,各项指标之间往往存在着一定的相关性,这种相关性通过重复赋权,导致被评价对象信息的重复使用,使评价对象的科学性受到怀疑,从而使评价结果缺乏说服力。客观赋权法的缺陷是完全依赖于样本指标数据,不能反映决策者偏好。如果在因子分析基础上结合模糊评价对养老保险进行综合评价,既可以避免单纯主观和客观赋权的缺陷,又能发挥各自的优点,可以有效地提高评价的质量。

二、城乡社会养老保险一体化评价体系的构建及实证分析

(一)指标体系的构建原则与方法

1. 指标体系构建原则

科学性原则。在指标体系的设置过程中必须充分反映社保一体化,并且能够体现城市和乡村在养老社保制度和管理上的差异和各自的特征,以保障评价体系的科学性、公正性和完整性。

适应性原则。城乡在统筹规划的过程中需要不断地演进和发展,这就需要量变和质变同时存在,从而建立一套可行的评价指标。也就是说,要符合我国目前的城乡实际。在指标参数的选择上,应当选取可获得性的数据,从而使得选取的指标既具有可比性,又具有量化的特征。

以人为本原则。推动城乡养老保险一体化的目的也是为了让城乡居民平等地享受现代化的发展成果。加快建立城乡社会养老保险产业、加速建设城

镇社保服务行业，造福于更多的居民，符合城乡居民最广大群众的福祉。要以群众的实际需求为出发点，保证城镇居民在养老过程中的基本生活质量。

可行性原则。在构建城乡养老保险一体化的过程中另外建立一个系统，叫作可控系统或可操作系统。指标的来源要符合客观实际情况并且数据要有凭有据，要经得起检验，含义要明确，数据分析的过程要规范，资料的查阅要简便易行，口径要具有一致性原则。

可比性原则。根据层次分析法解决政策有关元素等级的目标，在使用过程中主观判断的结论应当进行客观的量化，在这个基础上进行一定的定性和定量分析，从而做出决策。通过同层元素之间的横向纵向对比分析来判断政策因素的重要性和影响程度，确定正确的排序。运用这种指标首先要使得各个元素具有可比性。

2．指标选取方法

我们综合采用三种方式：首先是理论分析方法，在采用成果的基础上，依据城乡社保一体化和指标构建的原则，在城镇养老社保评价的过程中建立了5个确立准则的维度：城乡社保的覆盖率、协调度、公平率、保障度以及可持续发展的维度；其次，在指标层面的分析选择过程中，综合使用了频度较高的分析法和理论分析法，重点发展和培养理论界使用度较高的指标；再次，根据专家的建议，进一步对指标层进行调节和完善。

（二）模型设定

1．指标的选取

城乡之间养老保险的主要差异体现在如下几个方面：第一，城乡之间的养老覆盖面方面的评价。农村家庭的独生子女逐渐增多，造成了一对夫妻要同时抚养多位老人的情况，这就造成了很大的社会负担和经济负担。很多农民还失去了固有的土地，这些人依靠土地和家庭远远不能够满足他们养老的需求；第二，对城乡社会养老保险在公平度方面的评价。公平度是评价城镇社会养老保险工作优劣的主要衡量程度，居民所住的区域不同、性别不同、年龄不同、民族不同、身份不同、地位不同而造成了社保待遇不同是不合理的；第三，城乡之间在社保协调度的评价，也就是说所缴纳的养老保险费用城乡居民是否能够接受；第四，社会养老保险的保障度评价，即政府所发放的保障资金能否满足养老所需的日常花销；第五，关于政府所构建的城乡社会保险的可持续性的评价。通过对制度的可持续性的评估能够判断一项制度能否长期运行，而城乡社保制度是关乎农村经济发展、社会和谐稳定的重要保障制度，需要这项制度能够长期有效地运行，而在这项制度中，养老基金的设立是这项制度长期稳定运行的核心基础保障。

在充分考虑城乡社会养老保险差异的情况下，指标选取准则层确立了以覆盖率、协调度、公平度、保障度和可持续性为主要内容的一体化评价指标体系。这 5 个方面构成了城乡社会养老保险一体化的目标，又可以体现城乡的差异程度。指标层选取了较为典型有代表性又能够突出反映城乡社会养老保险差异的 13 项关键内容，且能够满足运用层次分析法的要求。

2. 变量介绍

采用最大值归一法，将各指标的数值统一在 0～1 之间，得出单项指标的评估值，由于综合指数的计算方法有线性加权模型、乘积评价模型、加乘混合评价模型等多重模型，但是鉴于本研究中的各指标都较为重要，各指标值差异不大，指标间基本互相独立，各指标只影响综合评价值而指标之间不相互影响，因此，本研究采用多目标线性加权求和综合评估模型进行计算，根据各层指标的权重，得出目标层的评估值以及综合评估值。为保证测量结果的客观公正，所有指标口径、概念均与国家统计局相关制度保持一致。

（三）实验验证

1. 河源市城乡社会养老保险一体化水平的评价

通过对 2015 年河源市城乡社保问题的评价指标进行分析，我们不难发现，在总的方面，河源市的城乡社保问题发展较好，基本上与城乡统筹规划保障制度中所提倡的基本原则相吻合。除公平度与保障度外的其他 3 个因素的发展趋势都迅猛明显，并且覆盖面非常广，包含了河源市的很多城镇职工和农村居民。并且它的基金做得也非常好，具有良好的持久性，也与本地区的经济、社会情况相适应。

公平度方面的测评只有 0.375 分，说明城乡之间在养老保险以及服务方面是有很大差距的。农村居民个人承担了社保的大部分费用，而政府对于社保的补贴太少，然而大多数的集约经济又缺乏经济来源的途径，基本上每个人没有什么补贴，这就加重了个人的经济缴费负担。较低水平的缴费也会产生一系列的恶性循环：由于享受的保障水平较低，使得部分人失去了缴费的积极性。在养老社保服务上城乡之间也有较大的差距：以农村的养老设施为例，大部分的农村缺少像敬老院、老人服务中心、老人护理中心这样的养老社保机构，即便是存在，也会因为设施的简陋、服务人员的缺失及素质低下而不能满足老年人养老的基本需求。除了上述情况以外，有的农村敬老院拒收不具有五保户条件的老人。这些老年人都要缴纳一定的费用后才能够享受到来自社保的服务，这无疑又抬高了老年人社保服务的门槛。城乡社保一体化构建过程中保障度的得分只有 0.2473。从数据上我们不难发现发放的养老金数额完全不能满足农村老人养老生活的基本水平，甚至还低于当地的低保生活水平，而城市的社会养老保险水平相比较而言较为优越，这应当引起政府有关部门的重视。

从指标层可以看出，城乡社会养老保险参保率之比、城乡用于养老保险财政支出占 GDP 之比、城乡社会养老金缴费增加与收入上升之比、城乡社会养老保险基金当年结余之比、城乡社会养老保险基金征缴率之比得分相比较而言较高，这些方面均表明了城乡之间现在的社会保险差距都在逐渐变小。其他如城乡社会养老保险个人负担比率之比、城乡对社会养老保险财政支出增长率与 GDP 增长率之比、城乡社会养老金发放数额与最低生活保障标准之比等得分均较低，表明在这些方面城乡居民享受的社会养老保险差距较大。

2. 影响河源市城乡社会养老保险一体化的因素分析

（1）经济性因素

河源市属于广东省一个比较落后的地级市，从地理位置、自然资源的角度来分析，河源市的经济发达程度远远地落后于广东省的其他城市，然而社会养老保险是社会能够得到稳定和谐，经济平稳向上发展的一个工具。社会保障的有效落实是需要强大的经济实力作为支撑力量的。此外，建立必要的养老保险机构、培训专业的工作人员这些都是需要财政资金的支持的，但是由于财政资金的支持有限，这必将会阻碍许多工作的开展。

（2）制度性因素

河源市虽然已经根据广东省委的要求进一步加强完善社会养老保险制度，并且从 2009 年开始，实施新型城镇居民的养老保险制度，但目前仍然存在城镇职工和新型农村养老保险两种制度并存的现象，制度碎片化必然会导致许多方面的差别存在，筹资方式和待遇标准的差距，会阻碍城镇养老一体化进程的实现。

（3）人口因素

由于河源市城乡一体化的水平很低，农村的人口数目及人员素质远远低于城市，人口基数大的原因造成了如果需要足够的补贴，就必须加大财政资金的支持力度。除此之外，部分农村居民养儿防老并依赖土地养老的传统观念意识很深，缺乏长远的打算。经过调查，我们发现就算是同意参加社保的人，许多居民选择的是最低档的缴费，其原因首先是家庭和个人的经济状况不允许，其次是他们缺少社保养老的理念意识。

（4）政府行政管理因素

作为政府部门的领导干部，应该加强为民服务的意识，提高为民服务的能力，只有自身清楚地了解中央所制定的各项法律及规章政策，才能向群众更好地宣传惠民政策，才能更好地引导广大的城乡群众来参与社保活动，以便让他们知道国家制定实施社保政策的意义和重要性。这之后最重要的工作就是要对城乡居民投保后的情况进行跟踪调查，获取对政策的反馈意见和建议，使中央制定的社保政策能够处于一个互动、完善、更加有助于服务大众的状态。如果政府部门在服务方面的意识不够强，必然会阻碍社保城乡统筹一体化的贯彻实施。

三、农村社会养老保险制度评价指标体系分析

（一）农村社会养老保险评价指标体系的设计

一个科学的农村社会养老保险评价指标体系，既要能够评价制度实施效果，也要能够揭示制度的发展规律，预测制度的发展趋势。回顾相关文献，可以发现已有的研究成果都存在一定的局限性，对养老保险定量指标研究较多，但指标的操作性较差，难以对农村养老保险制度进行有效评估。已有的研究尚未形成一套统一的、全面的、系统的农村社会养老保险评价指标体系。农村养老保险评价指标体系应满足两个条件。第一，指标体系应符合我国经济社会发展现状，指标具备可行性。第二，指标体系应能够发挥其功能，对农村社会养老保险制度进行全面评估。其评估结果可以促进养老保险制度更为完善，从而实现制度的可持续发展。由于评价指标体系主要反映养老保险制度的实施效果，因而在具体指标设计时，应紧紧围绕农村社会养老保险制度来展开。我国农村社会养老保险正处于制度改革时期，新型农村社会养老保险制度尚在探索过程中，各地新老制度差异较大，数据很不齐全。在此背景下，对数据准确性要求较高的定量指标难以发挥作用。因此，指标体系的设计应以定性指标为主，定量指标为辅。在具体设计时，要确保指标可以反映养老保险制度应有的功能是否发挥，可以反映养老保险制度是否可以实现可持续发展，同时，也要与我国养老保险制度发展所处的阶段相适应，保障所设计的评价指标体系更科学合理。

1. 公平性

公平性是现代社会保障制度的基本特征之一，也是养老保险制度实施的首要原则。养老保险制度有助于缩小居民间的收入差距，但不合理的养老保险制度不但无法发挥这一作用，反而容易出现"保富不保贫"现象，一定程度上扩大居民的收入差距。因此，公平性指标是评价指标体系的一大关键指标。在评价农村社会养老保险制度实施效果时首先应关注其公平性。公平性指标主要考察制度的两方面。

第一方面是制度内部的公平性。同一制度范围内的人群应有平等的养老保险权益，不因保障对象在性别、职业、民族、地位等方面的差异而有所限制。除享有平等的保障权益外，制度内的公平也体现在保障待遇水平差别上。分析参保对象保障待遇差别是否处于一个合理的水平范围内。各参保对象由于经济基础和保险需求有差别，因此，其养老待遇也应有所差别。但养老保险制度本身是对收入进行再分配，具有缩小群体间收入差距的作用，因此，保障待遇上的公平性要求制度保障参保人群能够维持基本生活，并确保其生活水平差距保持在一个合理的范围内。

第二方面是制度间的公平。制度是社会公平正义的根本保证，它以其激励、约束、协调等功能，规定着人们在社会中的地位及相互关系，为人们的行为提供准则。各制度间不公平，会导致不同制度间的群体利益扭曲，最终危害社会公平，破坏社会稳定。

2. 有效性

离开效率的公平是没有意义的。在保证制度公平的基础上还须关注养老保险制度的实施效果。因此，有效性成为农村养老保险制度评价指标体系的另一关键指标。有效性指标具体可从三方面来分析。

第一，分析制度是否能保障参保群体的基本生活。养老保险制度实施的目标就是保障参保对象退休后的基本生活稳定，满足参保对象规避风险的需要。过高的保障待遇会给国家带来巨大的财政负担，西方一些发达国家面临的福利危机正有力地论证了这一点。过低的保障待遇则无法保障参保对象的基本生活。保障水平过低，人们参加养老保险的积极性下降，就会加大制度推行的难度。因此，要确保农村养老保险待遇处于一个适度水平，既能满足参保对象的基本生活，又能保持在政府财政可承受的负担水平之内。

第二，分析制度的覆盖面。养老保险制度是社会保障制度中涉及人群最庞大的制度，而我国的人口又主要集中于农村，因此，农村养老保险制度设计时要坚持"广覆盖"原则，制度覆盖范围越大，就越有利于制度的开展。

第三，分析制度与社会经济发展水平是否相适应。一方面，社会经济的发展水平决定着养老保险制度的水平。随着经济水平的提高，养老保险水平也会有所上升。目前我国处于人口老龄化时期，该时期对政府提供养老保险有更多的需求。因此，当前，在一定的经济水平限制下，我们应更多地关注养老保险制度的构建，尽可能地将农民全部纳入社会养老保险体系。另一方面，养老保险制度的发展需要相应的财力支撑，因此，在追求养老保险制度发展的同时，更要注重待遇水平与我国经济发展水平的适应性，确保制度推行过程中有国家经济实力予以支撑。

（二）建立农村社会养老保险评价指标体系的意义

1．构建农村社会养老保险评价指标体系的现实意义

社会保障的发展源于经济的发展，同时又对经济发展起到一定的反作用。从实践结果看，社会保险趋向于与经济机制相适应，但两者之间存在着某种滞后性。这种滞后性表现为社会保险发展水平与经济发展水平的不协调。滞后性的存在使得社会保险应有的作用难以发挥，甚至对经济的发展形成一定阻碍。因此，在养老保险制度运行过程中，应不断地完善制度，确保养老保险发展符合经济发展水平。而完善养老保险制度需要构建一套评价指标体系为其提供衡量标准，保障制度及时发现问题并予以解决。但养老保险制度发展至今，其统计口径很不一致，指标残缺不全，评价指标体系缺失，难以对农村养老保险制度进行科学评估。因此，亟须建立农村社会养老保险评价指标体系，为农村社会养老保险改革提供依据，保障制度运行与我国社会经济发展水平相符合。

2．构建农村社会养老保险评价指标体系的理论意义

农村社会养老保险评价指标体系主要发挥两大功能。第一种功能是评估功能，主要运用于已施行的制度上。与城镇职工养老保险制度相比，我国农村原有的养老保险制度存在很多问题。比如：缺乏社会保险应有的社会性和福利性；制度覆盖面小，保障水平低；基金保值增值难等。这些问题导致农村社会养老保险制度无法发挥其作用并最终停止实施。而问题存在并长久得不到解决的主要原因是由于缺乏评价指标体系的监测，制度实施效果难以评

价，制度中存在的问题也很难得到及时发现。因此，应发挥评价指标体系对制度的评估功能，通过反映制度运行效果，不断进行制度完善。对农村社会养老保险制度来讲，养老保险评价指标体系可以对农村社会养老保险制度结构、保障水平、保障质量、保障目标与管理、保障资源的配置以及相关制度间的协调性等问题进行具体评估，系统反映农村社会养老保险制度是否合理并且有效。根据评估结果，及时发现现有制度存在的问题。在制度发展过程中，由于所处的经济社会环境发生变化，评估结果也会相应变动。因此，我们需要长期运用评价指标体系对制度进行考核，以实现制度的不断完善。

第八章 养老院的创新综述

第一节 养老院的现状与发展

一、中国养老院的现状

现阶段我国也建立了许多的养老院，但都是有其名无其实。由统计数据显示，截至 2011 年，我国老年人口养老床位为 19.09 张 / 千人，"全国养老床位总数"只占老年人口的 1.8%，低于发达国家 5% ~ 7% 的比例，也低于一些发展中国家 2% ~ 3% 的水平。按照"十二五"规划纲要提出的每千名老人拥有养老床位 30 张的目标，养老床位需新增 340 多万张。由此可见，中国养老院有很大的发展前景，但实际我国养老院的发展水平很不平衡，有的是一票难求，通常把这种称为公办养老院，也有无人居住的，也就是私人养老院，这就是中国现存的养老院模式。

（一）公办养老院

公办养老院也就是国家出钱建立并经营，而这种养老院也分为两种，并不是所有的公办养老院都是极好的。一种是明星养老院，顾名思义这种公办养老院就是养老院中最好的。它在中国二线以上城市会存在，就属于是一票难求，北京的第一社会福利院就是个典型，它的主要接收对象是国家优抚、需要照料的离、退休老人、归国华侨等，它的费用在同业中也是很高的。因此这种养老院在中国可以存在但无法大力推广，也就无法普及；另一种就是公办养老院中的普通型，虽然也是公办，但较之明星养老院就差之千里了。通常这种养老院会存在于我国的三线城市以下，因为这些基层政府本省的财政不足以及体制限制无法吸收资金造成对养老院的无法大力投入，养老院的护工人员也缺乏责任心，忽视对老人的照顾，因此提供的服务质量也就比较低下，长此以往，这种养老院就无法为继下去。

（二）私人养老院

私人养老院也就是民办民营的养老院，同样也分为两种情况。一种就是针对低收入者，私营养老院都是以盈利为目的的，它会根据费用来提供相应的服务，因此在这种情况下，它所提供的服务可想而知；另一种就是针对高收入者，接收对象为企业退休人士或者儿女为成功人士的老人等，这种养老院的服务质量也就非常好，高端奢华，它就是完全市场经济化的产物。

综上所述，公办公营和民办民营养老院都存在不少的问题，当老龄化人口逐渐加剧时，中国的养老院就无法负担。

二、未来中国养老院的机遇

随着我国近年来社会和经济的迅速发展，也衍生出许多社会问题，而当前中国的养老危机就是需要全社会高度关注的。按照国际上常用的衡量标准，中国早在 2000 年就已经进入了老龄化社会的行列，根据 2013 年中国社会科学院的蓝皮书《中国社会形势预测与分析》，中国 60 岁以上人口已达到 2 亿以上，老龄人口呈现增速化、失能化、空巢化等特点，于是养老院的进一步发展就很有必要。

（一）未富先老，未备先老

一方面，就当前我国经济的发展情况来看，虽然发展速度很快，经济发展质量并不是很高，中国并没有成为实际意义上的经济强国。我国是人口大国，也是世界上老龄人口最多的国家。目前，我国已经入典型的老龄化社会，"另据预测，到 2020 年，老年人口将达到 214 亿，占总人口的 16% 以上；若按照 20 世纪 90 年代以来我国老龄人口的年龄增长率推算，专家们预测到 2040 年，全国的老年人口总数将进一步增至 3.74 亿，占人口总数的 24.48%。2050 年，老年人口将超过 4 亿，届时约占总人口的 25%"；但是据中国社会科学院发布的《中国养老金发展报告 2013》显示，2012 年有 19 个省份城镇职工基本养老保险基金当期"收不抵支"；城镇职工基本养老保险个人账户空账达到 2.95 万亿元，比 2011 年空账缺口扩大了 240 亿元。而社科院世界社会保障中心主任郑秉文推测，截至 2012 年年底，中国养老金备付能力仅为 154%，只够支付 1 年半，据此判断中国养老金隐性债务的规模肯定大于 20 万亿元。另一方面，我国对于老龄化社会的到来并没有做好完全的准备，与养老相关的医疗、卫生等各项制度并不完善，养老金改革、养老金保障体系等都在逐渐探索中。

（二）传统家庭养老的方式

家庭养老一直以来是我国的主要养老模式，但是随着我国独生子女政策的实施，绝大多数家庭只抚养一个子女，到现阶段，我国就形成了大量的421 家庭，也就是说在未来的生活中独生子女组成的家庭要照顾 4 个乃至 8个老人，这在无形中就增加了家庭养老的负担，传统家庭养老的功能也就被削弱。除此之外，由于工作的需要会导致人口的流动，很多独生子女无法照顾老人，传统的家庭养老模式面临巨大挑战，居家养老的负担进一步加重。目前单一的养老方式已远不能满足现今老年群体的养老需求。面对这种情况，养老院的发展已是刻不容缓。

（三）国家相关政策的支持

养老问题已是中国的主要民生问题。在税收方面，对政府部门和企事业单位、社会团体以及个人等社会力量投资兴办的福利性、非营利性的老年服务机构，暂免征收企业所得税，以及老年服务机构自用房产、土地、车船的房产税、城镇土地使用税、车船使用税和"对企事业单位、社会团体和个人等社会力量，通过非营利性的社会团体和政府部门向福利性、非营利性的老年服务机构的捐赠，在缴纳企业所得税和个人所得税前全额扣除"等。

三、中国养老院未来发展模式

综上所述，从中国养老院本身的现状、广大民众的利益出发，中国未来养老院的发展理应兼顾公益性和营利性，也就是说应将政府与市场相结合。

未来的养老院发展应该推崇以下模式：

（一）民办公助

民办公助也就是说让民间资本投入进来建立养老院，并且配备国家标准设施，同时国家给进入养老院的这些老人一定的补贴，这些补贴是按照人口直接补贴给民办机构的财务。"除给新建或扩建民办老人院一次性建设补贴外，还采取床位补贴方式俗称政府买床。例如，北京市规定，民办老年服务机构可按照实际服务人数申请每张床位每月 100 元的资助，资助金用于设施设备改造或改建、完善和改善管理服务，政府也应该对这部分补助进行监管。"但是这种监管也会导致一定的问题，监管不力会滋生腐败，因此这种民办公助养老院最终依赖于基层政府是否监管到位以及补助能否及时到位。

（二）公建民营

公建民营是指国家财政投入建立养老院，配备相应设施，但是养老院经营管理请民间团队，比如护工、大夫、管理者等，也就是说这种养老院的经营权与所有权分离，所有权归政府，经营权归民间团队。对于现阶段的中国养老院来说，这是最值得推崇的一种模式：一方面，公办减轻了民间团队的负担，没有了前期的成本投入，这对民间团队来说是百利而无害；另一方面，民间团队经营解决了公办工程中由于传统机制造成的照顾老年人团队本身的问题，民间团队拥有专业的护理人员，具有高度的责任心，因此服务质量高。而在民间团队的使用上，政府只需要考察民间团队是否有资格经营这个公办养老院，进而减轻彼此的负担。

对于公办民营养老院政府只需要确立一个评估体系，包括各种指标，比如，老人的身体健康状况、心理健康状况、硬件设施维护状况、卫生条件等，到每年年终的时候，一旦政府考核合格，就从每年的养老院经营额度中抽出部分比例给予民间团队，这样民间团队就通过租赁服务质量来获得利益，而政府也通过购买民间团队服务提升了自己的公共服务质量，避免了政府自己提供公共服务造成的浪费严重、效率低下等问题。这种养老院模式兼顾了政府所要达到的公益性和民办机构所追求的营利性，也就是政府在真正意义上实现了为人民服务的宗旨。

第二节 养老院的模式探析

一、依托社区的养老院连锁经营模式

（一）依托社区的连锁养老院模式的组织架构和运行方式

1. 依托社区的连锁养老院模式的组织架构

依托社区的连锁养老院从建立到形成规模不是一蹴而就的，而是需要一定时间的经营和扩张才能慢慢形成拥有一定影响力的连锁养老机构。因此，在发展初期和具备一定规模时所采用的组织结构要有所区别，以实现这种模式的养老院经营模式在各个时期都具备符合自身情况并有利于整个连锁产业发展的组织结构。

在依托社区的连锁养老院建设初期，由于连锁产业链上的养老院数量还无法实现规模效应，养老院在资源共享和信息交流上存在许多困境，为老年人提供流动式服务的连锁产业在经营的过程中还无法实现跨地域操作，因此，初期阶段的组织结构适合具备高度集权管理的直营连锁形式在城市重点社区设立连锁养老院，以期形成以点带面的发展局势。初期采用直营连锁的优势在于：整个连锁养老产业链可以在总部的统一领导下进行资金的合理调度、经营战略的合理制定和人事管理的有效运转。同时，由于可以在统一调度下开发和利用连锁产业链中的整体性资源，在这种模式下可以充分规划连锁产业的整体发展规模和发展速度。

发展初期通过直营连锁，依托社区的连锁养老院可以在总部的统一指挥下，依靠统一的高质量服务标准和服务理念迅速树立品牌形象并实现扩张。而在这一发展的过程中，总部利用其集权优势，可以迅速对新发现的老年人

市场需求或全新的服务模式做出反应，从而不断地满足老年人的需求并快速集聚市场吸引力。

2．依托社区的连锁养老院运行方式解析

（1）定义

依托社区的连锁养老院是指在精确统计城市内所有社区数量后，在各个大型社区或对若干小型社区进行整合后的区域的中心位置（每个社区的连锁养老院辐射 5 千米范围），利用社区现有的资源和硬件设施，通过直营或特许加盟等形式建立起的一种拥有统一的服务标准、人性化的服务态度、星级化的养老硬件设施和平民化的入住价格的连锁型养老院。

依托社区的连锁养老院可以是对各个社区已有的中小型养老机构资源的一种升级改造，将原本分布零散且管理凌乱的养老院进行统一的规范，纳入连锁管理；同时对于本身缺少养老院的社区，总部经营者也可以在该社区建设全新的养老院。所有的连锁养老院统一名称、服务标准、硬件设施和管理模式，旨在提升服务水平、护理专业度、多样化服务内容，实现高级护理人员和管理人员的培养和流通，给予所有享受连锁养老院服务的老人标准化的家的享受；在框架模式统一的基础上，养老院的内部建设可以根据各个社区的特色营造出各自的社区文化氛围，还各个社区的老人家的感受。

（2）选址

从依托社区的连锁养老院这个名字就不难看出，连锁养老院的选址要紧紧围绕社区进行，将养老院的选址目标聚焦于社区内或社区周边交通便利的地点，既能方便老年人的出行又能减少子女探望时的麻烦，最大程度确保了养老院便利性的优势。同时，便利的交通条件和固定规模的人口流动量还有利于养老院自身品牌的宣传和增值服务的开拓。

（3）经营者选择

依托社区的连锁养老院最适合的经营者是政府。我国民政部在最新的《养老机构设立许可办法》中进一步明确了养老院建设的最低标准。同时，养老院成本漫长的回收期也是只有政府才能真正办好依托社区的连锁养老院的重要原因。养老院是一个漫长的经营过程，短期内无法看到收益，更何况是在此资金压力下开设连锁养老院。

（二）依托社区的连锁养老院优势分析

1．能通过规模效应有效降低成本，形成价格优势

依托社区的连锁养老院模式由于可以充分利用经过整合后的社区已有资源，这就大大降低了养老院建设初期的投资成本；并且连锁经营所形成的连锁产业链在有效的管理和运营下可以实现规模经济，在养老院日常的采购、护理、活动开展和员工培训过程中由于规模效应的作用不仅有效地降低了日常运营成本，还可以实现资源的共享和交流，免去了养老院各自为战时必须单独购买某些资源而造成的成本增加和资源闲置，进而使整个连锁产业链中的养老院在竞争中具备极强的价格优势。

2．能充分利用社区资源，完善社区基础设施建设

依托社区的连锁养老院在利用原有社区资源和设施的同时也在原有的基础上对这些基础设施进行着完善，因为只有不断提升和完善这些基础设施，连锁养老院的照顾、护理服务才能不断提升，因此连锁养老院与社区基础设施优化是一个双向的良性循环过程，连锁养老院的存在可以长期确保社区基础设施的提升而不是消耗。

3．能满足各收入阶层老年人的养老需求

连锁经营的规模效应使成本降低的同时，其资源共享的优越性为养老院开展多种形式和多种等级的养老服务提供了可行性，在总部的连锁管理要求所有养老院配备统一的服务设施、开展统一标准的养护服务的同时，连锁链中的养老院可以共同出资购买中高档的服务（如请名医义诊或购置先进诊疗设备）或者中高档的护理仪器以供连锁链中所有养老院老人无偿或有偿使用。连锁养老院中按照不同的服务等级与服务内容来设定不同的收费标准，也可提供梯度的服务等级来同时满足不同收入阶层老年人的各种需求，从而多层

次、多形式、全方位地开展养老服务。

二、家庭式小型养老院模式

(一)家庭式小型养老院发展的可能性

1. 符合民政部门"社会福利社会办"的方针和社会化养老的发展趋势

随着政府职能的转变,政府部门逐渐从社会事务的具体操作中解脱出来,社会福利事业也逐渐交由社会各方力量举办。老年服务虽然很难成为一种营利性事业,却还不至于完全依赖国家的投入,因此,在老年服务中适当引入市场机制鼓励民间机构提供老年保障服务。在养老服务的提供过程中,养老服务的提供日益社会化。社会化养老包括投资主体多元化、服务对象公众化——即要面对全社会的老年人、服务形式多样化、服务队伍专业化。家庭式小型养老院的模式正是在养老服务社会化的过程中自发产生的,而不是由政府强制建立的,它的这一特性使其能更好地适应养老产业的发展。

2. 人口老龄化带来了养老需求的膨胀,需要社会提供大量的养老服务

发达国家或地区的老年服务项目甚至多达数十种,从家居照顾到保健服务,从日常护理到情感慰藉,老年人口在完善的社会服务网络中能够享受到令人满足的服务。我国的社会化养老仍然处于起步发展阶段,养老服务的提供远远不能满足老年人的需要,多样化的服务提供才能编织一张完善的养老网络。家庭式小型养老院兼具居家养老与机构养老的优点,作为特色突出、优势明显的一种养老模式,有广阔的发展前景。

(二)家庭式小型养老院模式的优点

1. 弥补传统家庭养老功能的退化与不足,而不是取代家庭在养老中的作用

家庭作为社会成员的第一安全港,相互之间的关照与慰藉是社会化机制所不能比拟的。但是,由于现代社会分工的加剧和家庭结构的小型化,家庭已无法满足老年人养老的需要,而大部分老人对家怀有的依赖情感强烈而且无法替代。因此,从满足老年人的依赖家庭的心理情感考虑,对基本能自理或有部分自理能力的老人来说,家庭养老和机构养老的最佳结合点就在社区

的居家养老，但对不能自理的老人或对生活缺乏自理能力的老年人，如高龄病残、痴呆、独居孤老等老年人来说，家庭养老和机构养老的最佳结合点却在这种家庭式的小型养老院。

2. 分给受养老人以家庭温暖，避免老人孤独感的产生

从老年人的心理需求上看他们最向往的是儿孙满堂，共享天伦之乐。在住进养老机构后虽然同伴增加但老人的这部分心理需求仍未得到满足。而家庭小型养老院是机构养老与居家养老的结合，既能满足老年人对家庭温暖的渴望，又能满足老年人养老的需要。尤其是不能自理的老人居家养老的需要。在家庭式小型养老院里，开办养老院的家庭成员与老人一起居住，老人向往家庭的心理构成趋于完整，能给老人带来更多的归属感与安全感。

三、社区民营微型养老院的连锁化运营

（一）社区民办微型养老院的概念

机构养老是我国养老体系的重要补充。关于机构养老的定义，学术界看法不一，这里采用于潇的观点，机构养老是政府或社会举办的，以养老院、托老所、老年公寓、老年护理院等机构为载体，具有专业化、市场化、社会化特征，提供专业养老服务，服务对象包括能够完全自理的老人，特别是半自理和完全不能自理的老人。

对于当下在我国某些城市社区流行的微型养老院，由于各地政策环境不同，其发展形态和运营模式各异，主要可以分为两大类：

第一类是以上海、南京等地为代表的社区"嵌入式"微型养老院，以社区为载体，以资源嵌入、功能嵌入和多元的运作方式嵌入为理念，通过竞争机制在社区内嵌入一个市场化运营的微型养老服务机构，整合周边养老服务资源，为老年人就近养老提供专业化、个性化、便利化的养老服务。这种类型的社区养老院以公建民营或者公办民营模式为主。

第二类是以成都和哈尔滨等地为代表的社区"家庭式"养老院，经营者主要是个体户，一般选择在自己家中举办，为社区老人提供养老服务。这种

类型的社区养老院以自办自营模式为主。

总的来说，社区微型养老院的特点如下：第一，市场化运营。由公司团体、个体户举办的民营养老院，区别于公办养老院。第二，微型，选择场地灵活。这里的微型，不仅指规模小，床位少，还指投入相对较少，可以充分利用社区闲置资源，甚至可以在自己家中举办。第三，嵌入性。嵌入性是指养老院牢牢根植于社区之中，与社区环境融为一体，成为不可分割的一部分，让老人不出家门或在社区就可享受养老机构的高质量专业化的护理服务和设施，是名副其实的"家门口养老院"。

（二）社区民营微型养老院设立和运营中存在的问题

1. 审批较难，前期投资成本依然很高

民政局是按照大型养老服务机构的设立标准对微型养老院进行审批的，硬件设施必须达标；除此之外，消防安全、卫生防疫、环境保护等必须符合相关部门的规定。尤其对于个体经营户来说，只能加大对硬件设施、消防安全、卫生防疫和环境保护方面的投入，达到了相关部门的要求才能顺利进入该行业。前期的投入成本依然很大，一般来说平均每张床位的投资在几万元以上，还有场所的租金、水电气费、护工工资等，使得很多投资者只能观望而难以进入。

2. 运营成本高，收益周期长。

据测算，养老院拥有 300 张床位是最佳数量，能够靠规模运营实现盈利，而微型养老服务机构的床位往往在 50 张床位以下，在成立的多年内都处于亏损状态。

3. 服务质量参差不齐，部分养老院管理不规范，服务质量不高

公司团体举办的社区嵌入式的微型养老院的服务质量尚可，而对于很多个体经营户来说，由于前期硬件投入巨大，只能通过降低软件投入来进入微型养老院市场，相应的养老服务质量将大打折扣，直接影响老人的体验。比如家庭式的微型养老院财力有限，无法聘请高水平的康复医师对老人进行保

健和医疗，不能满足老人多样化的需求。

4．政府不易监督管理

众多镶嵌在社区内部的民营微型养老院，给政府监督管理带来了不小的挑战，存在较大的安全隐患和道德风险。

（三）各利益主体的不同利益诉求

以上问题反映了社区民营微型养老院的运营过程中各利益主体的不同利益诉求，主要涉及三类利益主体，分别是服务的消费者，包括老人和老人的子女；服务的安排者，主要是政府；服务的提供者，企业。三类不同利益主体的利益诉求分别为：老人和老人的子女对社区微型养老院非常欢迎，其中一个重要的原因是离家近，能够实现家门口养老，并且对养老服务的质量、专业程度和多样性也有比较高的期望；运营商希望能够比较容易地进入社区养老院市场，运营成本低，资金回笼快，并且有利可图；政府从自身利益最大化角度出发，社区养老院要易于监督管理，不存在社会管理风险，利于实现养老的公益性目标和保持社会和谐稳定。

第三节 养老院的建设与管理

一、我国养老院的建设现状

（一）我国养老院总体情况

由统计数据显示，截至 2011 年，我国老年人口养老床位为 19.09 张／千人，"全国养老床位总数只占老年人口的 1.8%，低于发达国家 5% ～ 7% 的比例，也低于一些发展中国家 2% ～ 3% 的水平。按照"一二五"规划纲要提出的每千名老人拥有养老床位 30 张的目标，养老床位需新增 340 多万张。由此可见，在理论上养老院的发展前景是非常好的，但是事实上，养老院之间的发展小均衡是相当明显的，有的养老院"一床难求"，供需十分紧张，有的养老院却连续亏损，最后不得不撤出养老市场。

（二）实地调查

寸草春晖养老护理院位于北京市朝阳区和平街 10 区甲 16 楼，是朝阳区养老院样板工程。它参照国外先进养老经验，和同业相比较属于相对经营较为成功的一家，其入住率在 90% 以上，并且有养老院进一步扩大的想法。

第一，从地理位置来讲，该院坐落在成熟的小区中的独立院落，又与中日医院、安贞、和平里等医院紧邻，所以环境幽静宜人且周围各方而配套设施完善。

第二，从而向的消费者而言，它专门护理生活半自理、小能自理及长期卧床老人。李主任告诉我们，这些老人多为退休教师或工程师等受教育程度较高的老年人，其子女大多工作忙碌或者长期在国外居住，因此无法十分周全的照顾所以选择将他们送到养老院养老

第三，关于收费问题，这里先收取押金 2 万元（外地户口 5 万元），床位费为 2000 ~ 2500 元 / 床 / 月，餐费为 900 元 / 人 / 月，护理费由专业医院的保健医生根据老人的实际情况进行评估之后确定。综合下来，除去押金每个月每个老人要交的费用大概在 5000 元左右。因此一般入住这里的老人家庭条件相对优越。

第四，从老人的日常生活来看，在院里有一棵百年松树，每天老人在树下休息聊天、下棋唱歌，同时院内有锻炼设施，以便帮助老人锻炼身体。每天 8:30 ~ 17:00 是看望期，家人可以在该时段来访探望。在日常专业护理上，该院近 100 名老人配备了 60 名护理人员，都是大、中专毕业的专业护理人员，当遇到紧急情况时，他们会把老人接送至二、三甲等医院。

第五，从对外宣传来讲，它主要通过网络进行宣传，有自己专门的网站，也会在相关的网站上登出自己的介绍和广告。同时它接待部分外来的参观访问人员与志愿者，一方而让大家对自己的经营特色口碑相传起到宣传作用，另一方面志愿者的来访也能丰富老人的生活（从这里我们了解到他们的志愿者服务项目包括心灵慰藉类、生活照料类、医疗护理类、物资捐赠类等）。

二、国外养老院建设管理模式概况

西方发达国家相对我国而言较早进入老龄社会，相关的养老服务发展完善。因此，对其养老管理模式的了解，将有助于我国同行业进行借鉴学习。

美国养老机构主要分为三类：第一，传统的护理院。对行为上严重障碍，生活不能自理的老人提供 24 小时护理照料。第二，老年护理中心。老年人可以根据需要自由选择设施和专门的照顾服务。第三，老人公寓。服务对象大多是身体健康，生活自理，无须他人过多照顾的老人。通过这种"术业有专攻"的方式，使养老院更加专业化、更具竞争力。

英国：养老院形式多种多样，但又与美国有所不同。除了有与美国类似的服务外，还有入户服务公寓与家庭照顾这两种模式供老年人选择，这两种方式更加灵活多样，也使老年人能够通过养老院的辅助来居家养老。

日本：实行高效的连锁管理，使其标准在连锁化统一化的同时降低管理成本；人员配比齐全，尤其是专业的护理人员；有多方面的社会参与部门和人员，注重养老院的辐射功能；贯彻老人"有尊严地活着"的理念。

三、养老管理模式发展建议

（一）养老院方面

1. 管理原则

应该坚持"妥善满足基本的消费者需求，切实将这些落在实处"的原则。养老事业是要实实在在地去将每一件小事都稳扎稳打地做好的，无论是硬件设施还是软件工作，都是它想要良性发展的保障。

2. 部门职能机构

（1）单一部门专业化

由美国和英国两个发达国家的经验可以看出，专业化的管理能够使资源更有效地集中于一处，针对不同身体状况的老人可以在院区设置、医务护理人员配置等方面有所区别，一家养老院只经营一类，管理集中，这样不仅节约了成本还会因为专业化而使自己更具竞争力。

（2）多个部门辐射化

规模相对较大、实力较强的养老院可以尝试设置多个不同类别的部门，以达到"功能辐射"。借鉴日本的经验，对于身体状况良好趋向于家中养老的老人来讲，养老院可以设置对外服务部门，向其提供介护介助服务，由传统的"坐商"经营增设"行商"经营，走进老人家中，为其提供生活、医疗与心理的专项入户服务。

3．运行方式

除了传统的养老院运行方式以外，财力雄厚的养老院可以学习日本采取连锁化管理模式。连锁化管理模式就使得经营养老院的管理模式向链条化统一发展，专人的统一培训、统一配备设施、统一的管理制度等，使管理更加高效，同时会因为其规模化程度高而使其在市场上有更高的知名度和消费者信赖度。这就解决了类似于"寸草春晖"养老院在人员和宣传上的问题。

尝试"养老地产"与"金融养老"的资金运作。在有关对寸草春晖养老院的所有人王小龙的采访报道中，他讲："民办的以市场价格拿地，成本过高，跟当下中国老百姓的收入比起来，有一定的收费门槛。所以民办养老院收费要比公办的养老院收费高。要是买地建养老院的话，很难挣回成本。"因此，在融资方面，可以吸引地产商控股或参股投资养老项目，组织专业经营团队经营管理，以降低最大成本，使其具有最大的竞争力。同时，因为市场化的养老院的本质还是企业，是以盈利为其经营的最终目的的，对于那些高级养老院就可以他们收取的高额押金作为其他方面投资资本，以实现盈利的最大化。

（二）政府方面

1．完善养老制度及法律，切实保障老人权益，引入第三方评价体系

严格制定法律法规与行业标准，第三方评价体系包括硬软件同时在内的定期检查，公开检查结果数据，让消费者心里明白放心。

2．紧跟国际"公办民营"养老模式，使市场真正开放、公平竞争

政府将办养老服务机构的所有权和经营权相分离，采取承包、租赁、股份制等形式，把经营权、管理权、服务权交由企业、社会组织等非政府部门或个人，吸收民间资本，转变经营机制，实现养老服务机构独立法人实体运营，并通过这样的模式，降低社会力量进入养老行业的"门槛"，进而压低养老院的入住价格，吸纳更多老人入住。

3．制定相关政策，给予养老行业各方面的照顾与补助，尤其是用地方面

以前政府将大部分的钱投入到了公办养老院，但是这些养老院的服务能力毕竟是有限的，如果能够把更多的资金和政策倾斜过来，那么将能使养老产业更加市场化。

参考文献

[1] 蒋朝晖，魏维，魏钢等.老龄化社会背景下养老设施配置初探[J].城市规划，2014，38（12）：48-52.

[2] 王桦，赵晟珣，曾尔亢等.中国人口老龄化社会发展与应对策略[J].中国社会医学杂志，2014（2）：75-77.

[3] 安玉雪.构建适应老龄化社会的养老服务体系[J].中国集体经济，2010（1X）：195-196.

[4] 林卡，朱浩.应对老龄化社会的挑战：中国养老服务政策目标定位的演化[J].山东社会科学，2014（2）：66-70.

[5] 李翌.基于老龄化社会的城市社区公共服务设施研究[J].重庆科技学院学报（社会科学版），2010（13）：74-75.

[6] 安素霞.我国老龄化社会的现实选择——社区居家养老[J].邢台学院学报，2010，25（3）：125-126.

[7] 天津经济课题组.老龄化社会的机遇与挑战[J].天津经济，2013（2）：27-34.

[8] 贾康.中国超老龄化社会即将到来[J].经济，2016（10）：9.

[9] 黄健元，王欢.人口老龄化对经济社会发展的影响及其对策研究——以江苏省为例[M].科学出版社，2014.

[10] 周广庆.人口老龄化对社会发展和社会建设的影响[M].浙江大学出版社，2013.

[11] 王金元，赵向红.老龄化背景下社区独居老人生存状态与社会支持研究[M].华东理工大学出版社，2016.

[12] 李全彩.论农村养老事业的社会工作介入[J].人民论坛，2011（24）：144-145.

[13] 岑家铭，黄颖.论社会养老事业与护理教育的关系与实践[J].中国实用护理杂志，2013，29（15）：20-22.

[14] 周厚秀，周明芳，廖建梅.日本医院外老年护理介绍及对中国养老事业的启示[J].护理学报，2011，18（6）：10-11.

[15] 龙永图，宋明霞.发展养老事业提升经济发展质量 [J].中国经济周刊，2014（21）：21-21.

[16] 周静.培训养老护理员，适应养老事业发展 [J].江苏卫生保健，2011，13（2）：32-32.

[17] 蒋正华.构建城乡一体的民生保障体系促进慈善和养老事业健康发展 [J].经济研究参考，2015（39）：70-74.

[18] 高峰.正视市场端正心态——未来养老商业模式创新 [J].中国房地产：市场版，2014（10）.

[19] 董红亚.我国社会养老服务体系的解析和重构 [J].社会科学，2012（3）：68-75.

[20] 董红亚.我国社会养老服务体系的解析和重构 [C]// 中国康复医学会第七次全国老年医学与康复学术大会.2012：68-75.

[21] 杨宜勇，杨亚哲.论我国居家养老服务体系的发展 [J].中共中央党校学报，2011，15（5）：94-98.

[22] 陈莉，卢芹，乔菁菁.智慧社区养老服务体系构建研究 [J].人口学刊，2016，38（3）：67-73.

[23] 景天魁.创建和发展社区综合养老服务体系 [J].苏州大学学报（哲学社会科学版），2015（1）：29-33.

[24] 魏文斌，李永根，高伟江.社会养老服务体系的模式构建及其实现路径 [J].苏州大学学报（哲学社会科学版），2013，34（2）：48-52.

[25] 桂世勋.上海市人口老龄化与养老服务体系建设 [J].上海金融学院学报，2011（4）：12-20.

[26] 曹煜玲.中国城市养老服务体系研究 [D].东北财经大学，2011.

[27]UNDP《促进中国养老服务体系发展的财税政策研究》课题组，靳东升，白景明，等.促进中国养老服务体系发展的财税政策研究 [J].财政研究，2012（4）：10-13.

[28] 孙宏伟，孙睿.我国社会养老服务体系建设的政策选择 [J].东北大学学报（社会科学版），2013，15（4）：398-402.

[29] 刘静，徐晓肆.河北省基本养老服务体系的建设与完善 [J].产业与科技论坛，2013，12（21）：60-61.

[30] 丁建定, 李薇. 论中国居家养老服务体系建设中的核心问题 [J]. 探索, 2014（5）: 138-143.

[31] 骆玉婷. 加快推进社会养老服务体系建设研究 [J]. 时代金融旬刊, 2011（5）: 189-189.

[32] 闫晓英. 中国特色养老服务体系：困境与重构 [J]. 中国民政, 2010（8）: 20-24.

[33] 袁小波. 社会化养老服务体系的构建 [J]. 人民论坛, 2014（17）: 57-59.

[34] 周颖, 孙耀南. 医养结合视点下新型养老住区的设计理念 [J]. 建筑技艺, 2016（3）: 70-77.

[35] 王霞. 养老社区规划设计 [J]. 美术观察, 2016（6）.

[36] 张广群, 石华. 复合型养老社区规划设计研究 —— 以泰康之家·燕园养老社区为例 [J]. 建筑学报, 2015（6）: 32-36.

[37] 魏维, 顾宗培. 老龄化背景下的养老社区规划设计 [J]. 规划师, 2015（11）: 12-17.

[38] 李菁, 白雪, 袁心平. 农村参与式养老社区规划设计策略研究 [J]. 农业经济, 2017（12）: 110-112.

[39] 龚琛, 代晓芳. 我国养老社区规划设计探析 [J]. 山西建筑, 2015（24）: 6-7.

[40] 贾弱苗. 菏泽"颐年居"养老社区规划设计研究 [D]. 齐鲁工业大学, 2016.

[41] 顾晓燕. 我国养老社区规划设计探析 [J]. 建筑工程技术与设计, 2016（6）.

[42] 陈澄. 综合养老社区规划设计研究 [J]. 建筑工程技术与设计, 2015（23）.

[43] 冯佺光, 钟远平, 冯欣伟. 养老产业开发与运营管理 [M]. 人民出版社, 2013.

[44] 魏华林, 金坚强. 养老大趋势：中国养老产业发展的未来 [M]. 中信出版社, 2014.

[45] 陈叔红. 养老服务与产业发展 [M]. 湖南人民出版社, 2007.

[46] 孙静, 张新宇, 尹兵等. 我国居家养老产业发展现状 [J]. 全科护理, 2010, 08（29）: 2684-2685.

[47] 田香兰. 养老事业与养老产业的比较研究 [J]. 天津大学学报: 社会科学版, 2010（1）.

[48] 宋悦, 韩俊江. 我国养老产业面临的问题及对策 [J]. 经济纵横, 2016（7）: 103-107.

[49] 郑世宝.物联网与智慧养老 [J].电视技术，2014，38（22）：24-27.

[50] 左美云，常松岩.智慧养老模式助老人安享晚年 [J].WTO 经济导刊，2015（10）：69-70.

[51] 席恒，任行，翟绍果.智慧养老：以信息化技术创新养老服务 [J].老龄科学研究，2014（7）：12-20.

[52] 贾伟，王思惠，刘力然.我国智慧养老的运行困境与解决对策 [J].中国信息界，2014（11）：56-60.

[53] 张玉琼.构建失能老年人的智慧养老服务平台 —— 以社会网络为视角 [J].老龄科学研究，2015，3（6）：48-57.

[54] 穆怀中，闫琳琳.新型农村养老保险参保决策影响因素研究 [J].人口研究，2012，36（1）：73-82.

[55] 袁志刚.养老保险经济学 [M].中信出版社，2016.

[56] 郑功成.尽快推进城镇职工基本养老保险全国统筹 [J].经济纵横，2010（9）：29-32.

[57] 王月惠，朱秀丽，苗秀欣等.养老院与居家老年人生活质量比较及其相关因素研究 [J].中国护理管理，2011，11（8）：36-39.

[58] 左冬梅，李树茁，宋璐.中国农村老年人养老院居住意愿的影响因素研究 [J].人口学刊，2011（1）：24-31.

[59] 王代娣，王志稳，李颖堃等.养老院老年人主观幸福感及相关因素分析 [J].中华护理杂志，2013，48（6）：536-538.

[60] 李子玉.养老院户外环境设计研究 [D].北京林业大学，2012.